中国石化润滑油公司
2009年年鉴

《中国石化润滑油公司2009年年鉴》编纂委员会　编

北京出版集团公司
北　京　出　版　社

图书在版编目(CIP)数据

中国石化润滑油公司2009年年鉴 / 《中国石化润滑油公司2009年年鉴》编纂委员会编. —北京 : 北京出版社, 2011.3

ISBN 978-7-200-08628-7

Ⅰ. ①中… Ⅱ. ①中… Ⅲ. ①润滑油—工业企业—中国—2009—年鉴 Ⅳ. ①F426.22-54

中国版本图书馆CIP数据核字(2011)第035070号

中国石化润滑油公司2009年年鉴

ZHONGGUO SHIHUA RUNHUAYOU GONGSI 2009 NIAN NIANJIAN

《中国石化润滑油公司2009年年鉴》编纂委员会 编

*

北京出版集团公司 出版
北 京 出 版 社

(北京北三环中路6号)

邮政编码:100120

网 址:www.bph.com.cn

北京出版集团公司总发行

北京科信印刷有限公司印刷

*

787×1092 16开本 15印张 24页彩插 311千字

2011年3月第1版 2011年3月第1次印刷

ISBN 978-7-200-08628-7

定价:180.00元

质量监督电话:010-58572393

本书编委会

2009年4月14日，公司总经理宋云昌陪同中国石化集团公司总经理党组书记苏树林(前左三)到山东济南中国重汽公司参观访问。

2009年4月14日，公司总经理宋云昌（左一）陪同中国石化集团公司党组书记总经理苏树林（右一）到中国重汽公司参观访问。

2009年7月8日，中国石化集团公司党组书记总经理苏树林（右二）在润滑油公司总经理宋云昌（左二）的陪同下走访徐工集团。

2009年9月11日，公司总经理宋云昌（左一）陪同中国石化集团公司党组书记总经理苏树林（前右一）走访北汽控股公司。

2009年1月19日，中国石化集团公司党组成员、股份公司总裁王天普（右）看望润滑油公司离休干部、老红军邵经聪。

2009年11月11日，公司总经理宋云昌（右二）陪同中国石化集团公司党组成员、股份公司总裁王天普（中）走访厦工集团。

2009年4月16日，公司副总经理赵江（右三）陪同中国石化集团公司党组成员、副总经理曹耀峰（右二）拜访长安汽车公司。

2009年2月12日，中国石化集团公司党组成员、股份公司高级副总裁章建华在北汽福田与中国石化、中国铁建战略合作协议签字仪式上讲话。

2009年2月12日，公司总经理宋云昌（右一）陪同中国石化集团公司党组成员、股份公司高级副总裁章建华（中）参观北汽福田生产线。

2009年10月28日，中国石化集团公司党组成员、股份公司高级副总裁章建华在中国石化润滑油国际经销商大会上讲话。

2009年1月22日，中国石化集团公司党组成员、股份公司高级副总裁章建华走访民航总局。

2009年1月20日，润滑油公司举行2009年春节团拜会。

2009年10月28日，公司总经理宋云昌在中国石化润滑油国际经销商大会上讲话。

2009年10月28日，公司副总经理李亮耀在中国石化润滑油国际经销商大会上作《国际市场策略》报告。

2009年10月28日，中国石化润滑油国际经销商大会现场。

2009年10月28日，公司副总经理赵江主持中国石化润滑油国际经销商大会。

2009年10月28日，公司副总经理蒋蕴德在中国石化润滑油国际经销商大会上作《公司实力》报告。

2009年9月8日，中国石化与新加坡兴隆贸易船用润滑油合作签字仪式隆重举行。

2009年9月8日，公司总经理宋云昌在中国石化与新加坡兴隆贸易船用润滑油合作签字仪式上讲话。

2009年9月23日，公司总经理宋云昌（左二）、副总经理赵江（左三）与润英联公司来宾进行技术交流。

2009年6月25日公司总经理宋云昌在中国石化与中国重汽战略合作签约仪式上讲话。

2009年6月16日，公司总经理宋云昌在中国石化汽车行业技术合作中心成立大会上讲话。

2009年2月12日，公司总经理宋云昌在北汽福田与中国石化、中国铁建战略合作协议签字仪式上签字。

2009年11月24日召开中国石化系统内推广使用长城润滑油脂工作会议。

2009年11月5日，公司自动调合系统国产化项目鉴定会顺利举行。

2009年10月29日公司与日本COSMO石油润滑油公司如期举行日野汽车合作项目保密协议签订仪式。

2009年10月23日，公司副总经理赵江（右二）带队走访VLCC造船厂。

2009年5月26日，公司举行新加坡年产8万吨润滑油脂项目可研报告评估会。

2009年2月9日，公司物流商会议隆重召开。

来宾在2009年10月28日中国石化润滑油国际经销商大会上。

2009年3月10日，公司召开客户信息服务分析会暨优秀QC成果发布会。

2009年2月11日，雪佛龙公司到公司进行技术交流。

2009年7月10日，公司总经理宋云昌在中国石油学会石油炼制分会第七届油品应用与开发专业委员会换届会议上讲话。

2009年9月17日，公司举办安全和质量管理者代表研讨班。

2009年12月11日，公司副书记苟连杰在润滑油天津分公司党委与宝钢股份资材备件采购部党委共建协议签字仪式上致辞。

2009年3月13日，公司召开“开展深入学习实践科学发展观活动”动员大会。

2009年6月30日，公司召开“开展深入学习实践科学发展观活动”总结大会。

2009年7月1日，公司召开纪念中国共产党成立88周年暨表彰大会。

2009年2月17日，公司召开安全环保工作会议暨“我要安全”主题活动动员大会。

目　录

总　述

附　录

公司文件摘编

大事记

人　物

直属单位

总　述

2009年对中国石化润滑油公司来说，是十分重要而又不平凡的一年。面对金融危机中震荡的市场形势，在集团公司的正确领导和有关方面的大力支持下，公司领导班子团结带领广大干部职工，贯彻落实科学发展观，努力减轻市场不利因素的影响，抓住市场逐步复苏的时机，积极主动地开发市场，生产经营、企业管理和党的建设等各项工作均取得新进展。

2009年初，受2008年国际金融危机的影响，国际原油价格持续下跌，市场需求低迷，销售不畅，润滑油经营面临严峻挑战。润滑油公司坚决贯彻股份公司的统一协调与部署，正确判断和把握经营形势，采取稳定价格、稳定客户的经营策略，逐步恢复和增强市场信心，扭转经营不利的局面，保持市场占有率稳中上升。

润滑油公司领导陪同股份公司领党组领导走访一汽、重汽、徐工、厦工和鞍钢等大客户，促进与重点大客户的战略合作，取得了积极成效。全年OEM及大客户销量完成24.3万吨，同比增长19%。在总部支持下，以润滑油公司为依托，成立了“中国石化汽车行业技术合作中心”，与重汽、奇瑞、东风日产等企业开展技术交流，与汽车行业协会共同开展信息调研，逐步树立了中国石化在汽车领域的形象。重点行业开发取得突破性进展，在宝钢、鞍钢、太钢特种设备用油国产化上取得突破，系统内石化设备用油国产化替代取得较大进展，用油量同比增长25%。专项产品市场开发和销售进展显著，润滑脂同比增长10%，摩托车油同比提高66%，变压器油同比增长18%，冷却液同比增长31%。船用油开发取得重要突破，已签订两艘30万吨级超大型油轮船用油供油协议，船用油总销量同比增长30%。

润滑油脂全年销售任务圆满完成。全年销售润滑油脂总量130万吨。其中：中高档油脂115万吨，高档油脂40万吨；包装油脂110万吨。全年实现营业收入122.5亿元，各项指标均超额完成年度预算。

国际市场开创新局面。2009年10月成功举办第一届国际经销商大会，来自30多个国家和地区的100多位经销商参会，标志着国际重点目标市场的布局基本完成。加强对澳大利亚、新西兰、菲律宾、马来西亚等重点目标市场的开发和网络建设，积极推进设备配套用油出口；加大在重点国家和地区的广告宣传和产品推介力度。全年实现海外销量1.4万吨。

品牌建设与发展再创佳绩。举办第二届航天体验营，组织以航天为主题的营销活动及广告宣传，强化航天科技的长城品牌差异化定位。策划组织第一届国际经销商大会。完成“SINOPEC润滑油”国际广告的创意制作及投放。长城品牌价值上升到127.34亿元，排名提升为第54名。

重点项目改造与建设顺利实施。天津润滑脂改造项目按时投产，武汉改造项目进展顺利，完成重庆改造项目前期工作。新加坡新建厂项目已获得国家发改委核准。茂名及燕化改扩建项目启动。改造项目的顺利实施为企业的长远发展奠定了坚实的基础。

体制改革平稳推进。实施长城事业部体制重组,将长城事业部北京包装容器厂并入北京分公司。天津储运分公司与天津金属包装容器分公司合并,组建润滑油滨海分公司。长城事业部的其他业务依托北京润发机电设备安装维修有限公司组建新公司。

技术合作和自主创新再上台阶。全年取得国际认证14项。与国内知名企业及设计院所开展技术合作,共有40项写入设备厂商说明书。完成上海通用变速箱油、奇瑞手动变速箱油等产品开发。航空合成油通过民航总局初步评审。完成股份公司级科研项目77项,公司级科研项目137项。完成自主配方SJ、CF-4复合剂在中国石化基础油的适用性研究并投入生产,年产量达到6万吨。全年具自主知识产权添加剂生产量占添加剂采购总量的32%。8项科研成果获得集团公司科技进步奖,申请国家专利项目31项,其中发明12项。全年共开发新产品42个并实现工业化,新产品产量达到2.9万吨。完成中国石化润滑油标准化体系建设,参与5项国家及行业标准制定项目。

企业规范管理不断深化。通过ISO/TS16949和HSE体系换证审核,全面开展“我要安全”主题活动,确保安全稳定。制定降本减费的具体措施,按照“质量不降、任务不少、工作不减、服务更优、花费更小”的原则逐项落实,并通过专项检查监督执行。增加吨油管理费用等10项指标,加强对各单位经营状况的分析和指导。开展全公司范围内的规范性检查,对所属12家直属单位在营销、物资采购、财务核算、账销案存及废旧物资处置等方面进行检查,查找在制度建设和执行方面的问题,并逐一分析整改,完善了相关管理制度,促进了规范经营与管理。开展ERP上下游集成项目建设,完成客户关系管理CRM系统的初步设计调研,完成企业信息门户及办公自动化项目建设,进一步提高了内部信息共享水平和办公效率。依法规范劳动用工,用工总量得到较好控制。

坚持高素质人才队伍建设。领导班子和干部队伍建设得到加强,干部队伍年轻化步伐加快,举办了青年干部培训班,提高思想政治素质和沟通管理能力。适应专业化、国际化发展需要,选派17人参加了总部组织的英语脱产或强化培训。加大技能人才队伍培养力度。

党建和思想政治工作扎实推进。深入开展学习实践科学发展观活动,取得实在成效。组建滨海分公司和郑州分公司党委。开展以与重点客户党支部的党建共建活动。思想政治工作和新闻宣传工作进一步加强,开展以庆祝建党88周年、新中国成立60周年为主题的系列宣传教育活动;做好“五五”普法工作,获得首都文明单位荣誉称号。党风廉政建设和反腐倡廉建设不断深入。工会、共青团等组织的作用得到进一步发挥，企业凝聚力不断提高。

综上所述，在集团公司党组和股份公司的正确领导和支持下，在全体干部职工的共同努力下，润滑油公司在2009年成功克服金融危机带来的困难，取得了生产和经营的新成绩，积累了应对市场变化的新经验。但同时也存在高档汽油机油市场开发力度不够，在电力、船运、铁路等相关行业的影响力不足，国际市场发展速度还跟不上中国石化国际化战略发展的要求及适应国际化和专业化运营的人才不足等问题。

2010年，宏观经济形势的复苏将经历一个缓慢复杂曲折的过程，润滑油业务的发展面临更大压力与挑战。在新的一年里，润滑油公司将继续全面贯彻落实科学发展观，坚持品牌化、专业化、国际化的经营思路，以扩大市场规模为基础，以提高产业影响力为目标，推进与重点行业的战略合作，优化运营，规范管理，确保安全稳定的局面，发挥各方面积极性，进一步提高市场占有率，提升品牌价值和市场竞争力。

品牌建设

【概述】 2009年,润滑油公司按照"一个保持,两个重点,三个加强"的传播策略推进品牌建设和管理工作。即保持品牌曝光率;重点深化以"航天科技"为核心的品牌差异化定位宣传;重点开展对高端产品、新产品、产品技术、品质特性的宣传,丰富高科技、高品质的品牌内涵;加强面向分众的传播;加强消费过程中关键接触点的宣传;加强多层次、多角度新闻宣传的力度。品牌建设和管理采取新举措,取得新成绩。举办第二届航天体验营,组织以航天为主题的营销活动及广告宣传,强化航天科技的长城品牌差异化定位。策划组织第一届国际经销商大会。完成"SINOPEC润滑油"国际广告的创意制作并投放。长城品牌价值由2008年的112.68亿元提升到2009年的127.34亿元,排名由2008年的第59名提升为2009年的第54名。

【航天主题品牌传播】 2009年7月,组织举办第二届"长城润滑油航天体验营"活动,招募活动地跨重庆、四川、广东、辽宁、陕西五省市,历时近3个月。"航天英雄"杨利伟将军、成都市副市长及润滑油公司党委书记郑立新等有关领导、经销商代表、四川映秀学生代表和媒体记者参与了招募启动仪式。营员招募活动引起了新闻媒体广泛关注,电视媒体报道达到50余条,当地权威平面媒体报道92次,网络媒体报道57次。根据四川、重庆、广东三省市的效果评估反映,航天体验营招募活动在青少年中的认知率超过85%。

2009年,在中央电视台与澳亚卫视投放了航天主题"每一步篇"电视广告,在重庆、广东、湖南、辽宁的卫视频道投放航天主题广告,强化了中国石化与航天科技的关联,提升长城品牌的高科技属性。

【区域市场传播】 在广州地区,选择120个加油站发布长城尊龙柴油机油主题包柱广告与加油站墙体广告;选择市区60辆箱式送货车辆,发布长城尊龙广告,提高尊龙柴油机油的市场知名度。

在沈阳地区,进行"银尊龙"高档柴机油上市的新闻公关传播。在沈阳交通台、宁夏交通台、新疆人民广播电台进行长城品牌与金吉星产品的宣传。

在重庆地区，冠名重庆电台的《人车在线》栏目。

【签约仪式和新闻宣传】 6月16日，在北京港澳中心召开"中国石化汽车行业技术合作中心"成立仪式新闻发布会。汽车、财经等40家电视、广播、平面和网络媒体进行第一时间报道，多家网站与平面媒体进行转载。

6月25日，在总部会议厅召开"中国石化与中国重汽战略合作签约仪式"新闻发布会。中央、北京和山东近45家媒体参加会议。中央电视台新闻频道、北京电视台《北京您早》、山东《新闻联播》等栏目进行现场报道。

8月7日，组织中国石化与中远、中海、招商局、中外运长航四大航运集团的长期战略合作协议签字仪式。

9月2日，在新加坡组织和举行中国石化与兴隆贸易公司船用润滑油合作签字仪式。

10月12日，在总部会议厅召开了中国石化与时风战略合作签约仪式。

【品牌制度改善】 2009年，加强了中国石化润滑油形象规范策划，完善了视觉形象体系，强化了形象监管。下发《2009年版本视觉形象手册》，规范了SINOPEC/长城润滑油使用规范要求；配合中国石化汽车行业技术合作中心的成立，制定了《汽车合作中心视觉规范》，初步明确了长城与合作品牌联合使用规范。

2009年，强化内部管理，规范广告运作管理。探索建立了一套以项目立项、服务商选择、价格议定、合同签订、过程监控、效果评估6个关键控制环节为核心的制度与流程，调整了《广告管理制度》、《招标、询比价管理办法（广告部分）》、《润滑油公司广告宣传业务流程》，使广告工作的每一个环节都处于受控状态。

【品牌价值提升】 2009年，长城品牌价值达到127.34亿元，位列中国品牌500强第54名。

2009年12月，长城润滑油获"2009中国汽车服务金手指奖"之年度最佳润滑油供应商称号。

【海外商标管理】 完成Great Wall商标在30多个国家的注册手续。向中国石化集团公司法律事务部提出SINOPEC商标在润滑油类别上的注册需求。2009年，共办理SINOPEC商标在60多个国家的注册手续。

【海外重点市场品牌宣传】 确定澳新地区和东南亚地区为品牌国际传播的重点。在新西兰、澳大利亚投放电视广告，发布路牌、报纸和行业杂志广告，建立品牌认知，完成SINOPEC产品登陆澳洲的品牌预热。在菲律宾、马来西亚、巴基斯坦和印度尼西亚等国，以路牌、行业杂志和报纸广告为主提升品牌知名度，提高SINOPEC在当地行业中的影响力。

【国际电视广告】 2009年12月，创意制作"SINOPEC润滑油"国际"S篇"广告片并投放。

【策划组织第一届国际经销商大会】 2009年10月28日至30日，公司召开了主题为"精诚合作 持续共赢"的第一届中国石化润滑油国际经销商大会。股份公司高级副总裁章建华出席并讲话，全球计30多个国家及地区的100多名经销商参加了为期4天的会议。国际经销商大会的全球媒体传播提升了SINOPEC在全球的品牌影响力和知名度，加速SINOPEC润滑油的国际化进程。据统计，报道的外电达到了近200家，美国时代广场的新闻屏幕播出了章建华讲话的画面。

法律事务

【概述】 2009 年润滑油公司,根据中国石化股份公司法律事务部的要求和法律事务工作会议的总体思路,加强管理、注重落实法律事务工作。围绕公司重点工作、重点项目提供全面法律服务。对涉及公司的法律事务纠纷给予妥善的解决,较好地维护了公司的利益和荣誉,使公司的生产经营在法律的保护下正常进行。

【加强合同管理】 利用调整内控制度《权责指引》的机会,再次梳理调整了合同审批权限,根据公司实际情况,对中国石化股份公司并未明确的合同类型的权限也进行了设置,在简化流程、明确权限的同时加强了对大额、重要合同的权限控制。

2009 年,公司分别进行了规范性检查和内控检查,利用这两次检查机会,经理办公室对全公司的合同管理工作进行了全面检查,对检查出的问题进行了归纳汇总,首次按照公司考核制度对各直属单位进行了考核,并印发了《关于进一步加强合同管理工作的通知》、《关于加强对拟签约对象资信调查的通知》、《关于在对外签订施工合同中增加审计费用承担条款的通知》,要求各部门和单位严格按照内控制度《一般合同管理业务流程》及合同管理制度进行整改。通过检查和考核,增强了各单位通过加强合同管理防范法律风险的意识,提高了合同规范管理的水平。

由于各直属单位合同管理人员发生岗位变动,先后组织各直属单位两批 15 人次,分别参加了中国石化股份公司组织的企业法律顾问执业资格培训和合同管理员资格培训,7 人取得兼职合同管理员资格。

【妥善处理纠纷维护公司权益】 2009 年先后处理了中石油兰州润滑油厂与原天津华海公司货款纠纷、润发公司 7 名劳务工劳动合同纠纷、润升公司朱海等人劳务纠纷,参与处理产品质量纠纷、工商部门调查公司促销活动涉嫌不正当竞争等案件。

润发公司劳务派遣工杨军让等 7 人因加班工资起诉润发公司、润滑油公司、欣益侬(劳务派遣公司)一案,因劳务工不服仲裁裁决及一审判决结果进行了上诉，上半年该案件进行了二审，经过努力，二审判决维持了一审判决结果，将公司损失降到了最低，将影响控制在了最小范围，未对劳务工的稳定及公司正常生产经营秩序造成影响。结案后，经理办公室结合案件对公司劳务用工管理过程中存在的问题进行了归纳总结，向相关部门和单位提出了法律建议。

在处理中石油兰州润滑油厂与原天津华海公司货款纠纷诉讼过程中，一方面认真分析案情、准备材料、积极应诉，同时及时向中国石化股份公司法律事务部汇报情况，联系了中石油兰州润滑油厂的上级单位中石油润滑油分公司，研究通过协调方式解决，双方经过努力，中石油兰州润滑油厂撤消了诉讼。

【为公司重点工作提供全面法律服务】

中国石化股份公司以润滑油公司为依托成立了中国石化汽车技术合作中心，与多家汽车大客户签订战略合作协议。为了配合签订战略合作协议具有法律效力，起草、修改相关战略协议，办理授权、盖章手续，确保战略协议的顺利签署。先后办理了中国石化股份公司与中国重型汽车集团、山东时风集团的战略合作协议的签署手续。

针对总部已批复的茂名分公司、重庆分公司改造、扩能、搬迁项目用地问题，前往分公司进行调研，对涉及的土地出让、土地租赁等问题进行分析研究，参与制定用地方案，起草修改相关合同，为项目用地顺利进行提供好法律服务。针对郑州分公司历史遗留问题，搜集郑州分公司沿革资料及相关法律文件，与当地土地管理部门进行接洽，向集团公司土地管理部门进行汇报，研究制定解决方案。

针对与扬巴公司要签订的PIB长期采购合同，经理办公室参与合同的起草、修改、翻译及同巴斯夫欧洲公司的谈判，积极为公司赢得权利；针对在新加坡投资建厂，积极了解研究在新加坡注册公司所需要办理的国内外审批手续，并组织相关部门研究讨论，为注册公司做好准备。

【加强商标管理 维护公司权益】 作为中国石化集团公司商标管理最佳实践小组的成员单位，润滑油公司承办了商标管理最佳实践小组首次会议，在会上介绍了润滑油公司商标管理及商标维权经验，并参与了总部商标管理办法的起草、修改和讨论。总部下发《商标管理办法》后，立即转发，并要求公司相关部门人员进行认真学习。

上半年，总部拟进行朝阳商标国际注册，经理办公室会同国际市场部，汇总了产品出口国家及品种情况，向总部法律事务部提出了朝阳商标国际注册及SINOPEC商标扩大注册范围的需求。另外，针对已办理国际注册手续的部分商标，根据注册国的要求，办理了商标续展及提供使用证明手续。

2006年，公司注册了柴油机油"尊

龙”系列商标,2009年6月,商标局初审驳回“世纪尊龙”商标注册申请,理由是与在先注册商标“世纪彩龙”近似,而“尊龙”系列其他商标已通过审查,在高技通过复审可能性较大,为此及时办理了“世纪尊龙”商标的驳回复审申请。

北京某公司在润滑油类别上申请注册“长城正天”商标,公司提出了商标异议,2009年12月份,商标局驳回了该公司商标注册申请。

计划管理

综　述

2009年上半年，国际经济形势继续恶化。润滑油公司以压库存、降成本为主要手段，精细组织生产，优化资源配置，提高经济效益；调整产品结构，多出高档产品，做大产品总量；依靠科技进步，强化现场管理，不断推出新品；加强产销协调，努力开拓市场，扩大赢利空间；发挥整体优势，合理安排生产，保障市场供应，到第二季度产品销量猛增，订单量迅速恢复到金融危机以前的水平。

一、发挥整体优势，加强协调沟通

公司加强与炼油事业部及各炼厂的沟通协调，争取系统内的资源支持；及时掌握各炼厂基础油生产情况，并针对炼厂供应中的情况变化及时制定应对措施，确保润滑油生产的需求。同时时刻关注市场变化，根据销量预测做好各阶段的基础油需求平衡预测；按就近原则合理安排内部调拨计划，促进基础油资源的合理利用。同时对系统内紧缺的重质基础油资源提前安排采购，保持合理库存结构、满足生产需求。

二、合理安排生产，充分发挥产能

旺季前一个月安排生产备货，增加应季产品库存，以应对销售季节性变化。结合公司新出台的产品策划方案，以贴近市场、贴近资源、物流成本最低为原则，考虑新增产能发挥、有效利用现有资源以及公司长远发展等因素，开展新一轮产品产地优化工作。

三、加强物流管理，提升管理水平

组织召开公司物流商会议，向物流商全面介绍公司物流管理相关要求，对物流商进行培训，听取物流商对润滑油公司物流管理的意见。对部分中转库现场调研，加强中转库的管理。通过调研了解各单位在中转库管理方面的优势和不足，有针对性地对产品运输周转、产品存储业务操作进行规范，保证产品存储、运输质量。

基础油资源配置

【概述】 2009 年,为满足生产需要,提高经济效益,公司在基础油配置上下了很大功夫。首先,把好基础油接收关,保证数量充足,品种符合生产需要。其次,合理安排基础油调拨,有效利用基础油资源。再次,重点组织好重质基础油资源,满足生产需求。

【数量和品种结构】 2009 年接收基础油总量 113.99 万吨,其中外采 18.67 万吨,从内部配置 95.32 万吨。HVI 基础油 78.59 万吨,占 68.9%;加氢油 25.75 万吨,占 22.6%;MVI 油 9.54 万吨,占 8.4%;其他基础油(合成油、环烷油等)0.11 万吨,占 0.1%。

2009 年接收基础油情况

单位:万吨

接收单位		合计	HVI	加氢油	MVI	其他
合计		113.99	78.59	25.75	9.54	0.11
系统内	荆门	11.46		6.18	5.28	
	济南	7.28	3.07		4.21	
	茂名	24.09	24.09			
	上海	36.77	24.04	12.73		
	燕化	15.72	15.72			
	小计	95.32	66.92	18.91	9.49	
	品种结构		70.2%	19.8%	10.0%	
系统外	公司	18.67	11.67	6.84	0.05	0.11
	小计	18.67	11.67	6.84	0.05	0.11
	品种结构		62.5%	36.6%	0.3%	0.6%
品种结构			68.9%	22.6%	8.4%	0.1%

【基础油调拨】 按照就近原则,合理安排基础油调拨,促进基础油资源的合理利用。2009 年公司系统内基础油累计调拨 34.41 万吨。

基础油调拨计划执行情况

单位:万吨

单位名称	累计调拨		
	全年累计计划	实际调拨数量	完成率(%)
济南	2.36	2.28	96.6%
荆门	6.30	6.07	96.3%
茂名	9.22	6.79	73.6%
上海	14.64	13.03	89.0%
燕化	7.26	6.24	86.0%
合计	39.78	34.41	86.5%

【重点关注重质基础油资源】 对重质基础油资源(黏度牌号 HVI500 以上)提前做好资源储备:一方面全力接收炼厂中重质资源,另一方面提前安排外采,增加库存,保持合理库存结构。2009 年重质基础油库存一直保持在 4 万吨以上,未发生重质资源短缺情况。

润滑油、脂生产

【概述】 2009 年润滑油生产按照贴近市场、贴近资源、物流成本最低原则,统筹计划，优化生产，力求效益最大化。国内生产有效利用现有资源，经济、高效，满足市场需求；出口产品优化安排，降低生产成本和物流费用；海外代加工从实际出发，提高运营效率。较好完成全年润滑油、脂生产任务。

【国内生产情况】 在2009年生产组织过程中，结合公司新出台的产品策划方案，以贴近市场、贴近资源、物流成本最低为原则，考虑新增产能发挥、有效利用现有资源以及公司长远发展等因素，在原生产资源优化方案基础上，不断进行优化、调整和完善，以达到经济、高效，满足市场需求的目的。

对于出口产品的生产安排，充分考虑出口产品品种多、批量很小的特点，同时综合考虑生产工艺、分析检测、生产设备等因素。矿物油集中安排在上海分公司生产，润滑脂合成油分别由天津、重庆分公司生产供货。合理安排，降低了生产成本和物流费用，提高了生产效率，有效保证了国际市场出口产品的需求。

2009年公司生产润滑油脂132.08万吨，完成年计划的108.62%，同比增长9.46%。其中，润滑油123.76万吨，润滑脂8.32万吨。

全年生产中高档润滑油、脂117.12万吨，完成年度计划的103.92%，同比增长9.01%。其中高档油生产40.83万吨，完成年计划105.23%，同比增长13.91%。

全年生产包装油111.03万吨，完成年度计划的101.30%，同比增长10.78%。其中20L及以下小包装49.62万吨，完成年度计划的105.58%，同比增长12.02%。

2009年全年产品调拨计划11.57万吨，实际完成调出10.18万吨，计划完成率为88%；全年订单完成率为89%，比2008年提高了11%。

润滑油脂年度累计调拨计划执行情况

单位：吨

调出				调入			
单位名称	订单量	实际发出量	订单兑现率	单位名称	计划量	订单量	计划准确率
天津储运	878	878	100%	市场营销部	14606	14480	99%
燕化	408	408	100%	茂名	7986	8314	104%
荆门	3501	3370	96%	国际市场部	9281	9814	106%
北京	21575	20049	93%	北京	58042	64668	111%
重庆	12391	11505	93%	天津	4895	5650	115%
郑州	2759	2545	92%	重庆	5415	7157	132%
济南	22383	20616	92%	武汉	8260	11146	135%
武汉	5565	5060	91%	济南	1152	1587	138%
茂名	11714	10209	87%	郑州	118	168	142%
天津	8630	7291	84%	上海	5946	8473	142%
上海	24639	19843	81%				
合计	114444	101774	89%	合计	115701	131457	114%

【海外代加工生产情况】 2009年，在新加坡委托意大新生产润滑油4622.5吨，完成年计划的92.5%；全年发运4495.9吨，完成年计划的89.92%。

海外代加工产量统计表

单位：吨

分类	年累计		
	年计划	本年实际	完成进度(%)
订单量	5000		
生产量	5000	4623	92.45%
发运量	5000	4496	89.92%

2009年在新加坡委托APOIL生产船用油300吨，其中，新加坡当地加油20吨(吨箱散供)，从新加坡进口至国内保税库280吨(200升包装)。

【重点产品供应情况】 依据市场需求变化，2009年重点关注了润滑脂、防冻液、摩托车油、船用油、高档汽油机油和高档柴油机油系列产品及OEM产品的生产供货情况。

润滑脂 本年共生产润滑脂8.32万吨，同比增长7.9%，完成年计划的98%。根据市场需求变化情况，按照“先内后外”的原则优化安排润滑脂装置的生产，在满足市场供货基础上尽量降低生产成本。月需求量低于7000吨时集中由天津、重庆、茂名三家生产，7000吨以上则依次启动北京、济南委外润滑脂的生产。四季度根据天津分公司新建项目的投产情况陆续停止济南华鲁和北京分公司润滑脂生产，集中发挥天津产能。

防冻液 针对防冻液季节性销售特点，生产组织过程中采取三条措施保供：一是在原材料乙二醇的准备上，通过与化工事业部沟通落实互供计划，6月底前将库存装满备用；二是从旺季到来前的7月份开始即加大防冻液生产备货，增加库存；三是通过临时性外租仓库进行防冻液存储备货，满足销售高峰期提货需求。全年共生产防冻液4.18万吨，完成年计划的104.5%。

摩托车油 为配合摩托车油销售由北京销售中心转移到济南分公司销售的职能调整，5月份即将北京分公司生产的摩托车油转至济南分公司，实现本地化生产。本年共生产摩托车油3.21万吨，完成年计划的133.75%。其中济南分公司本年生产摩托车油1.15万吨，完成年计划的127.45%，占整个公司摩托车油总产量的35.83%。

船用油 根据产品销售区域实施定点生产，由上海、茂名、武汉、滨海4家生产供货。生产组织中配合船用油市场开发优先保证船用油的生产。本年船用油共生产2.15万吨，完成年计划的144%。其中上海分公司本年生产船用油1.18万吨，占整个公司船用油总产量的41%，是船用油产品生产的主要基地。

OEM产品 以贴近市场、物流成本最低为原则，推进OEM产品属地化生产供货工作。完成东风日产、神龙装填油、江陵汽车、济南重汽的产地调整。本年共生产OEM产品24.28万吨，其中北京分公司本年共生产OEM产品9.87万吨，占整个公司OEM总产量的40.65%，是主要的OEM产品生产基地。

财务资产管理

综　述

2009年，财务资产系统干部职工按照中国石化财务工作会议的精神，紧紧围绕公司生产经营实际，结合公司领导要求和年度工作目标开展财务管理工作，努力减轻国际金融危机的影响，认真做好财务分析，准确判断形势，把握政策走向、加强快速反应，抓住新机遇，强化财务管理，努力使各项工作质量得到进一步提升。

一、主要经营状况

公司2009年实现营业收入122.5亿元，其中：销售润滑油脂收入119.41亿元，销售基础油收入1.61亿元，销售汽车养护品、铁塑桶包装物等收入308万元，材料销售等其他业务收入1.46亿元；发生营业成本99亿元。

公司全年实现利润总额8.82亿元，实现利税14.07亿元；发生完全费用17.36亿元，其中管理费用5.11亿元，营业费用5.94亿元，财务费用1.31亿元。

2009年12月底，公司资产总额为48.63亿元，其中流动资产31.39亿元，非流动资产17.24亿元；负债总额32.62亿元，其中流动负债32.56亿元，非流动负债0.06亿元。资产负债率为67.1%，应收账款周转率38.23次。

二、降本压费工作

为落实集团公司过紧日子的精神，公司开展了降本减费工作，并在年度工作会议上作了部署。2009年初，财务资产部对这项工作进行了具体安排，要求各单位按照“质量不降、任务不少、工作不减、服务更优、花费更小”的原则制定本单位降本减费措施。

2009年1月21日，下发《关于做好降本压费工作的通知》（石化股份润财〔2009〕21号）及降本压费措施落实表，要求各单位组织做好降本减费目标及措施的制定工作，并逐项进行落实，提前做好对接的准备工作。

2009年2月10—11日，成立了各费用主管部门组成的降本减费检查小组，确定了现场对接的时间安排。总会计师对降本减费工作作了详细布置，提出了具体工作要求。

2009 年 2 月 17 日至 4 月 21 日，检查小组到各直属单位现场对接降本减费工作落实情况。

会计核算及会计信息质量

【会计核算】 对 2007 年编制的会计科目使用规范进行了重新修订。本次修订在原有内容的基础上，本着“针对问题、重点强化、避免错误、规范核算”的原则，对核算中容易出现的错误进行了重点强调和重新界定。12 月底正式下发《润滑油公司会计科目使用规范（2009 版）》。

【会计信息质量】 2009 年，公司将提高会计报表编制质量作为重要工作，自年初开始，对 ERP 系统取数公式、报表取数公式进行检查、修改和补充；对报表中存在的问题进行了整理并跟踪落实，逐步提高报表准确率。6 月份开始采用普联公司开发的系统自动接收报表，解决了以往报表收集过程中记录不全面、效率低下的问题，提高了报表接收速度，全面记录报表接收和报表校验情况，从技术上限制了报表编制的随意性，提高报表质量。

制定会计档案管理办法，做好会计基础工作。公司针对日常会计档案管理中存在的问题，编制并印发了《会计档案管理办法》。

全面预算管理

【年度预算管理】 组织做好 2009 年指标分解工作。按照炼油事业部下达的年度预算指标，公司组织各职能部门开展了 2009 年预算指标的分解工作，并下达到各单位执行。

组织开展 2009 年预计及 2010 年预算工作。9 月份公司组织各单位、各部门开展了 2009 年预计及 2010 年预算工作，并于 11 月中旬与炼油事业部进行了现场对接。12 月初，炼油事业部领导到公司现场进行调研工作。

【日常预算管理】 建立减值准备冲销模型。根据润滑油生产经营特点及公司存货减值准备计提情况，建立减值准备冲销模型，测算当月应冲减的减值准备金额。

建立价格、利润测算模型。根据基础油转出成本与库存、采购、产品结构的关联关系，建立了基础油库存及转出成本测算模型，相对准确地预测当月成本及赢利情况。

月度展示吨油费用指标。为进一步完善考核方法，建立合理的指标体系，公司将吨油费用指标作为 2009 年预算考核的参考性和指导性指标，自 4 月份开始按月展示，主要指标包括：吨油管理费用、吨油营业费用、吨油生产费用、吨油完全费用及吨油毛利等十项指标。

【经济活动分析】 公司将经济活动分析作为预算管理的一项重要工作，每月结合公司当月的实际经营情况及重点工作，进行侧重分析；加强对未来经营趋势的预测。按月记录经济活动分析会议纪要，并对纪要事项进行跟踪督促，确保会议事项的完成。

【价格管理】 每周根据柴油新机制接轨价和ICIS价格的变化情况，测算基础油价格变化，为公司领导提供决策参考。与相关部门配合，做好产品价格调整幅度的确定及与中国石化财务部价税处的汇报、沟通工作。

资金管理

【财企集中上线】 根据中国石化股份公司总体安排，落实财企集中上线推广。2009年4月份，公司组织各单位与财务公司签订资金自动归集协议。8月份，组织各单位完成ERP财企直联系统上线测试和试运行工作；研究制定财企集中账户设置方案，完成银行分账户、财务公司收入、支出账户开设和正式启用工作；实现财务公司统一平台系统上线、新统一结算系统功能推广等相关工作。这些工作的完成，使公司实现了从通过银行和财务公司分头集中资金到完全通过集团财务公司来归集资金的转变。

【资金系统管理】 完善付款审批单系统控制功能。统一原有系统中现金付款、银行转账付款和预付款审批单，增加合同结算、成本中心、银行代码、付款性质等控制信息，实现对合同付款进度通过系统进行控制的功能。

【日常资金管理】 规范银行账户，降低财务风险。通过与各单位的逐一对接，公司明确了现有银行账户清户方案和财企集中分账户设置方案，进一步规范了银行账户设置。按月监控各单位所有银行账户使用情况，编制月度银行账户及资金动态月报，防范资金风险。

进一步理顺资金系统业务。将长城事业部所属中山润港公司纳入公司内部转账结算体系，解决了公司内部单位间预付款问题。

【应收账款管理】 规范应收款项表格及报告。将“清欠工作进度表”、“应收款项明细分析表”、“对账差异调节明细表”合并成“应收款项月度管理台账”，并根据应收款项管理需求，增加结算到期日等分析信息，完善应收款项管理数据基础信息结构。

加强应收款项管理力度。定期分析应收款项占用，设计“逾期应收账款明细情况测试表”，每月监控各单位赊销客户结算情况，及时将超赊销额度、赊销期结算客户情况通知相关管理部门制定方案进行控制。

资产管理

财务部门同安全生产部门配合，加强账销案存管理工作，定期收集并严格审核报废资产管理台账，将账销案存管理工作纳入资产清查季度例会必须汇报的事项，规范账销案存管理工作。2009年3月，公司制定下发了《润滑油账销案存管理办法》（石化股份润财〔2009〕62号），进一步规范了不良债权的追偿、报废实物资产的处置等工作，加强了不良资产的全过程管理。

规范资产清查及处置报批权限与流程。2009年4月，公司结合资产管理的特点，制定下发了《润滑油公司资产清查与处置若干规定》（石化股份润财〔2009〕71号），明确了资产清查与处置业务中各职能部门的职责，规范了清查与处置报批流程和审批权限，并将监督考核机制纳入资产清查和处置工作之中，形成了各职能部门归口审理、资产处置事项集体决策的资产清查与处置报批管理工作体系，进一步促进资产管理工作的良性发展，规避处置风险，确保公司资产的安全完整。

税务管理

【燃油消费税改革政策衔接工作】 根据《国务院关于实施成品油价格和税费改革的通知》（国发〔2008〕37号）和《财政部国家税务总局关于提高成品油消费税税率的通知》（财税〔2008〕167号），2009年1月1日起，润滑油消费税由0.2元/升提高到1元/升，征收范围从矿物性润滑油扩大到所有润滑油产品。润滑油消费税额提高，使得公司税负及涉税风险进一步加大。2009年初，对公司所有产品和基础油的应税性进行重新界定，并对于新旧政策衔接年末库存的处理进行了统一安排，整个公司统一标准，规范操作。

【增值税转型相关工作】 根据2008年11月份颁布的《中华人民共和国增值税暂行条例》和《关于全国实施增值税转型改革若干问题的通知》（财税〔2008〕170号），我国增值税由生产型增值税向消费型增值税转变。自2009年1月1日，除房屋建筑物其他固定资产允许抵扣增值税。根据固定资产抵扣政策的变化，公司下发了《关于固定资产投资项目增值税抵扣相关问题的通知》（石化股份润财资函〔2009〕1号），对公司及各单位固定资产抵扣操作加以规范和指导，确保合理运用国家相关税收政策。

【税收管理系统工作】 公司被中国石化股份公司列为税收项目开发的试点单位，参与中国石化税收管理系统所得税子系统的开发工作，研讨确定功能设计、定义业务类型、设计台账格式，提出操作流程方案、角色权限配置方案，编写业务规范、说明等，实现所得税业务在系统中的操作和集成。

【税务培训工作】 针对国家2009年税制改革频繁的情况，为了加强对新税制的理解和运用，降低涉税风险，提高公司税务人员的整体工作水平，2009年3月份在北京召开了为期3天的税务培训会议，讲解了新旧所得税法的主要差异，所得税最新的政策，以及新的增值税、消费税、营业税条例的重点内容。2009年9月份组织各单位参加了由中国石化及国家税务总局主要税种处室领导讲解的税法培训。

为提高各单位对公司发票管理办法的理解，进一步防范发票风险，2009年4月，公司组织各单位对本单位财务人员及各部门相关业务人员进行发票管理办法的培训700余人次。

内控制度

【修订实施细则】 根据股份公司2009年版手册的变化和公司经营管理特点、前期执行中反映出来的问题等，按照突出管理重点、抓住薄弱环节、实质重于形式、强化风险控制和体现节约的原则，梳理压缩了控制环节，筛选关键控制点，增加档案管理等规范要求，充实相关权限，与ERP等信息系统紧密结合进行了实施细则的修订。

修订后的2009年内控实施细则包括42个业务流程，719个控制点。其中适用股份公司规定业务流程37个，根据公司管理实际增加业务流程5个，连同部分权责的细化调整、特殊转授权等事项都得到了中国石化审批同意。

【组织内控培训】 2009年4月份，公司组织了内控实施细则培训，介绍了公司实施细则修订的总体情况，讲解了检查评价办法，对主要业务流程结合管理重点和薄弱环节进行了详细讲解，约930人次参加学习。

为广泛宣传和及时沟通，在公司门户网站中建立了内控管理子模块，并由内控办公室及时进行更新维护。在内部网站、报刊上，对公司内控修订、培训等各项工作的进展情况也进行了及时宣传。

【内控制度自查】 2009年5月份和11月份，内控办公室组织各部门、各单位按照修订后的检查评价办法，对2008年5月1日—2009年10月31日业务流程执行情况进行了全面测试自查。内控办公室对测试自查情况进行了抽查核实，并监督落实整改。

2009年8—11月份，内控办公室组织了3个检查组对全部直属单位重点业务流程在2008年8月1日—2009年7月31日间的内控执行情况进行了综合检查。检查内容主要包括流程执行情况、权限和特殊转授权执行情况、公司统一表单的使用和以前问题整改情况等，同时收集了对内控工作和公司实施细则修订的意见和建议等。本次累计检查流程148个/次，检查抽样8769个，其中问题样本493个，样本符合率为94.38%；公司整体流程评价为91分，综合评价为93分，等级为A-。

【中国石化内控制度检查】 根据股份公司内控办《关于开展非正式内控检查的通知》，中国石化派出四人小组于2009年10月20日至21日对润滑油公司的内控制度执行情况进行了非正式的内控调研和抽查。内控办公室总结汇报了公司2009年内控工作开展情况，积极协调检查组对公司领导班子和部门负责人的访谈调研，配合流程抽查，沟通有关困难和情况，检查组对公司内控管理工作给予了较高的评价。

【ERP权限整改】 2009年11月份，根据中国石化的统一部署，针对毕马威审计提出的ERP系统权限设计存在偏差、部分用户权限较大等问题，公司成立了项目组，根据股份公司提供的检查标准和工具，对ERP系统相关权限现状进行了测试和梳理。ERP各模块针对不同风险提出了整改和替代措施，各单位进行了整改和完善。

财务稽核

2009年在股份公司下达稽核制度的基础上，公司制定了《润滑油公司财务稽核管理办法》（石化股份润财〔2009〕52号），从稽核内容、稽核方法等方面提出了具体要求。随办法同时下发了3张稽核记录表格，从会计核算、成本核算、资产管理、税务管理、资金管理、档案管理6个方面进行稽核记录。

稽核工作分为两个层面：各单位自行稽核、财务资产部对各单位进行稽核。稽核方法有两种：日常ERP线上稽核、现场稽核。

每月（季）各单位将稽核情况记录在稽核记录表中上交至财务资产部，财务资产部将日常收集到的问题带到现场稽核中，进行更细致的稽核检查。通过稽核工作，主动发现问题及时更正，针对典型问题研究处理措施，制定管理规范，提高财务基础工作水平。

人力资源管理

综　述

2009年人力资源工作紧密围绕公司生产经营实际，按年初制定的思路和领导要求，以务实的态度，努力适应新形势，解决新问题，不断提高整体策划能力和重点工作推动能力，在深化管理体制改革、强化人才队伍建设、细化人工成本管理、完善部门基础工作等方面作了许多扎实的工作，较好地完成了各项任务。

领导人员管理

【领导人员建设】 根据公司发展的需要重新设置机关部门领导人员定员，制定了《关于调整机关中层管理岗位定员的通知》（石化股份润人〔2009〕191号），调整后机关部门领导由1正1副调整为1正2副，个别部门1正3副或1正4副，加强了领导力量。

为进一步增加机关一般管理人员的晋升通道，公司制定了《关于在机关部门设置13职级管理岗位的通知》（石化股份润人〔2009〕193号），在公司机关部门设置13职级岗位。

根据集团公司关于中层领导人员和基层领导人员退出现职的有关要求，制定了《中层管理人员和基层管理人员退出现职管理办法》（石化股份润人〔2009〕192号），并在年底前实施到位。累计5名中层领导人员因年龄因素退出现职。

在部门内部按照“组工干部十严禁”纪律和“讲党性、重品行、做表率”主题活动的要求，持续开展学习活动，在实际工作中体现学习效果，促进部门人员思想素质和服务职工群众意识的进一步提高。

劳动管理

【劳动组织】 2009年10月21日公司颁发了《关于实施长城事业部体制改革的通知》（石化股份润人〔2009〕173号）文件，长城事业部重组。

依托北京润发机电设备安装维修有限公司（以下简称润发公司）组建新公司，将原长城事业部的计划经营管理部、财务部，现润发公司的施工安装和检维修，北京润升贸易有限公司的汽车养护品和润滑油销售业务、连锁经营部的汽车养护维修业务、中山润港公司并入润发公司。润发公司作为润滑油公司直属单位管理，独立设置财务，不设机关部门。

北京包装容器分公司并入北京分公司，作为车间管理。车间名称为塑料容器厂。

天津储运分公司和天津金属包装分公司进行业务重组，组建新的分公司。

2009 年 10 月 21 日下发《关于调整海淀地区部分管理职能的通知》（石化股份润人〔2009〕174 号），对部分机关部门和海淀地区直属单位的管理职能进行适当调整。调整后，北京分公司、北京研发中心、北京销售中心等单位作为责任主体承担本单位的管理职能，同时调整了各有关处室的职责。

2009 年 12 月 18 日天津储运分公司和天津金属包装分公司重组，组建滨海分公司。

【劳动定员及标准】 2009 年润滑油公司的润滑油脂生产系统劳动定员标准通过了集团公司的审核，并印发实施。

各直属单位 2008 年及 2009 年期末人数

	2008 年	2009 年
润滑油上海分公司	344	292
润滑油茂名分公司	345	338
润滑油荆门分公司	135	135
海淀地区	837	834
天津储运分公司	42	44

续表

	2008 年	2009 年
润滑油天津分公司	690	676
润滑油济南分公司	138	136
润滑油燕化分公司	173	181
润滑油武汉分公司	104	99
润滑油上海研发中心	85	135
润滑油重庆分公司	586	581
润滑油郑州分公司	103	106
天津制桶厂	79	82
重庆办事处	165	152
长润办事处	82	72

【员工招聘及调配管理】

2009 年毕业生引进情况

时间	接收人数	学历情况			学校分布		
		博士	硕士	本科	重点	二本	其他
2010 年	70	3	27	40	41	29	0

重新修订下发了《润滑油公司高校毕业生引进工作实施细则（试行）》。

薪酬管理

【工资总额调控】 下达了 2009 年度工资总额基数；根据润滑油公司各直属单位 2008 年度考核结果，核定了各单位 2008 年度考核兑现工资；并在 2009 年底根据总部的安排，增加了在岗人均 1500 元的 2009 年度预兑现工资。

【人工成本管理】 转发了总部印发的《人工成本管理办法》（试行）、《人工成本统计指标及解释》,对人工成本管理的管理原则、管理范围、管理职责和管理办法、管理制度等做了明确规定。

2009年工资总额22936万元,劳务费6733万元。

【专业技术干部管理】 润滑油分公司共有各类在岗专业技术人才1569人,其中女性581人。按技术职务任职资格分:教授级6人,高级181人,中级719人,初级663人,45岁以下1151人,占总人数的73.36%。拥有中国石化特殊津贴专家4人,突出贡献专家5人,闵恩泽青年科技人才15人,各层次学术带头人14人。

【专业技术职务评聘】 组织了2009年职称外语考试工作,组织召开了中级及以下评审会议,组织召开了高级工程师评审会,组织了教授级高级工程师、高级经济师、高级会计师、高级政工师推荐会议。

2009年评聘人员及专业职称如下:

正高级

教授级高级工程师:王平

副高级

高级工程师:张瑜、隋秀华、王明江、梁国军、王向阳、甘炜、张铁网

高级经济师:赵昊、陈泽姝、王倩

高级会计师:陈悦

中级

工程师:羊丽君、冯军勇、秦雪珍、辛虎、汪洋、雷凌、杨小振、毛俊、刘鹤超、吴凤华、李晨明、陈鹰、张国茹、崔东滨、邓金平、李姝、王勇强、刘少坤、王宏伟、张晓静、陶兵、赵智军、康海娥、李萌、杨静、沈铁军、裔复荆、吴铮、杜伟跃、徐昀

经济师:李欣利、张烨、赵偲涵、李韫、何纹波

会计师:刘温静、朱歆皞、周红卫

统计师:杜新珠

主治医师:范雪

2009年12月经总部批准,有四人获得集团公司及以上级别专家称号。

集团公司有突出贡献的科技和管理专家:

北京研发中心　水琳

闵恩泽青年科技人才奖获得者:

重庆分公司　陈美名

茂名分公司　李绍松

北京研发中心　隋秀华

职工培训与技能鉴定

【员工培训】 2009年10月和12月,由润滑油公司主编的《润滑脂装置操作工》技能培训教材、《罐装制桶操作工》技能培训教材由中国石化出版社出版发行,同年公司参编的《油品储运调合操作工》技能培训教材也出版发行。

2009年公司参照集团公司技能鉴定考评员的培训要求及模式,组织了技能鉴定考评员及鉴定管理人员培训班,有来自直属单位的38名考评员参加培训并通过

了考核，有 11 名鉴定管理人员参加了培训研讨。

根据集团公司“我要安全”主题活动通知精神，公司 2009 年 8 月 4—7 日组织叉车驾驶员技能竞赛，有 13 家单位的 320 名叉车驾驶员参加了初赛选拔，有 31 名选手参加了公司决赛，北京分公司王庆波、郑州分公司陈军虎、重庆分公司蔡春分别获得第 1～3 名。

2009 年 11 月 11 日至 2010 年 1 月 22 日，依据集团公司年度培训计划安排，公司承办润滑脂装置操作工和油品储运调合操作工技师培训班，润滑脂班学员有 6 人，储运调合班学员有 13 人。培训班完成了规定的教学考核任务，历时 72 天，累计培训及考核 45 天。两个班有 12 人通过技师考核。

全年培训员工 3863 人次。其中经营管理人员 1621 人次，专业技术人员 310 人次，技能操作人员 1499 人次，包括 1543 名劳务工。

【销售专业人才培训】 按分级培训方案，制定了销售培训工作三年规划，完成了天津、济南、上海三家单位三级培训，每家 10 天，共计培训 90 人。完成新入职的销售人员培训一期，共计 5 天，计 30 人。

在 2008 年底对 300 多名销售人员进行油品知识强化培训的基础上，于 2009 年 1 月按油品基础知识和油品应用知识两个模块组织了考试，对促进销售人员向专家型销售人员转变有很大帮助。

配合销售体制改革，举办了销售经理培训班和销售部门负责人培训班各一期，共计 40 人参培，进一步提高了他们的市场策划能力和销售管理能力。

【中层干部培训】 从加强党性锻炼、思想作风建设和革命传统教育入手，组织开展了中层干部正职培训，引入工厂参观、延安培训等现场教学方式，效果较好，共计 30 人参培。同时，按照差异化培训要求，组织 4 名中层干部参加了清华大学脱产一个月的培训，努力做到因人施教，拓展个性化发展空间。

对中层副职按照专业化培训要求，积极响应党中央、国务院在全国开展“质量和安全年”活动，深入落实《关于中央企业深入开展“质量和安全年”活动，进一步加强质量管理的通知》，促进各单位经验交流，组织举办了质量生产经理培训班，30 人参加，传授了先进的管理思维和方法，培养了市场保供、安全生产和精益生产管理意识。

【后备干部培养】 为进一步提高基层青年干部驾驭全局的能力和有效沟通能力，掌握领导艺术和方法，培养大局观念和战略意识，明确管理角色定位，坚定打造高品质、高科技、国际化知名润滑油品牌的信心，加强党性锻炼和修养，组织举办了一期青年干部培训班，培训 31 人，为进一步优化管理团队奠定了基础。

【国际化人才培训】 在总部支持下,继续选派15名人员参加了英语脱产培训。根据需要选派2人参加了社会举办的英语培训班。积极筹备科研专家出国培训,争取总部支持,为水琳派出作访问学者做好各项准备工作。

【科研人员培训】 先后组织开办了有40名工艺技术人员参加的培训班,进一步提高了生产技术指导能力。

科研开发与管理

综 述

根据润滑油国际化发展和市场开发的需要，2009年公司发挥科技支撑的作用，积极推进与相关产业的高端技术合作，为增强企业长远发展后劲提供支持。

一是继续加大国际OEM技术认证力度，扩大与重点行业的交流。全年取得国际认证14项。与国内知名企业及设计院所开展技术合作，共有40项写入设备厂商说明书。与重点客户确立了37项新产品合作项目并积极推进，完成上海通用变速箱油、奇瑞手动变速箱油等产品开发。加强在军工、航空、航天领域的合作，航空合成油通过民航总局初步评审。

二是进一步加快自主创新技术应用。围绕公司生产经营开展科研开发，完成股份公司级科研项目77项，公司级科研项目137项。“十条龙”攻关项目进展顺利，完成自主配方SJ、CF-4复合剂在中国石化基础油的适用性研究并投入生产，年产量达到6万吨。全年具有自主知识产权添加剂生产量达到2.1万吨，占添加剂采购总量的32%。8项科研成果获得集团公司科技进步奖，共完成国家专利申请项目31项，其中发明12项，在中国石化的整体排名中名列第九，炼化板块领先。全年共开发新产品42个并实现工业化，新产品产量达到2.9万吨。完成中国石化润滑油标准化体系建设，参与5项国家及行业标准制定项目。

三是发挥科技支撑作用，为市场开发和企业发展提供动力。科研单位针对市场需求、生产资源优化、国际市场开发等重点工作，积极开展技术支持和服务。组织产品特点研究和讨论，形成一系列高档内燃机油宣传推广材料。配合船用油开发，做好用油技术跟踪和用油监测；配合钢铁、电力等重点行业开发，开展配套方案研究和技术交流；配合国际市场开发，寻找并验证新的基础油资源，为海外经销商开展产品技术培训；配合生产成本降低，开展产品配方优化。

继续推进科研重心前移

【概述】 按照公司的战略部署，2009年继续开展OEM制造商以及研究设计院所的技术认可指定和写入说明书推荐工作，为市场开发提供技术保证和前期的技术导向。

【国际认证】 2009年的全年目标是完成国际认证6项，先后取得包括三菱重工、伊顿、阿尔斯通、ABB等国际知名企业国际认证14项，完成年度计划指标的233.33%，认证的产品包括汽油机油、柴油机油、船用油、汽轮机油、齿轮油、变压器油、润滑脂等十余种品种牌号（详见下表）。

序号	OEM厂家名称	完成单位	认证油品
1	VOITH（福伊特）	北京研发中心	金吉星 SJ 10W-40
			金吉星 SL 5W-40
			金吉星 SM 5W-40
2	戴姆勒	北京研发中心	金吉星 SL 10W-30、10W-40、5W-40
			金牌尊龙 CI-4 15W-40
3	ALSTOM公司	上海研发中心	威越优质TSA46汽轮机油
4	三菱重工	上海研发中心	长城威越TGF（M）32极压燃气轮机油［SINOPEC Weiyue TGF（M）32］
5	伊顿（中国）投资有限公司汽车组件集团	上海研发中心	长城LD80W/90锁式差速器齿轮油
6	MAN公司	上海研发中心	船用系统油3008S
7	德国ZF	上海研发中心	长城ZLS GL-5 85W/90限滑齿轮油（SINOPEC ZLS GL-5 85W/90）
8	ABB公司	上海研发中心	长城25号变压器油（SINOPEC Transformer Oil No. 25）
			长城45号变压器油（SINOPEC Transformer Oil No. 45）
9	通用汽车	天津分公司	长城TBE-D润滑脂
10	ZF Friedrichshafen AG	北京研发中心	80W/90 GL-4、80W/90 GL-5、85W/90 GL-5
11	SCHOTTEL GmbH德国肖特尔公司	北京研发中心	低温型AP-HD工业齿轮油
12	MAN公司	上海研发中心	船用系统油3008S
13	博士力士乐公司	北京研发中心	冶金专用液压油
14	天合汽车上海研发中心	重庆分公司	制动液

【写入 OEM 设备说明书】 2009 年全年写入 OEM 设备说明书目标 36 项，先后写入 OEM 设备说明书 40 项，完成年度计划指标的 111.11%。包括华东理工大学化工机械研究所、中冶东方工程技术有限公司冶金设备研究所等知名设计院所，以及立诚安针织机械有限公司、兰州兰石国民油井石油工程有限公司等大型设备制造商。

【重点 OEM 拜访】 为了进一步推进 OEM 工作的开展，润滑油公司组织中国石化系统内部的兄弟单位及科研院所，对上汽通用五菱、济南重汽、神龙汽车、比亚迪、广汽丰田、东风日产、太钢集团、鞍钢集团等大型汽车制造商进行了 OEM 拜访，开展技术交流，为实现更密切的合作打下了良好的基础。

上汽通用五菱 为全面推进中国石化的产品线在上汽通用五菱的使用，2009 年 1 月 9 日，公司领导到 SGMW，进行高层拜访，达成共识。双方同意，本着双赢原则，进行全方位的战略合作，利用中国石化的集团优势解决 SGMW 现在存在的问题。牵头组织了中国石化—上汽通用五菱的全面技术交流，SGMW 技术中心近 60 位技术人员参加了交流会。重点向对方介绍了发动机油、制动液、发动机冷却液、变速箱油、金属加工液及汽车养护品等全系列的润滑产品。中国石化的技术和服务得到了上汽通用五菱的认同。

济南重汽 双方同意进一步加强各个领域的合作，建立全面战略合作伙伴关系，并提出双方签订战略合作的框架协议。在产品研发方面双方确定马上进行 CH-4 升级产品和自主知识产权 CF-4 产品在重汽国 III 发动机上的适应性研究。开展 CI-4 和 CJ-4 产品在重汽欧 IV 发动机上的适应性研究。

5 月 5 日公司领导带队，石科院、北化院相关专家共同拜访重汽。中国石化全面介绍了润滑油（发动机油、冷却液、齿轮油、润滑脂）、树脂产品、燃油等方面的内容，通过技术交流，双方充分认识到有更多的合作领域，并重点进行了战略合作项目以及框架协议的原则内容讨论。6 月 25 日，在中国石化总部举行了中国石化与中国重汽战略合作协议签订仪式。

神龙公司 5 月 19 日，前往神龙公司进行高层拜访与技术交流。双方同意在润滑油方面，开展 ATFIID 油品替代 PSF 工作，并进行有机防冻液合作以及 MTF 国产化及 CNG 上配套开发。在化工方面，中国石化将利用自身的优势资源从汽车设计开始切入，详细了解汽车企业用树脂料的情况，开展延伸业务。从神龙汽车某个车型的翼子板开始，可以采用合作或合资办厂的方式，使用中国石化的原材料、技术和生产工艺，生产出改性树脂成型产品，送 PSA 试验，通过试验后切入到商务运作。

比亚迪汽车 5月18日，公司领导带队与化工销售公司、广东省石油公司、深圳石油公司等单位共同拜访比亚迪，进行包括润滑油、化工树脂在内的全面技术交流，全面介绍了发动机润滑油、汽车冷却液、汽车齿轮油、汽车刹车液、润滑脂以及中国石化汽车化工产品等产品。并与对方汽车工程研究院的技术人员进行了充分的沟通。并在SJ发动机油及ATF自动传动液产品上达成了合作意向。

广汽丰田 在5月20日召开的中国石化——丰田汽车 润滑油分科会上，中国石化就《SM/GF-4 10W-30 配方切换准备工作》、《变速箱油项目进展》、《茂名工厂生产过程品质管理介绍》、《内燃机油市场调查分析报告》方面分别做了阐述。

针对报告内容，双方进一步达成共识：丰田方面同意中国石化根据基础油资源同时储备使用新旧配方的方案；驱动油作为2008年海南会议确定的下一个合作产品；参观茂名现场后，中国石化将再提交更详细的茂名工厂与北京工厂生产过程控制及品质管理的对比资料；双方将继续合作开展中国国内市场的机油联合抽检，中国石化建议要尽快将抽检结果应用于双方的产品合作上，如针对抽检情况不好的地区如何实现纯正油供应网络的完善等。

东风日产 5月10日日产汽车来访，双方沟通了刹车液全球采购合作、发动机油基础油国产化、VQ发动机油配套等工作进展及下一步工作计划。以上项目均按计划进行，进展顺利。双方还协商本年度日产本部技术交流的意向及时间安排。

科研管理

【科研立项】 2009年以来立项的课题主要围绕新产品开发、国际OEM认证、节能环保等新领域展开。全年共下达两批润滑油公司B类课题科研计划，新开B类课题79项，下达经费总额1680万元。向股份公司申报科技开发部批准立项的A类课题10项，其中与石科院合作的项目2项，批准的经费总额2355万元，另申请股份公司炼油事业部立项的军工项目3项，正在批复中。

【科研成果验收】 2009年上半年共有7项股份公司项目组织鉴定，通过了项目验收；另外，润滑油公司组织召开了B类科研项目结题评审会，对2008年的B类科研项目进行了结题评审，共有72项B类科研项目通过了评审，形成的工艺技术文件包39个。2009年组织了8项科研成果申报集团公司科技进步奖，其中三项申报科技进步二等奖，五项申报科技进步三等奖。

2009 年度中国石化集团科学技术奖励推荐项目汇总表

序号	项目名称	推荐奖种及等级	专业
1	满足欧Ⅳ排放柴油车配套润滑油 CI-4 的开发及应用考察	科技进步奖	二等奖
2	高桥加氢基础油开发高档 OEM 发动机油	科技进步奖	二等奖
13	神舟系列飞船用谐波减速器润滑脂及长寿命电机轴承润滑脂的开发	科技进步奖	二等奖
4	冶金行业烧结机滑道密封润滑脂的研制	科技进步奖	二等奖
5	不锈钢轧制油研制及工业应用	科技进步奖	三等奖
6	半合成型切削液系列产品的研制及推广应用	科技进步奖	三等奖
7	年产 3000 吨复合锂基润滑脂生产工艺	科技进步奖	三等奖
8	实验室信息管理系统(LIMS)建设与应用	科技进步奖	三等奖

【完善科研管理制度】 修订内控规范管理制度,编写内控制度 3.6 科技开发费管理业务流程培训讲稿,对相关人员进行培训,并起草了润滑油公司知识产权管理办法,待补充完善后广泛征求意见,以形成正式制度实施。

专利申请和保护

【概述】 2009 年共完成专利项目申请 31 项,其中发明 12 项,实用新型 2 项,外观设计 17 项。润滑油公司在中石化的整体排名中名列第九,炼化板块占据头筹。

【组织培训】 公司在专利申报及知识产权管理过程中,组织科研人员、生产人员及相关管理人员等参加集团公司举办的知识产权培训班,了解知识产权的基本内容制度要求,做到全面掌握,合理运用。同时邀请股份公司专家进行知识产权讲座,并做现场指导,进一步加深技术人员对专利知识的认识,提高专利申报的积极性和主动性,进一步提升专利的质量水平。

【发挥优势】 公司积极探索可利用资源,以不同产品、不同领域开发为重点,利用各自优势深度挖掘专有领域核心技术。北京研发中心依托其内燃机油、工业油等技术优势,在产品研发过程中针对产品技术特点及行业特色不断开展车用润滑油专利的研究。上海研发中心利用其金属加工液产品的特色,挖掘出不同工艺条件下的专利技术,对进一步抢占该领域的核心竞争力起到了推动作用。重庆分公司一直是合成油脂的研发与生产基地,产品广泛用于军工、航空航天等领域。借助合成技术力量，重庆分公司积极寻求技术专利，旨在通过专利开发占领行业技术领先地位，同时进行自我保护。天津分公司拥有专业的润滑脂开发与应用的技术团队，结合其产品特点实现了《一种新型润滑脂及制备方法》、《一种极压型润滑脂及制备方法》的专利申报。

2009年度润滑油公司申报专利情况统计表

序号	专利名称	类别
1	车用润滑油	发明
2	清洗液组合物及其用途	发明
3	钻井液润滑剂	发明
4	防锈油组合物的生产方法	发明
5	静电喷涂防锈油及其生产方法	发明
6	乳化液自乳化能力的测试方法	发明
7	冷轧轧制油组合物及其用途	发明
8	湿平整液组合物及其用途	发明
9	一种合成高温润滑脂生产方法	发明
10	全自动计黏度清洗机	实用新型
11	一种新型润滑脂及制备方法	发明
12	一种极压型润滑脂及制备方法	发明
13	塑料包装桶(1)(1L)	外观设计
14	塑料包装桶(2)(1L)	外观设计
15	塑料包装桶(3)(1L)	外观设计
16	塑料包装桶(4)(1L)	外观设计
17	塑料包装桶(5)(1L)	外观设计
18	塑料包装桶(1)(4L)	外观设计
19	塑料包装桶(2)(4L)	外观设计
20	塑料包装桶(3)(4L)	外观设计
21	塑料包装桶(4)(4L)	外观设计
22	塑料包装桶(5)(4L)	外观设计
23	包装标贴(1)(1L)	外观设计
24	包装标贴(1)(4L)	外观设计
25	包装标贴(3)(20L)	外观设计
26	塑料包装桶(J)	外观设计
27	塑料包装桶(K)	外观设计
28	塑料包装桶(L)	外观设计
29	塑料包装桶(M)	外观设计
30	高清洁度润滑油灌装法	发明
31	一种石油管道球扫线系统	实用新型

新产品开发和产品结构调整

2009 年润滑油公司共有科研新产品 154 个，其中 2009 年投产的新产品 42 个。润滑油公司共完成新产品生产 31087.31 吨；完成了年计划的 222.1%。

2009 年投产新产品明细表

序号	产品名称	投产日期	研发单位	累计产量(吨)
1	AP-HD 抗微点蚀重负荷工业齿轮油	2009 年 1 月	北京研发中心	13.83
2	东风悦达起亚 SM/GF-4 5W-30	2009 年 3 月	北京研发中心	13.52
3	东风悦达起亚 SM 10W-40	2009 年 3 月	北京研发中心	41.64
4	东风悦达起亚 SL 10W-40	2009 年 3 月	北京研发中心	41.87
5	三一工程机械专用液压油 B46 号	2009 年 6 月	北京研发中心	40.09
6	SG 5W-20 钱江专用四冲程摩托车油	2009 年 9 月	北京研发中心	19.04
7	MTF 75W/90 乘用车手动变速箱专用油（奇瑞汽车）	2009 年 11 月	北京研发中心	0
8	CF-2 二冲程柴油机油	2009 年 1 月	上海研发中心	0.90
9	M0738 铜带轧制油	2009 年 1 月	上海研发中心	16.85
10	M0050A 切削油	2009 年 1 月	上海研发中心	6.19
11	U8112 快速淬火油	2009 年 2 月	上海研发中心	15.15
12	M0013A 低油雾切削油	2009 年 3 月	上海研发中心	7.35
13	明珠Ⅱ半合成圆筒针织机油	2009 年 3 月	上海研发中心	5.19
14	M0321A 冲压油	2009 年 4 月	上海研发中心	0.87
15	M1712 钢板轧制油	2009 年 4 月	上海研发中心	3.00
16	M0019B 切削油	2009 年 5 月	上海研发中心	19.45
17	M0016B 切削油	2009 年 5 月	上海研发中心	14.28
18	T3512 船用中速机油复合剂	2009 年 5 月	上海研发中心	660.00
19	T3503 船用汽缸油复合剂	2009 年 5 月	上海研发中心	362.00
20	R5322D 轴承用润滑防锈油	2009 年 6 月	上海研发中心	3.16
21	U8102 淬火油	2009 年 6 月	上海研发中心	270.00
22	T3502 汽缸机油 5040 复合剂	2009 年 6 月	上海研发中心	63.00
23	L-DRA/A46 冷冻机油	2009 年 8 月	上海研发中心	2.00
24	M2051A 橡胶装配润滑液	2009 年 8 月	上海研发中心	1.76
25	T3511 船用中速机油复合剂	2009 年 8 月	上海研发中心	30.00
26	T3513 船用中速机油复合剂	2009 年 8 月	上海研发中心	10.00

（续表）

序号	产品名称	投产日期	研发单位	累计产量(吨)
27	T3502 船用汽缸油复合剂	2009 年 8 月	上海研发中心	20.00
28	液压支架用乳化油	2009 年 9 月	上海研发中心	1.24
29	R5323C 链条用润滑防锈油	2009 年 10 月	上海研发中心	1.50
30	M0322 冲压油	2009 年 11 月	上海研发中心	1.28
31	M0005 轴承超精磨削油	2009 年 11 月	上海研发中心	0.52
32	M2015B 切削液	2009 年 11 月	上海研发中心	3.68
33	微乳切削液	2009 年 11 月	上海研发中心	2.48
34	4513-1(150)合成压缩机油	2009 年 3 月	重庆分公司	8.00
35	长城 MCL-A 储存润滑脂	2009 年 6 月	天津分公司	8.43
合计				1708.27

“十条龙”攻关项目

【SJ 汽油机油工业化应用】 SJ 自主复合剂在市售产品上得到全面应用，调配油品得到天津夏利、保定长城等 OEM 的认证，并补充进行了摩托车油摩擦特性实验。同时，该剂可满足 JASO MA 性能要求。采用自主复合剂调配的 GF-2 10W-30 汽油机油通过了程序 VI B SJ 台架评定。截止到 10 月底，采用自主技术生产的 SJ 产品共计 4891 吨，产品质量跟踪尚未见到不良反馈。该项目已经完成项目总结，准备项目鉴定。

【CF-4 柴油机油工业化应用】 自主技术的 CF-4 复合剂得到全面应用，调配油品取得了“锡柴”的认证。同时开展了自主技术的 CF-4 产品在重汽、奇瑞新车型上的应用研究工作。全年 CF-4 油品产量已达 64613.9 吨。该项目已经完成项目总结，准备项目鉴定。全年完成 SJ、CF-4 自主配方技术产品生产共计 6.9 万吨。

【自主配方在中国石化基础油中的适用性研究】 完成了自主配方 SJ 和 CF-4 复合剂在中国石化基础油适用性研究工作，并完成了研究报告的编写，准备鉴定。

【SL、CH-4 高档油品的开发工作】 SL / GF-3 汽油机油正在进行台架试验评定。CH-4 柴油机油已经完成了 IIIE、1K、T-8E、ISM 和T-9发动机台架评定，正进行其他台架试验评定。

【提高基础油质量研究】 加氢裂化尾油做润滑油加氢原料的研究：掺炼焦化蜡油后加氢裂化尾油的氮含量有所增加，不利于直接作为润滑油加氢异构脱蜡的原料；开展了 VGO 掺炼加氢裂化尾油生产 HVI

Ⅲ基础油研究，掺炼30%后，加氢基础油的黏度指数达到121左右，同时，倾点也低于-18℃，达到了Ⅲ类油标准。

【增产润滑油加氢原料的研究】 确定了蜡下油也可以作为润滑油加氢装置的原料，掺炼后可以有效提高加氢基础油的黏度指数。增加了润滑油加氢异构装置的原料来源。HVI Ⅱ+和HVIII基础油产量达到5.46万吨，同比增长34%。

【提高基础油HVI Ⅰb和HVI Ⅰc比例的研究】 开展不同原油生产润滑油基础油性能的研究，为原油生产加工的优化提出方案；开展降低基础油中和值的研究工作，考察了“老三套”基础油生产工艺的脱酸情况，以及采用新型吸附剂进行基础油脱酸的实验室研究等，硅酸镁吸附剂应用于基础油的脱酸技术已经作为基础油脱酸技术申请了专利。高桥分公司生产21.5万吨老三套基础油，其中HVI Ⅰb以上基础油占76.84%，同比增长16.89%。

【配套添加剂单剂研究】 完成高温抗氧剂试验室研究工作，产品性能满足了高档内燃机油的使用要求，申请了两项专利、一项专有技术。工业试生产准备已经完成，编制了研制报告，申请评议。完成高效分散剂研究阶段工作，建立了构效模型结构，产品性能满足了高档内燃机油的使用要求。正在准备评议材料，申请评议。

科研服务市场

【概述】 2009年在服务市场方面下了功夫。主要从五个方面开展工作。

1. 组织研发中心技术专家完成内燃机油、通用油和车辆齿轮油、工业齿轮油、液压油、冷却液、汽车养护品等共涉及179个产品的包装文字说明的系统编写和评审。

2. 根据最新的产品性能和特征，分册编制《行业用油指导手册》，加强各行业一线职工对油品基础知识的了解，正确使用和选用油品，并与石化出版社联系出版事宜。

3. 组织各研发中心人员召开关于国际OEM认证、写入产品说明书、变压器油、汽轮机油产品性能、系统内用油等的宣讲培训会，以做好市场技术支持和服务为目标，对全公司各销售中心人员进行了认证油品和设备应用资料的讲解。

4. 组织召开润滑油公司产品亮点提升会，最终形成柴油机油三个层级的材料：宣传用语、单页说明及产品宣传PPT，强化公司产品在市场的推广力度。

5. 组织技术专家对公司车用油、工业油、合成油和金属加工油（液）产品说明书进行更新换版，本次换版将近两年的新产品纳入，并删掉了已停产的部分产品。

【系统内用油的推广】 2009年成立专项调研组，对系统内应用同类型压缩机情况进行调研和技术交流。从目前情况来看，除了原来在天津石化、石家庄炼化、洛阳石化应用外，新增系统内的一些用户，在系统内尾气压缩机油的调研过程中，还解决了多家企业的冷冻机油、高速泵油的国产化问题。

3月份，组织召开系统内化工板块的润滑油脂应用技术交流会，2009年4月，为齐鲁石化达州化肥项目制定了其全部设备用油的长城油品推荐方案，并参与其油品招标，大部分油品中标。2009年6月，天津石化大乙烯项目的开工前，在公司统一安排下，完成了其大部分设备用油推荐方案的制定，并在公司领导带队下，在天津石化进行了大乙烯项目用油国产化技术交流会。另外，与镇海炼化、上海石化、扬子乙烯进行了技术交流和沟通，取得了一定的效果。

通过配合茂名乙烯对高压聚乙烯二次机高压端进行联合攻关，经过共同立项到总部科技开发部进行报批，9月22日成功召开了《乙烯装置压缩机油国产化应用研究》项目启动会，预计2010年2月将在高压端正式开始应用研究。

【船用油技术开发与服务】 经过与MAN公司的深入沟通，在5070S汽缸油2008年取得MAN公司大缸径发动机技术认证的基础上，又取得了船用系统油3008S的技术认证，从而完全取得船用内燃机油产品在大缸径发动机上的技术认可，为进一步深入开拓航运市场奠定了技术基础。

2009年重点开展了关于公司船用油在WARTSILA发动机上的认证工作。年初即向WARTSILA公司二冲程发动机技术部门进行沟通，了解WARTSILA公司技术认证的程序和要求。根据WARTSILA公司提供的情况，进行实验室分析工作，选择国外已经取得认证的油品作为参比油，以便选择合适的配方和产品开展认证工作。根据试验室的测试情况，与WARTSILA公司技术人员进行交流对下一步需要开展的工作进行探讨。目前已经基本确定选择进口复合剂的技术路线，以便尽快取得技术认证。2009年初曾经向WARTSILA公司中速机研发中心提交了4040中速机油样品，但样品的实验室测试结果没有通过。为此，开展技术工作，对产品的配方重新开展筛选工作，以便选择合适的产品开展技术认证工作。

通过开展技术交流和技术服务工作，与OEM制造商的深入沟通，长城船用润滑油相关产品写入了中高曼恩柴油机股份有限公司(原杭州中高)、南通淄柴船舶机械公司的发动机产品说明书和沪东重机公司内部技术文件，为扩大产品销量，提高品牌的技术含量做出贡献。

开展船用油产品的监测服务工作。与分析部门配合，共完成了600余个在用船用油样品的分析测试工作，并根据测试结果，提出监测的结论和建议，确保船舶的安全平稳运行。

与销售人员密切配合，做好船用油产品的技术服务工作。新加坡兴隆公司，在

VLCC 项目启动之初提前介入，积极与船东进行联系，进行技术交流与沟通，编制润滑油表，并与相关科研单位联系，确定具体产品的推荐与应用问题。在船舶建造和加油阶段，及时与船东驻厂监造组保持及时的交流和沟通，及时提供各项服务，提高顾客满意度。

与大连远洋公司保持及时沟通，了解船舶润滑动态，针对"芙蓉源"反映系统油压力异常的问题，及时采取相关措施，并对船舶进行随访，确保船舶稳定运行。对大连远洋 2009 年新增加的用油船舶，按照技术服务规范要求，做到用油之前及时拜访，推荐润滑方案，用油之后及时随访等措施，不断提高顾客满意度。此外，还与销售人员共同做好中海集团、南京油运公司、招商轮船等重点客户的用油项目，编制技术方案，提交技术资料，组织技术交流，力争尽快在大型船舶用油方面有所突破。

为各大船舶公司量身定制符合其企业特色的产品，更好地满足市场需求。先后为 VLCC"太行山"轮、"远望号"轮、香港嘉陵公司、中海油运"大庆 88"等 60 余条船舶编制了润滑油表。为中港疏浚、中海集团、南京油运、宁波海运等公司 600 余个在用油样品进行监控服务，提交监控报告 200 余份。并与销售人员一道走访了大连远洋、上海亚通、宁波丰华船务、江都造船厂等航运企业或造船厂，听取客户意见，解答问题，推广长城船用油产品。赴上船提供技术服务 60 余人次，实地与船舶设备管理人员交流。此外，还根据公司的总体安排和部署，对公司的船用油销售人员、上海石油公司相关销售人员进行专项产品的培训工作。

根据船用油工作的总体安排，及时总结相关技术经验，编制《油品监测指南 2010 版》、《中外油品对照表、2009 版产品手册（船用油产品分册）》、《船用油技术服务手册》等相关技术资料。

【冶金行业的技术支持与服务】 4 月 17 日，中国石化股份公司高级副总裁蔡希有与太钢高层领导会谈中，双方就润滑油方面达成以下意向：加强技术交流，进一步开展进口油品国产化替代工作，特别是关键设备的用油国产化工作；联合进行新产品开发，提高润滑油品的适应性及针对性，特别是油膜轴承油、轧制液等高端润滑油品的应用。

5 月 12 日，公司副总经理李亮耀带队赴太钢进行了全面技术交流，并重点在轧制液、油膜轴承油、抗燃液压油、工业齿轮油和润滑脂等产品的国产化替代方面进行了深入讨论，使太钢各级领导对长城牌产品有了更深入的了解，加深了双方合作的意愿。同时组织研发人员在生产线实地跟踪了解现场工况，并制定具体的产品替代方案，与太钢充分交流后落实各产品替代方案。

11 月 25 日上海研发中心技术人员再次拜访太钢冷轧厂，与冷轧厂厂长助理及主要技术人员详细沟通了 3 种冷轧油油品的性能指标对比情况，及其优缺点。并就2种用油方案进行沟通。

宝钢集团继续进行高抗水工业齿轮油在宝钢的应用研究工作，与宝钢设备部进行了多次技术交流，根据宝钢要求，完成《宝钢合成型油脂的长城产品替换表》；完成《宝钢统一采购油品替换推荐表》（现用矿物型产品的不同品牌统一推荐），编制了《32号冶金设备专用冲洗油企业标准》。

多次到宝钢梅山进行静电喷涂防锈油技术交流，希望能在新建1420生产线使用R5182静电喷涂防锈油。梅山冷轧板凤凰山厂区2009年上半年共采购10吨R5181，替代原用204-1防锈油，目前板材涂覆R5181后库存防锈情况良好。

联合上海宝钢钢管厂进行U8121超速淬火油混兑实验，实验结果得到宝钢认可，正在争取实现近期供油。

对宝钢特殊钢分公司冷轧厂应用长城不锈钢轧制油技术服务，更换轧制油。

与宝钢第五钢厂交流新进设备大管径钢管的深孔镗削加工过程用油，推荐M0082D低油雾切削油，8吨产品已获应用。

9月22—24日，中国石化股份公司高级副总裁王志刚带队对鞍钢集团、金德管业集团和阜新福棉纺织集团进行了拜访。访问结束后，宋云昌总经理召集了科技开发部、综合计划部以及市场营销部等对与鞍钢在润滑油脂方面的合作进行了工作部署。确定了访问、技术交流等具体事宜。

对产品在鞍钢应用情况进行更进一步的跟踪了解，扩大应用范围，做好长城润滑油脂产品应用的技术支持。

【变压器油领域的技术支持与服务】 年中，公司赵江副总经理专门组织科技开发部、市场营销部、上海研发中心、上海分公司和茂名分公司的相关人员召开变压器油技术认证攻关协调会，对推进国家电网公司的技术准入提出了明确要求，成立公司变压器油专项产品推进组，全面开展变压器油技术认证工作，主要开展的工作情况如下：

1. 与国家电网公司中国电力科学研究院的技术合作稳步推进。通过多次与国家电网公司中国电力科学研究院的技术交流和拜访，电科院对长城变压器油有了全面的认识和了解，派参访专家到上海研发中心、上海分公司进行交流讨论，并到变压器油生产现场进行参观。11月底通过与中国电力科学研究院高压研究所设备室相关技术人员充分沟通，双方签署了《长城变压器油基础性电气性能研究技术服务》、《长城变压器油全性能分析技术服务》两份技术协议和《中国石化润滑油公司与中国电力科学研究院技术合作协议》一份框架协议，进一步明确了合作双方今后将开展的各项工作。

2. 拜访中电技国际招标有限责任公司。走访华东电力科学研究院，了解国家电网公司基本构成以及变压器油准入程序,11 月 10 日,公司赵江副总经理带领科技开发部、市场营销部、上海研发中心及上海分公司的相关人员拜访中电技国际招标有限公司,就加强双方合作、推进变压器油在国家电网的应用进行交流探讨。

3. 收集近几年来长城变压器油的应用案例作为长城变压器油进入国网公司的基础资料。

【科研服务生产一线】 1. 赴上海分公司和海润添加公司就目前生产技术中遇到的问题进行讨论,并现场解答相关问题,同时将部分尚未解决的问题带回组织研发单位进行研究。

2. 组织有关部门对北京研发研制的神龙专用的玻璃清洗剂浓缩液新产品进行评审,并组织编写工艺技术文件及 APQP 资料。

3. 针对客户反映公司部分润滑脂产品颜色和稠度出现的差异情况,组织天津、重庆、茂名的技术人员组成调研组对北京分公司、天津分公司、重庆分公司和茂名分公司 4 家润滑脂生产单位润滑脂质量状况进行调研和分析,组织专门从事润滑脂生产、研发、检测及工艺控制人员进行充分的技术交流,现场交流各自的生产经验,共同稳定和提高润滑脂产品质量。

4. 组织综合计划部、物资供应部、北京研发中心、北京分公司召开“北京分公司生产相关基础油、添加剂协调会”,对北京分公司目前生产遇到的实际问题进行了协调解决,保证了北京分公司的生产质量稳定。

【加强国际市场产品开发的技术支持工作】 1. 应对资源紧张,积极开展配方及工艺改进研究,满足国际市场急需的润滑脂产品。一是通过实验,寻找到替代资源:尼那斯油、盘锦油,并下发了工艺技术方案,保证了市场需求。二是进行大量的适应性工艺改进研究,在资源质量波动的情况下,研制并生产出满足客户需求的产品,保证了最终的产品质量稳定。

2. 提炼产品技术亮点,形成推广技术资料,为产品在国际市场的推广提供相应技术支持。在原英文产品说明书基础上进行补充和完善,专门为国际市场制作 37 个重点产品的英文单页说明。根据国际市场部的需求推出新版的车用油产品说明书和工业油产品说明书。

3. 配合国际市场的开拓工作,提供技术支持,准备技术准入资料。为完成公司产品在印尼市场准入,组织研发中心提供 40 个产品的中英文产品技术资料。为配合国际市场部进行新加坡公交用油的招标工作,提供了车用油、齿轮油等产品的认证、换油指标等相关技术资料。

4. 组织研发人员对于国际市场需要的新产品进行研究和开发,并尽快推出以满足市场的新需要。目前已推出国际市场需求的满足 Caterpillar 要求的 ATF TO-4等多个新产品、新牌号润滑油脂。

5. 建立定期交流机制,及时了解并满

足国际市场的技术需求。与国际市场部就出口产品合格证、产品标准、分析方法和产品认证等相关问题进行了充分讨论，在产品标准、合格证格式内容及产品认证等相关问题上达成共识，尽可能简化控制流程，为推动国际市场的产品开发提供相关技术保证，通过各种形式定期或不定期对市场开拓人员和国际经销商提供产品技术培训和交流。

6. 做好产品包装文字的技术储备，保证出口产品生产急需。根据国际市场的出口需要，组织研发技术专家对原有的英文包装文字说明逐条进行评审、修订和完善。目前完成多达179个产品的英文包装文字，及时保证了出口产品生产急需。

7. 积极推进国际OEM产品认证及标准翻译工作，扩大公司的国际影响力。2009年以来先后完成奇瑞、保定长城等三家OEM用户的中英文对照的认证证书。在起草标准的同时编制对应标准的英文规格，自此项工作开展以来，已提供润滑脂、齿轮油、发动机油等数十项英文规格标准，满足了国际市场的现有需求，其他产品的工作仍在积极推进中。

8. 完成新加坡生产原料的初步考察工作。重点开展了对SD润滑脂，长城红色极压锂基润滑脂、长城红色极压复合锂基润滑脂的主要原材料不同产地的配方和生产工艺适应性研究。通过与国外原料厂商联系，目前拿到了FDL公司的12-羟基硬脂酸、FMC公司的氢氧化锂、泰柯公司的硬脂酸（包括张家港产和马来西亚产）、路博润公司的LZ 1395和LZ 5370C、汽巴公司的IRGONAX L 57样品、Vanderbilt公司的VANLUBE AZ，经过小样试验产品性能达到设计要求，年内准备开展工业批量生产试验，验证各种原材料对产品性能的影响和生产工艺的适应性。

9. 为境外建厂的可行性研究报告完善工艺路线。根据海外市场产品结构及物料平衡表，提供润滑油脂产品配方组成的总体技术方案，检测装备配置及工艺路线，并根据经济研究院提出的修改要求与宁波设计院一起对中国石化润滑油分公司新加坡8万吨/年润滑油脂项目可研报告中润滑脂装置工艺流程图、设备平立面布置、化学反应的能量衡算、供热系统的设计参数要求及主要控制思路进行补充完善；对透明润滑脂所用环烷基基础油的供应保障和应对措施进行补充说明；对工程的整体平面布置及物流走向进行优化。

10. 加强境外生产厂的技术监控，保证境内外生产的产品质量一致性。对于新加坡委托加工生产的产品工艺技术要求，包括配方、原材料检验规范、产品检验规范及工艺技术文件等，由润滑油公司统一下达，与润滑油公司在国内分公司工艺技术要求保持一致。目前润滑油公司已向新加坡发放10批涉及44个产品的工艺技术文件，另发放贴牌技术批准（涉及75个产品）通知单。

11. 专人负责，及时了解并解决境外生产厂的工艺技术问题。按照公司领导要求，由科技开发部作为新加坡生产和技术支持的主要管理部门，北京研发中心则负责具体的技术支持。同时根据新加坡生产现状，组织委托加工工厂报告生产工艺月报，监控配方执行情况和质量控制。

制定专门技术人员与新加坡工厂人员进行直接沟通，及时了解其实际生产中遇到的原料变动及其他各种问题，并组织研发中心技术人员进行具体的研究，提出解决方案，科技开发部同意后与新加坡工厂沟通实施，科技开发部根据北京研发中心的评审意见向新加坡发放技术文件。

12. 组织完成国际经销商培训工作。为保障公司国际经销商大会的成功举行，组织 4 个研发单位按照要求准备英文讲义，内容包括汽油机油、柴油机油、摩托车油、车辆传动系统用油、冷却液、制动液、工业齿轮油、液压油、汽轮机油、变压器油、车用润滑脂、工业润滑脂、合成油等，要求用英文授课，为了做好培训工作，科技开发部先后组织两次试讲，领导亲自指导，并现场请国际市场部和北京研发中心专家提意见和建议。经过充分的准备和演练，本次技术培训取得了良好的效果。

【持续加强与军工、航空、航天领域的合作】 1. 与解放军总装备部就国庆阅兵式上所需润滑油进行交流，国庆阅兵上涉及的 7 个装甲方阵用的润滑油相继通过相关台架和行车试验，并完成项目的鉴定及总后勤部列装的技术认定工作，为保证国庆阅兵奠定了良好基础。

2. 大飞机项目。2008 年底按商飞公司的要求，编制完成了《大飞机航空发动机润滑油可行性研制报告》，2009 年 3 月，配合大飞机公司向国防科工局申请大飞机的一系列材料立项，编制《大型飞机材料研制与应用研究项目任务总要求》。大型运输机项目直接选用了 4010 合成航空润滑油。同时，召开“民用航空发动机润滑油国产化研究”项目外送样品评审会，并向炼油事业部就航空润滑油专项情况进行报告。

3. 完成“舰船低噪声轴承及弹射系统润滑脂研究”科研项目的立项。

工艺技术管理工作

1. 修订完善公司 OEM 产品配方，进一步规范产品管理。根据公司 OEM 产品规模的不断扩大，异地调拨频繁，为了利于 OEM 属地化生产供货，对 144 个 OEM 产品配方汇编进行换版修订，将原来按照各分公司划分产品变为按照 OEM 划分进行编制，目前已修订完毕并发放给各生产单位。

2. 根据润滑脂生产工艺特点对《润滑脂工艺技术文件》进行全面修订和完善，对基础油黏度和成品皂分进行了明确的限制和规定，增强了文件的指导性。

3. 对《添加剂检验规范汇编》和《基础油检验规范汇编》进行全面修订和完善，强化对公司原材料的质量控制，整体规避质量风险，目前新版《基础油检验规范汇编》已完成，《添加剂检验规范汇编》正在修订中。

4. 开展基础油的应用研究。开展马石油基础油的应用研究，考察储存稳定性，准备在车用油、液压油等产品中应用，并规定了最高加入比例。

5. 自2009年以来，下达了涉及试生产及工艺变更技术文件共48个。2009年6月，科技开发部组织了生产单位对这些试生产及工艺变更产品的生产情况进行了验证总结。

6. 向新加坡发放两批涉及液压油、车辆齿轮油、船用汽缸油、船用系统油、船用中速筒状活塞柴油机油等共计15个产品的工艺技术文件(英文)。

7. PIB项目，对公司近几年产品所涉及的PIB用量进行大致估算，预测“十一五”和“十二五”期间公司对PIB的需求量，并组织上海研发中心相关人员准备PIB项目可研报告中的相关技术资料。

8. 根据经济研究院提出的修改要求，对新加坡8万吨/年润滑油脂项目可研报告中润滑脂装置工艺流程图、设备平立面布置、化学反应的能量衡算、供热系统的设计参数要求及主要控制思路进行补充完善；对透明润滑脂所用环烷基基础油的供应保障和应对措施进行补充说明；对工程的整体平面布置及物流走向进行优化，已通过经济研究院评审。

9. 根据石科院及上海研发中心提供的技术资料，向海润添加剂有限公司发放生产CD及CF-4所用T3141及T3151复合添加剂的补充备选供应商的工艺通知。

标准化工作

2009年在标准化方面主要抓了5项工作。

① 2009年初润滑油公司积极参与国行标及标准化公益项目的申报工作，申报项目达7项，通过审查下达计划5项。

② 中国石化润滑油标准体系建设。组织内部评审、修订与完善，完成送审稿报至总部，待项目鉴定。

③ 依据新产品开发合同，重点制定了《MTF手动变速箱油》、《长城高温食品机械润滑脂》、《气动凿岩机油》等23项企业产品标准。

④ 组织开展了67项到期企业标准的统一复审工作，并完成了标准的备案。

⑤ 为进一步保证产品质量，控制质量风险，对协议标准的管理流程进行了修订，在原有协议标准管理的基础上，加强了协议产品质量的保证。组织相关单位对现有协议标准进行清理整顿，正在开展协议产品的调研工作。

科协工作

2008—2009年公司科协申报金桥工程等奖19项、申报北京市科学技术进步奖5项，获奖项目7项，其中北京研发中心获奖项目6项，明细如下：

1. 北京研发中心的有机型发动机冷却液研制与工业化推广项目获北京市人民政府颁发的北京市科学技术三等奖（奖励10000元）；

2. 北京研发中心的SM金吉星发动机油产品的开发项目获北京市科协金桥工程二等奖（奖励2000元）；

3. 北京研发中心的10W系列四冲程摩托车发动机油的研究项目获北京市科协金桥工程三等奖（奖励1000元）；

4. 北京研发中心的有机型发动机冷却液的研制与工业推广项目获北京市科协金桥工程三等奖（奖励1000元）；

5. 北京研发中心的济南基础油合理利用研究项目获北京市科协金桥工程三等奖（奖励1000元）；

6. 北京研发中心的日产汽车专用发动机油的研制与应用项目获北京市科协金桥工程三等奖（奖励1000元）；

7. 获得组织二等奖；

8. 曹福丽获得金桥工程先进个人奖。

9. 奖励经费共计16000元。

质量管理

【概述】 2009年公司的质量工作目标是：以顾客为导向，继续抓好产品质量和服务。质量重点工作是：抓“两头”，稳“中间”，进一步完善预防为主的质量体系，提高产品质量。

主要指标完成情况：2009年产品出厂合格率100%，抽检合格率100%；强化过程归口管理部门的管理，2008年管理评审整改完成率100%，外审发现不符合和改进项降低10%，顺利通过换证审核，并启动AS 9100认证准备工作。实施预防性为主的质量管理，建立技术质量服务信息共享平台，收集客户案例汇编43篇成册并共享。

【基础油、添加剂质量控制】 继续贯彻“不合格原材料在没有公司级评审的情况下不能接收和使用”的质量管理要求，建立公司级程序文件《润滑油脂化工原材料生产件批准程序》，明确要求公司润滑油脂、合成油脂添加剂集中PPAP执行100%。

【开展基础油、添加剂专项调研，规范管理】 在公司内部开展了基础油及成品散油装卸质量控制的专题调研。调研选取公司中与炼油厂之间存在基础油交接业务、外采基础油接卸及成品散油业务中有代表性的8家分公司，了解其基础油及成品散油接卸流程的相关制度及执行情况、验收及检验、运输方管理、输送流程，并对发现的问题提出改进建议；开展中转库调研，加强中转库管理，规范产品运输周转、仓库存储业务，保证产品质量，调研小组对6个具有代表性的仓库进行调研。

【包装物质量控制】 重点关注对20升以下包装物实施质量监控和评价。结合市场客户信息反馈发现的问题，组织对包装物生产厂、供应商和直属单位的专项审核，督促改进。赴天津金属包装分公司，就200升桶密封质量进行专项调研，提出改进200升铁桶封闭器橡胶圈密封质量要求；赴威康特供应商厂家就包装物供应混桶问题进行现场审核；赴天津金属包装分公司，就提高桶内清洁度问题进行专项调研；总结改进工艺，形成《控制钢桶内部洁净度工艺操作规程》的三级文件。

【开展技术和质量服务】 为直属单位提供主动技术和质量服务，组织现场会开展出口产品集中生产地的预防性管理，召开出口产品质量保障会。识别出口产品生产可能存在的质量风险，制定出相应控制办法，建立起出口产品的预防性保证措施，提高出口产品质量，提高国际市场的顾客满意度。

【开展质量监督与指导】 组织添加剂质量改进、包装物质量改进、成品机杂沉淀质量改进；组织高清洁度产品生产验证。公司派驻现场指导小组，跟踪指导改进落实，取得良好效果；通过对重庆分公司生产高清洁度油品的情况进行现场调研，总结生产工艺控制，指出存在的问题，提出改进建议，并在其他分公司推广；组织对汽轮机油产品质量稳定性问题进行调研并提出解决方案。

【统一分析仪器投资和调配】 根据公司产品规划及实验室装备状况提出实验室分析仪器配置计划，2009 年为满足出厂产品检测需要，零购配置分析仪器 31 台(套)，费用 491.9 万元，天津分公司润滑脂扩能改造配置分析仪器 17 台(套)，费用 784 万元。

【开展分析数据比对　深入应用 LIMS 系统】 为提高分析数据的准确性，减少重复性及再现性，识别、发现和解决实验室可能存在的系统偏差，实现质量改进，降低质量风险，提升实验室技术能力，组织或参加了各种能力验证活动或实验室比对活动，组织了击穿电压数据比对、船用油数据比对、参加炼油事业部组织的基础油比对，加强公司与炼化企业间比较。为加强 LIMS 深入应用，就 LIMS 运行情况、各单位应用效果、应用案例、深入应用展望情况等进行培训，更好地发挥 LIMS 作用，实时监控和发现质量问题，分析问题产生的原因，促进工艺改进，拓展科研及售后服务的应用，加强质量监控与管理。统一试验材料，如铜片腐蚀中的铜片，统一标准物质，如运动粘度标准油、高温高剪切、低温运动粘度标准油等。

【接受 OEM 厂商二方审核】 公司积极接受 OEM 厂商的现场审核，通过这些活动，学习先进企业的质量管理规范，完善公司质量管理。分别接受神龙汽车对武汉分公司的现场审核；接受大连远洋对上海研发中心和上海分公司的现场审核；接受丰田汽车对茂名分公司的现场审核；接受东风日产对天津分公司、上海研发中心的工厂监察；接受江铃汽车对武汉分公司的现场审核等。收集审核资料，现场提出的问题整改后，全部通过。

【接受国家及地方产品质量抽检】 2009 年，公司接受国家及地方技术监督局抽检 47 个，中国石化产品质量抽检 16 个，公司委托国家石油产品质量监督检验中心抽检 44 个，全部合格。被抽产品范围覆盖了二矿企业用油、汽车行业用油，包括发动机油、车辆齿轮油、船用油、润滑脂、金属加工油、防冻液等相对大宗产品。

【开展持续改进工作】 公司16个单位开展了持续改进工作，共注册课题114项，被中国石化质量协会评选一等奖2项，二等奖12项，获北京市“北新建材杯”杯赛3项纪念奖。

【开展质量教育培训】 2009年组织开展了管理者代表研讨班。赵江副总经理主持并作了题为《提高企业竞争力》的讲座，公司总经理宋云昌到会，听取了管理者代表的发言，充分肯定几年来管理者代表在质量安全体系建设、过程运行控制等方面所做的贡献。

【缩短客户信息处理周期】 客户信息处理周期设定量化考核指标，2009年以6天为标准，建立快速响应机制，各单位努力提高响应、处理速度，实际平均处理周期为3.3天。

【提升窗口单位服务质量】 组织中窗口单位服务质量调研，提升服务技能，建立窗口服务标准。开展窗口单位服务调研，提升公司品牌形象，增强以“顾客为中心”的服务意识，建立和完善面向客户的窗口服务岗位的工作标准，提高对服务质量的管理，对7个分公司进行调研，形成窗口服务人员的行为规范和考核评价体系。

【关注客户信息　制定落实改进措施】 监督及质量信息传递，保证质量改进措施落实。共组织召开5次客户信息分析会，进行质量监督，跟踪重大投诉信息，分析问题根源，查找管理不足，制定和落实改进措施，通过提高相关层面的工作质量来保证产品质量。

信息化建设与管理

综 述

2009年润滑油公司信息战线坚持面向生产、面向市场、服务管理，围绕核心业务，抓紧人员培训，提高队伍素质，提高信息化建设水平，ERP应用、信息管理取得可喜成绩。

一、ERP应用达标考核达到中国石化要求

根据中国石化要求，2009年2月3日公司成立了ERP应用达标考核小组，对考核小组25名骨干成员进行了集中培训，并重新修订了公司ERP应用达标月度考核细则及评分办法。2月23—25日，组织25名模块考核人员在公司进行集中培训，统一考核标准，明确考核责任，考核结果在公司ERP通报中发布，并纳入公司整体考核。直属单位根据通报的结果及时整改，考核小组做跟踪抽查。各单位均已达到考核的要求。

二、人员分层级培训效果良好

为巩固ERP两期项目的实施成果，不断提升用户的应用水平，2009年科技开发部协同人力资源部开展了分层级培训。

首先是领导层培训。按照ERP应用管理规范中“中层以上领导干部会使用ERP系统查询相关业务报表，部门业务主管领导会审批业务和通过ERP各项查询、监控本部门主要业务的操作”的要求，对领导干部进行了强化培训，使各级领导能够通过ERP获得主要的管理信息。

2009年3—5月，各直属单位支持中心组织关键用户对本企业领导进行了一对一的培训，主要培训日常业务的查询、达标细则中ERP应用管理部分等，各直属单位领导基本达到了对分管的业务数据报表可以熟练查询的程度。根据各单位上报的培训计划统计，共对56位直属领导进行了培训。

其次是关键用户层培训。通过关键用户培训，进一步规范各模块ERP操作流程，解决运行中常见问题，实现关键用户AB角色的人员技术储备。关键用户培训采用了全职脱产的方式，主要培训达标细则中ERP应用管理部分、达标细则检查方法、内控有关ERP控制点要求、AIS审计系统检查点；系统后台配置，跨模块培训，以提升关键用户ERP应用管理及解决问题的能力。5月份组织了MRO模块的培训。9月份组织了PP模块的培训。

通过最终用户培训,普及ERP应用达标要点,规范操作流程,减少日常业务运行中的出错率,使最终用户在遇到问题时,能够初步判断出错原因。普及各项考核工作关注的重点细节,将规范流程渗入日常业务操作层面。

2009年6月份及9月份,公司对1200名最终用户进行了闭卷考试,并为通过的人员颁发最终用户证书。参加考试共1186人次,通过率100%。参考人数前3名的单位是:天津分公司175人、茂名分公司115人、武汉分公司112人。模块平均分的情况为:MM模块96.33分,MRO模块88.58分,PM模块92.88分,PP模块95.46分,SD模块90.51分,财务模块93.8分。

【安全评估】 为保障信息应用安全和数据安全,公司委托北京江南天安科技有限公司对承载各个业务信息系统的本部网络基础设施进行风险评估。此项工作历时3个多月,评估范围包括核心交换机、路由器、接入交换机、网管系统、安全设备等。

经分析评估,公司网络系统作为各关键或重要业务系统的基础平台,在网络设计、建设和运维过程中考虑到了安全问题,制定了一定的安全策略、运维管理制度等,使用了防火墙、防病毒系统、员工上网行为管理等技术控制措施,有效地保证了公司网络系统安全、可靠、稳定的运行。

但是,随着多年的信息化建设,网络系统中运行着越来越多的业务系统,ERP、LIMS等关键业务系统使网络系统变得前所未有的重要,相关的风险也相应增加,有些安全保障措施不足,难以发现重要的安全漏洞和安全事件。

项目组对公司海淀地区网络系统的架构、区域划分与访问控制、网络及安全设备、PC终端、物理环境等方面进行了安全评估。主要发现了19个风险,其中5个高风险,6个中风险,8个低风险,并有针对性地提出了安全解决建议。

安全评估工作结束后,公司邀请中国石化专家组对此项目进行了评审。专家组认为润滑油公司按照中国石化有关安全管理制度,结合内控工作,开展了IT基础设施安全防护工作,主要在网络设计、建设和运维管理过程中考虑到了安全问题,制定了一定的安全策略、运维管理制度,在重要区域部署了防火墙等安全设施,有效地保证了网络系统安全、可靠、稳定的运行。

专家组建议对评估报告有关内容进行优化及完善,根据评估结果,落实相关措施,确保公司网络信息系统安全。

【新项目建设】 1. 信息门户、OA办公系统已正式上线运行,并通过验收。2009年12月16日信息门户、OA办公系统项目通过验收。公司各类公文流转实现无纸化。ERP项目子门户自8月份起正式启用。此后与ERP管理应用有关的信息将全部通过该子门户展现。

2. TBM 系统版本升级。炼油事业部TBM 系统已升级为 EPM 2.0 版本，润滑油公司于 2009 年 8 月开始进行 TBM 系统提升。本次提升完成报表 2809 张，其中申报表 201 张，编制表 1836 张，审批表 488 张，汇总表 284 张。关键用户根据本单位操作流程编写了 TBM 系统 EPM2.0 版本操作手册。

3. 软视频会的推广应用取得较大进展。综合计划部和市场营销部通过软视频会议系统召开日常会议，郑州分公司平均每周两次会议或培训要通过软视频会议系统召开，每次参会人数有 20 人左右。在此基础上，开通了软硬视频会议系统的级联功能，现在所有不能到现场参加会议的人员均可以在桌面参会。

4. 统一邮件系统推广应用工作圆满完成。为统一中国石化对外形象，提高邮件系统可靠性，降低总体投资及管理成本，中国石化信息系统管理部建设了统一域名和邮件系统，公司根据总部要求完成了公司的邮件用户注册和域名解析服务器搭建，统一邮件系统的推广使用工作已圆满完成。

5. 系统升级工作完成。2009 年，公司被中国石化选为桌面安全管理系统升级的试点单位。按总部和内控制度要求公司完成了系统的升级工作，并制定下发了管理办法。目前公司的客户端安装数量有 2396 台，终端安全风险也从每台平均 5.9 个下降到了每台 1.3 个。

6. 防病毒系统升级。为了充分发挥防病毒系统的应用水平，提高病毒查杀能力，中国石化信息系统管理部在总部机关和所属企业全系统范围内对原有防病毒系统进行了版本升级。公司按照总部项目组要求完成了防病毒系统升级工作，共升级服务器 13 台，安装客户端 2000 多台。

7. 主干网络专线扩容。为保障公司视频新闻的及时上传，按照中国石化总部要求，2009 年润滑油公司把连接总部的主干网络专线扩容到了 10M，分别采用了中国联通和中国电信两家运营商，已正常投入使用，实现了与总部之间双专线双路由动态切换的网络架构。

8. 公司到各直属单位双专线双路由冗余主干网络架构建成。随着公司 ERP、OA、视频会议等信息系统的应用，保证数据通信的安全可靠，避免单点故障的发生成为重中之重。为此，公司为各直属单位配发了专线备份路由器，实现了由公司到各直属单位双专线双路由冗余的主干网络架构。

中国石化总部 2009 年为润滑油公司配发了 3 台 KU 波段卫星基站，经研究决定配发给了济南分公司和重庆分公司，现已全部投入使用。

9. 一些新项目正在建设中。根据总部信息系统建设的统一安排，财企直联项目、CRM 项目、重点业务公开信息系统、HR 等信息项目正在实施建设中。

安全环保与职业健康

综　述

2009年,公司全面开展"我要安全"主题活动,深化HSE体系运行,职工的安全意识有了较大提高,安全环保工作由被动管理向主动管理转变有了很大进步,安全生产保障能力得到进一步提升,全面完成了公司的HSE指标,实现了上报公司级安全事故为零,上报公司级环保事故为零,发生职业卫生和中毒事故为零,杜绝发生恶性交通事故和群体性治安事件,实现安全、效益双丰收。

安全监督与管理

【制度建设】 修订了公司《安全环保责任制》,及时收集2009年更新、新增的法规与标准约230项。

编制和规范了工程施工安全监管程序,其中包括公司监管、分公司监管、现场安全监管人员三个层次的各环节安全检查表,工程建设项目HSE管理程序(含监理单位、施工单位职责,措施要求,报告制度,考核办法,例会制度,进场制度等章节内容)。

【安全教育情况】 编制了《直接作业环节培训教材》、《厂内叉车安全操作视频培训教材》、《车辆司乘人员应急逃生》和《叉车安全操作常识》等。

开展了两期安全管理人员资质取证培训,分别于2009年5月20日—5月23日,6月10日—6月13日,在青岛安全工程研究院培训中心举办了培训班,共培训69人。

开展应急实战演练,对各单位的预案演练实施督导,安排人员到现场讲评。

【安全活动情况】 重点开展"我要安全"主题活动,活动时间为1月8日—12月30日。

公司成立了活动领导小组,共制作视频新闻40条,编写《简报》23期,收集征文470多篇,并通过短信平台为职工发送"我要安全"相关信息。

组织开展了"十个一"活动,即开展一次演讲活动,开展一次安全大讨论活动,开展一次安全知识学习考试，开展一次“安全现身说法”教育活动，开展一次安全承诺签名活动，开展当一天安全员活动，开展提一条合理化建议活动，开展写一篇安全征文活动，开展一次叉车技能竞赛活动，开展一次交流研讨活动。

【HSE运行监督与管理】 实施作业前5分钟措施。于武汉分公司等单位试点，开展在开工前利用5分钟，进行危害因素识别并确认活动，即停下、思考、识别、计划、执行，规范了作业前的危害因素识别这一环节。

开展安全大检查和专项工作，共组织HSE内审1次，安全大检查1次，安全督查18次，4月份开展防雷电专项自查自改；5月份开展防汛防台风自查自改，防震逃生自查自改和演练，搬运装卸作业禁令落实自查自改；6月份开展防高温中暑自查自改，车辆乘坐安全自查自改；11月份开展防冻防凝防风雪等活动。

【清洁生产与环保】 2009年，先后为重庆、上海分公司购置了环保监测仪器仪表，为燕化分公司、北京研发中心配置了环保监测仪器。完成环保统计人员培训取证。完成环保监测人员培训，初步形成了公司、分公司、车间、班组四级管理，分公司、分厂两级监测的监管体系。

完成改造投用快速加热器42台，脉冲搅拌器111台，变频器53台。用电减少208万度/年、燃料煤消耗减少539吨/年、蒸汽消耗减少1.65万吨/年。

投资135万元，完成燕化分公司、天津储运分公司两项环保隐患治理项目。其中天津储运锅炉除尘装置改造后，烟尘浓度由73.6降至36.4（mg/m^3），二氧化硫浓度由166.7降至86.7（mg/m^3），氮氧化物浓度由177.8降至78.8（mg/m^3），达到了天津市环保技术要求。

组织开展清洁生产审核，修订完善了《润滑油公司清洁生产标准》、《润滑油公司清洁生产企业验收工作细则》；完成部门及分公司的清洁生产预审核，其中北京分公司清洁生产审核通过北京市发改委验收。

至2009年底，润滑油公司的物料损失为0.22%、综合能耗为0.0297标煤/万元产值；外排工业废水达标率为100%、燃烧废气达标率为100%，固体废弃物处理、处置率、危险废弃物无害化处置处理率均为100%。加工润滑油取水量0.79吨水/吨润滑油；加工润滑油排水量≤0.35吨水/吨润滑油。

【隐患治理】 2009年，共下达集团公司安全隐患治理项目4项，投资541万元；仪表隐患治理项目2项，54万元；环保隐患治理项目2项，135万元，各项目均按时完成，达到了治理目的要求。

设备管理

综　述

2009年公司设备管理紧紧围绕着以“提高润滑油公司整体装备技术水平”，保障设备的本质安全为工作核心，重点开展了强化设备日常管理、新设备采购技术把关、老旧设备日常维护和改造，以及设备国产化等工作，设备管理上了一个新台阶。

设备维护与改进

【建立、推广专项维修管理模式】　在修理费使用过程中，借鉴项目管理模式，尝试设置专项维修费用。确定重点维修项目的优先级，对重点维修项目进行系统性整改，避免了平均分配使用维修费用，急需维修的设备问题得以优先解决。2009年专项维修费分5次下达了23个专项维修项目，共计1998万元，涉及13个分公司。其中完成了燕化分公司调合二厂老罐区综合治理、上海分公司管架维修、北京海淀地区作业场所维修等工作。

【严把新设备采购技术关】　2009年完成的天津项目、武汉项目以及设备零购项目中，对于重要的装备例如灌装线、调合设备、齿轮泵等采购，分别编制了详细的技术评价表，对于技术上具备优势的产品给予肯定，同时采用技术商务结合的办法选取性价比最优的产品。另外根据日常设备的维护经验和国家最新的标准，规范了采购设备中部分通用备件的型号和品牌。例如在灌装线的主电机规范采用SEW，对于齿轮泵的配套电机，按照国家最新的节能要求，筛选确定了山东华力。这些工作逐步统一公司的设备配置，提高了公司的设备装备水平。

【持续提高老旧设备日常维护水平】　对于老旧设备，采取强化日常维护水平，保障设备平稳运行。根据集团公司布置和要求，组织了公司2009年度设备大检查的自检自查，成立了多专业的检查小组，分别完成了上海、荆门分公司的现场检查。通过此次检查促进了各分子公司设备日常维护，保证了设备的本质安全，并在子公司间共享设备维护的经验和教训。

另外在仪表隐患项目的治理中，完成了武汉和茂名分公司各一条灌装线控制系统的改造，提升了老旧设备的装备水平。

【加大设备国产化工作力度】 2009 年，成功组织开发出北京分公司 SMB 调合控制系统，实现了 SMB 调合工艺过程中各项数据采集、集成运算和管理，达到国内同行业先进水平。成功试制出全自动管线清洁系统，该系统制造精度高，达到控制精确、性能稳定可靠、油品残留量等技术指标符合工艺要求，实现了替代进口设备的目标。

【组织科研攻关】 组织天津分公司技术人员，与洛阳轴承研究中心、杭州轴承研究中心分别反复交流，共同研讨，结合国外经验，发挥技术创新，分别建立了国内第一套润滑脂寿命试验台架和润滑脂磨损试验台架的技术方案。该方案技术领先，优于进口设备，制造成本仅为进口产品的十分之一。

节能管理与降耗

【能耗指标完成情况】 2009 年，公司加大节能管理力度，制定年度能耗指标，加强监督与考核，开展节能项目后评估和完善能源计量器具配备等工作，确保公司完成了年度节能目标。2009 年公司综合能耗为 23.98 千克标油/吨，同比下降 12%。

【管理工作开展情况】 在总部统一部署和公司领导高度重视下，结合公司生产经营实际情况，深入持续地开展节能减排工作，确保节能减排目标顺利完成。

强化节能减排分析及各单位考核。随着公司绩效考核中节能指标权重的大幅度提高，公司每月都在经济活动分析会上对能耗等情况进行分析，每季度做更详细分析；同时，公司安全生产部门编写了《节能工作分析总结报告模板》，协助各单位做好节能分析总结工作。在每月公司绩效考核会上，公司对各单位节能减排指标完成情况进行考核。

建立清洁生产方案评估体系。建立清洁生产方案评估体系，加大水资源利用，加快淘汰落后耗能设备。推广已实施清洁生产方案，在清理、整合基础上，逐步建立起完善的清洁生产方案评估体系。将能源计量、统计等基础工作列为节能目标考核的重要内容；开展水资源节约循环利用，鼓励废水循环利用和中水回利用；改进蒸汽回用设备，逐步提高蒸汽冷凝水回收率，更大程度地节水节能；逐步淘汰落后耗能设备，严把能耗增长源头关；改造高耗能的老设备旧工艺，坚决堵住跑、冒、滴、漏、长流水等现象。

开展节能减排专项审计。公司继续加大节能工作管理力度，下发了《节能减排专项审计的通知》。各单位严格按照通知要求，切实做好节能减排专项审计的自查工作。同时，公司也对天津、燕化、北京等分公司进行了抽查，发现普遍存在的问题，提出了整改要求。

梳理能源基础管理工作。根据公司领导加强能源管理工作指示精神和公司节能减排专项审计自查及抽查情况，下发了《关于加强能源基础管理工作的通知》。组织了一次全公司范围内能源基础管理梳理工作，从法律法规、标准、体制机制建设；法律法规标准制度执行情况；人员配备情况；台账建设情况；计量器具配备情况；目标指标完成情况；节能措施、项目实施效果情况等14大项进行能源基础管理工作梳理，使节能管理工作更加明确化。

开展节能减排宣传，提高全员节约意识。为贯彻落实《关于2009年全国节能宣传周活动安排意见的通知》，结合公司实际情况，公司下发了《关于开展节能宣传周活动的通知》，各单位按照通知要求开展了节能宣传周活动，节能减排宣传工作取得良好效果。通过开展这些活动，在公司范围内营造了“节约光荣、浪费可耻”的舆论氛围，掀起了节能减排、降本增效的新高潮。宣传教育让职工认识到，节约能源不仅是关系到国家、企业未来发展的大事，也是关系到人类持续发展的大事，每一个公民都负有义不容辞的责任。

计量基础管理

【**概述**】 公司全体员工密切配合，以保证安全生产、提高产品质量、资源优化和经营管理为目标开展工作，保证了生产的正常进行，为用户提供合格的产品和满意的服务。

【**完善计量管理制度**】 2009年借助制度体系整合的东风，组织各单位修订了《计量管理制度》、《原材料进厂管理制度》、《产品出厂管理制度》、《产品出厂计量索赔处理办法》等，制定了《配置、调拨基础油计量管理办法》，完善了对外及公司内部业务流程处理办法。

【**重视原材料进厂管理**】 2009年加强了对散装原材料管理，特别是对外购基础油、调拨基础油的管理，增加了抽查频次，建立了火车槽车运输基础油接收计量电子台账，对超耗的调拨基础油进行索赔，同时各单位积极沟通，最大限度降低运输损耗；完善了汽车槽车进厂计量台账。同时，参与每月添加剂、基础油的盘点工作，及时处理盘点过程中，与计量有关的问题。

【**产品出厂的管理**】 2009年加强了对散装产品出厂的管理，完善了汽车槽车出厂台账。特别是下海油槽车出厂时，明确记录罐付与公司地磅量对账情况。同时认真核对包装产品过磅量与理论量差值，为动态跟踪灌装机提供依据。

【**过程控制计量管理**】 定量包装严格按公司内控标准（优于国家标准）控制净含量偏差，在保证定量包装净含量符合国家规定的前提下，保证公司效益最大化，同时为减少损耗，在保证负偏差不超范围的前提下，控制正偏差的比例，使包装过程中的油品损耗得到了控制，在最大程度上降低生产成本。

【计量器具检定工作】 保证在用计量器具的有效，积极与使用部门沟通，保证计量器具如期检定。

【计量器具更新】 针对部分单位地磅设备老化，故障率高，维修频繁等问题，在不影响生产的情况下，利用国庆、中秋假期及时更换新地磅。

物资供应

综　述

2009年初，面对宏观经济形势极其不确定的客观情况，物资供应系统贯彻公司在保供、降本及物资供应管理等各方面的要求，全面保证了公司生产经营的原材料需求，并最大限度地降低了采购成本，保证了公司经济效益，同时积极推进物资供应专业化管理，加大物资采购业务公开的力度。通过物资供应系统全体人员的共同努力，圆满完成了公司物资采购和各项管理任务。

2009年外采物资总金额41.54亿元（扣除调拨加价1.86亿元），其中外购基础油为18.67万吨，采购金额13.99亿元；添加剂采购6.02万吨，金额12.32亿元；包装物采购金额8.73亿元；其他化工原料及设备等采购金额为6.5亿元。基础油对外销售1.49万吨，其中销售外购基础油0.16万吨，占对外销售总量的10.7%。

在集中采购方面，2009年公司主要原料集中采购金额为33.56亿元（扣除调拨影响），主要原材料的集中采购比例为95.7%。在成本控制方面，主要原料成本和项目采购控制效果显著，累计降低采购成本约1.28亿元，约占外采总金额的3.1%，集中采购调拨利润约1.86亿元。

外购基础油平均价格7497元/吨（不含税），同比下降1515元/吨，下降比例为17%；添加剂实际入库成本20475元/吨，同比下降了4.23%，与年度预算相比降低了43元/吨，幅度为0.2%；基础油对外销售1.49万吨（其中内部资源1.33万吨），毛利为652万元（扣税）。

生产原料供应

【概述】　2009年贯彻和落实公司的相关要求，积极推进替代资源开发和战略合作伙伴关系建立工作，在资源市场不断变化的情况下全面保证了生产需求。2009年公司与EXXONMOBIL公司和SHELL公司有了更加深入和广泛的合作，解决了新加坡生产用基础油短缺的问题，满足了国际市场的资源需求。2009年基础油对高品质资源需求大幅度增加，结构性矛盾也进一步突出，一方面扩大供应渠道、提高油品适应性和进行油品资源替代工作。如：继2008年将GS-CALTEX公司的基础油引入后，2009年全面推进与马来西亚石油公司的合作，在满足生产需求同时，在采购成本控制与降低方面起到关键性作用。2009年全年重质基础油400SN以上及150BS等入库数量为10.27万吨，虽与2008年全年数量基本相同，但中重质基础油的比例增加到了55%，同比增加了11个百分点，结构性矛盾进一步突出，对在更广阔范围内寻找新的资源提出了要求。

【添加剂供应】 2009年，受国际市场的影响，很多生产添加剂的小公司停止生产，添加剂资源特别紧张，个别品种的添加剂曾一度出现供应紧张的局面。经过与技术部门沟通，积极协调新品种的准入，并将有限的资源用在特定的OEM产品上，及时化解了危机。

【包装材料供应】 公司春、秋两季相继组织了尊龙产品的促销活动，以20L产品占主导地位。由于促销时间跨度长，且需求不均衡，供应工作难度很大。为此，供应部门在每次促销活动前主动与市场部沟通，了解促销活动的范围、重点区域及品种数量等信息，提前通知供应商备货，并充分利用了供应商的仓储能力，满足了促销对包装材料的需求。

【资源协调和储备】 物资供应部门与计划、生产及各直属单位做好外购原料安排的衔接工作，及时安排好外购资源的物流安排，重点提高基础油发运、仓储的能力，在天津、重庆、江苏扩大基础油的仓储能力，提高基础油的船运比例，在火车发运困难的紧急情况下，尝试采取液袋运输方式，并取得了良好的效果。在基础油的发运方面增强了应变能力，其中天津储运分公司2009年接收和发运外购基础油13万吨，其发运量占外购总量的39%。

降本增效

【概述】 受全球经济的影响，在宏观经济形势不确定的客观情况下，公司做出了中国经济将逐步好转，原材料价格将逐步回升的预测。物资供应部门适时采购所需物资，降低了物资采购成本。

【深入研究市场变化，适时把握基础油的采购时机】 2009年，通过新资源的引进，形成竞争机制，对基础油采购成本的控制与降低起到了关键性的作用。一是利用国际原油价格震荡向上，而国际基础油价格上升滞后，以及国外上半年OEM销售差，III类油销售不畅的有利时机，在国际基础油价格上升前，以较低价格提前购入了两批SK公司三类基础油，共4000吨。该批油品于7月份采购，于10月份使用，价格相差了1500元/吨以上。二是马来西亚基础油的价格比SK和S-OIL低近800元/吨，与技术部门一起，将马来西亚基础油引进公司使用，基础油节约成本就超过了2000万元。

【深入进行价格谈判，全面降低各类外采原料价格】 2008年末，主要原材料价格仍处于历史高位。股份公司炼油事业部对润滑油公司外采原料的预算水平提出了较高要求，尤其是对于添加剂的采购价格，要求回到2007年的价格水平，并按此标准下达了预算指标，公司生产经营面临巨大的成本压力。物资供应部门与相关部门配合，与主要生产原材料与供应商多次展开了价格谈判，最终取得了较好的效果。

添加剂采购 国产剂主要产品降幅约为17%，进口剂降幅约为9%。

包装物采购 2009年实际累计平均采购价格同比降低3%~16%，1升、4升、20升和200升包装桶的平均采购价格与2008年同期比，分别降低0.28元/只、0.42元/只、0.45元/只和22.76元/只，降幅为13%、10%、3%和16%，降低采购成本5112万元。

乙二醇采购 2009年是公司防冻液产销突破性进展的一年，在确保生产供应的同时积极开展基础油运作，取得了一定的效果。从某种程度上，提升了公司重点产品的竞争力。2009年共采购乙二醇20067吨，同比增加了18%，平均价格(不含税)5400元/吨，比2008年平均价格(不含税)7163元/吨，降低了1763元/吨，降幅为25%，同口径比较降低采购成本3538万元。

基础油运作 2009年在基础油保供压力明显，价格一路走高的情况下，物资供应部门积极开展基础油运作，全年实现销量1.5万吨，利润652万元。

机电设备采购 物资供应部门与相关部门和单位密切配合，通过优选供应商，充分进行招标及询比价等方式，在确保项目供货周期要求的前提下，有效地降低投资项目的采购成本。根据国内经济将回暖、钢材价格将会走高的分析，尽早签订了投资项目中的主要设备，尤其对于成本以钢材为主的设备，提前与供应商签订合同并锁定价格。2009年共签订设备集中采购合同金额为5788万元，采购金额与预算相比，共节约资金1282万元。

促销品采购 与市场营销部门密切配合，对于每笔促销品，选择多家供应商进行询比价，2009年共签订促销品采购合同32项，采购金额2500万元，采购价格与报价均价比较，节约资金160万元。

其他材料采购 2009年初，对5种集中采购的润滑脂原料，通过对组织多家供应商报价，充分竞争的基础上进行议价，2009年一季度的采购价格降低了约24%。

冷轧板采购 2009年7月起，润滑油公司与鞍钢集团就冷轧板采购签署了直供协议，并争取到了货到付款的最优惠条款，同时由于减少了中间商、贸易商环节，每吨钢板采购成本平均降低了200元，7—12月累计节约采购资金约120万元。

集中采购

【概述】 2009年采取多种形式的组织采购方法，扩大集中采购比例。年初，对公司集中采购目录进行了修订，对集中采购业务流程进行了调整，印发了《2009年重要物资集中采购实施方案》，同时每月对各直属单位集中采购数据进行统计和分析。2009年在采购方式上扩大了组织集中采购比例，提高了工作效率，保持了直属单位的积极性，在具体操作方法上，增加了发布限价的组织采购模式，增加了公司确定供应商及价格的框架组织采购范围。主要增加的集中采购目录主要包括：将润滑脂生产用进口PAO、郑州分公司全部添加剂品种纳入了集中采购目录。从2季度开始，将郑州分公司全部包装材料纳入集中管理范围，对包装物和部分添加剂采取发布了最高限价方式，2009年发布最高限价的包装物品种为47个，添加剂的品种为101个，添加剂基本全部纳入公司集中采购范围，原天津金属包装分公司的冷轧板从8月份开始也纳入集中采购。

【集中采购实施效果】 2009年公司主要原料采购金额为30.22亿元（不含调拨影响），主要原材料的集中采购比例全年达到95.7%，比2008年提高3个百分点。

网上采购

2009年，物资供应部门与中国石化物资装备部多次进行沟通，解决了网络不稳定和速度慢问题，12家直属单位全部开展了电子商务网上采购工作，重点提高了ERP与电子商务的正向集成。目前基础油、添加剂、化工原料和机电设备等主要采购工作都开展了正向集成，框架协议下的订单实现自动上传，提高了网上采购效率。2009年网上采购金额101.22亿元（含内部配置基础油），网上采购达标率达到94.23%。

供应商管理

2009年，公司进一步规范了对供应商管理，开展了对长期无业务往来和考核不合格的供应商的清理整顿工作。根据中国石化物资装备部《关于开展供应商网络清理和年度评审工作的通知》（中国石化物管〔2009〕11号）的要求，继续落实了供应商网络清理和年度评审工作，并对各供应商提出了相关要求。严格做好供应商的准入工作，2009年审核新增供应商申请25份，准入供应商15家，生产商9家，占准入比例的60%。

合同与价格管理

2009年，在采购过程中，严格执行了公司《招投标及询比价制度》，在符合技术要求的前提下，积极选择3家以上业绩优良的供应商进行招标及询比价采购，在公司审计纪检监察部门的监督下，在各相关部门及分公司的大力配合下，报价揭示及确定供应商过程做到了公正、公开、公平，实现了“阳光”采购。积极推进框架协议采购，规范合同签订，先后印发了《进一步规范框架协议采购的通知》和《关于规范物资采购合同签订工作的通知》等文件。在价格管理方面，做好最高限价的发布工作，自第二季度开始发布《部分采购物资最高限价的通知》，截至第三季度结束。

基建技措改造与管理

综　述

2009 年技措、技改工作严格遵循“按照集团公司的相关规定和润滑油公司的工程管理制度、招投标管理规定的要求，推进项目建设，做好工程管理工作”的方针，量入为出、控制总量，优化项目、增加汇报，取得较好成绩。全年共下达了两项限上改造项目，总投资为 8000 万元；4 项一般措施项目，计划总投资为 2910 万元；7 项隐患治理项目，总投资为 1000 万元。

经过努力，限上改造项目——天津润滑脂装置改造按计划完成中交，武汉 20 万吨/年润滑油扩能改造按计划开工。两个一般措施项目，上海研发启动金属加工油分公司青浦特种油品厂产能转移改造项目和重庆合成酯类油装置扩能改造，已按计划完成并投入使用；其余 2 个，荆门生产系统完善改造和郑州防冻液生产设施改造在设计阶段，13 个已完工的项目均已办理完固定资产的转资。

施工管理

【概述】 2009 年润滑油公司对限上项目继续实行法人负责制，并编制工程建设项目统筹控制计划和执行集团公司《开工报告》制度。公司采用职能管理结构中，工程建设管理采用了 E + P + C 的管理模式。综合计划部负责前期项目建议书、可行性研究报告、基础设计和详细设计。物资供应部负责设备采购管理。科技开发部工程办负责施工招投标、现场施工管理、装置中交和竣工验收。限下项目规范管理，严格执行润滑油公司《招投标管理规定》、《工程管理规定》。

工程建设管理职责矩阵结构图

	综合计划部	物资供应部	科技开发部	项目所属分公司
设计阶段	R	A	A	A
采购阶段	A	R	A	C
施工阶段	A	A	R	A
投料试车	A	A	A	R
竣工验收	C	C	R	A

R = 负责　　A = 协助　　C = 征求意见

2009年,由于规范了工程施工管理,加强了对工程施工的质量、安全、投资、进度、合同的控制,提高了投资效益和建设水平。

【工程招投标管理】 科技开发部工程办在接到综合计划部下达的项目计划和施工图后,根据工程内容,组织各分公司在股份公司和润滑油分公司施工资源市场中选择施工单位入围,同时审查工程承包队伍的营业执照、企业资质证书、质量体系、HSE体系认证证书,了解近期业绩、人员素质、质量管理、安全管理、现场管理、技术装备及固定资产、财务、资金状况,选择三个以上合格的承包商进行招投标。3000万元以上的项目的工程承包队伍由股份公司工程建设管理部批准。50万元以上、3000万元以下项目的工程承包队伍由公司工程办批准。

公司本部工程项目的合同,在完成招标后,经理办法律人员审核,各相关业务部门审批,由工程办签订合同。各分公司的投资额在50万元以上、3000万元以下的工程项目合同,在完成招标后,由分公司合同管理员和分公司经理对《润滑油公司直属单位签订合同审批表》审核签字,工程办公室签署意见,经理办法律人员审核,各相关业务部门审批,公司经理授权后,办理合同授权书,由分公司经理签订施工合同。各分公司的投资额在50万元以下的工程项目合同,在完成招标后,由分公司签订,合同文本和招标文件报公司工程办备案。

【工程施工管理】 开工前的准备工作主要是:由工程所在地工程管理部门负责开工前的准备工作,负责现场三通一平,提供施工场地必要的地质和地下管线资料。协调处理施工现场地下管线和邻近建筑物的保护工作。办理施工临时用电、动火、停水、停电等手续。

施工管理　施工中做好安全、质量、投资、进度控制。做好投资、进度控制计划,在施工中定期进行实际值与计划目标值的比较,工程进度与要求出现偏差或支出额与投资目标值之间出现偏差,及时分析原因,提出纠正措施,控制偏差,并书面报告有关部门,按主管部门批复意见处理。在施工中严格控制工程变更,对超出施工图纸原设计内容以外的必须增加的工程施工内容,必须弄清原因,以书面形式报告相关部门,并填写"工程变更单"。

【工程监理】 严格按国家推行建筑工程监理制度进行工程监理。大、中型工程项目均实行施工阶段的工程监理。监理的主要内容为控制工程建设的投资、建设工期和工程质量,进行工程建设合同管理,协调有关单位间的工作关系。通过招投标方式择优选定监理单位,由科技开发部组织签订监理合同。

【效能监督】 按《建设项目审计检察监督程序》、《项目投资管理责任追究暂行办法》、《工程建设项目业务监督办法管理细则》由审计监察部门全程监管。限上项目委托中介公司进行工程审计和项目审计，限下项目由公司办理审计结算。

【工程验收】 工程中间交接 中间交接由工程管理部门组织，工程施工和安装结束时，由施工单位按照规定，整理好文件、技术资料，向工程管理部门提出专项验收报告。工程管理部门接到报告后，组织设计单位、施工单位、生产单位进行验收。并分专业进行“三查四定”（查设计漏项、查施工质量隐患、查未完工程；对查出的问题定任务、定人员、定措施、定整改时间）。在完成“三查四定”工作的基础上由施工、设计、监理、生产单位按单元工程、分专业进行中间交接。完成移交单、工程交付使用表的填写。

生产准备和试车 生产准备工作由生产部门组织实施。生产准备工作贯穿于工程建设的始终。编制《生产准备工作纲要》，使生产准备与投料试车工作纳入工程建设项目的总计划中。生产准备和试车的内容及要求按《建设项目生产准备与试车规定》执行。

专业验收 专业验收在试车正常，产出合格产品后进行。其中，工程质量评定由工程管理部门组织，由地方工程质检部门（质检站）完成。工程项目清理、工程量汇总、设备盘点和固定资产移交等由工程管理部门组织完成。财务竣工决算由财务部门组织完成。生产考核由生产部门组织，按设计和批复文件的技术要求组织试生产，完成生产考核，完成试生产报告。环保由工程管理部门和安全环保部门组织，由地方环保部门进行。消防由工程管理部门和安全环保部门组织，由地方消防部门进行。劳动安全卫生由工程管理部门和安全环保部门组织，由地方劳动安全卫生部门进行。档案验收由档案管理部门组织进行，由股份公司档案管理部门或该档案管理部门委托的单位进行验收。工程管理部门负责组织工程档案资料的收集、整理、移交工作。列入城建档案管理范围的工程，工程管理部门组织城建档案管理部门进行验收，并办理相关手续。

项目工程审计、竣工决算审计 由审计纪检监察部门组织进行，由股份公司审计部门认可的具有资质的审计部门完成。工程管理部门审核各单项工程的工程结算后，交审计纪检监察部进行工程审计，并按工程审计结果办理工程结算。

竣工验收 限上项目的竣工验收按《石化建设项目竣工验收规定》执行。小型项目参照执行。建设项目竣工验收分专业验收和竣工验收两个阶段进行。小型项目可一次性进行竣工验收。其中，建设项目经专业验收，符合设计要求，质检、环保、消防、劳动安全卫生、档案等验收合格，具备竣工图、竣工决算、项目竣工决算审计和生产考核（试生产）报告等必要的文件资料，由工程管理部门向负责验收的主管单位提出竣工验收申请报告，并编写竣工报告及附件。限上项目由工程办向股份公司工程管理部提出申请,由股份公司工程管理部组织验收。限下项目在编制完成竣工报告后由工程办组织验收。

【工程建设内控管理】 随着股份公司部门职责的调整,股份公司成立了工程管理部,工程管理的职能随之进一步加强,在2009年的内控管理制度中增加了新的流程:工程项目管理业务内部控制流程。遵照这一流程要求,由科技开发部主管并组织相关部门制定了润滑油公司的《工程项目管理业务内部控制流程(6.3)》。

2009年工程内控管理项目管理的核心任务是项目的目标控制,《工程项目管理业务内部控制流程(6.3)》将这一核心任务制度化,自项目基础设计开始至投料试车成功,通过项目控制,使项目的费用目标、进度目标和质量目标得以实现。

工程项目管理流程主要对建设项目的总体或基础设计、技术设计、施工图设计、施工管理、竣工验收5个阶段从安全、投资、进度、质量、合同管理5个方面进行了业务指引。流程的主要负责单位为科技开发部,主要相关部门为综合计划部和各分公司。

2009年,在《流程》的执行中,对上海研发青浦特种油品厂产能转移改造项目上进行了穿行测试,从已经完成的过程穿行结果上分析,勘察、设计、监理、采购和施工的招标活动能够按照《流程》执行;现场配备的专业人员齐全;合同审批以及付款手续齐全。

主要技措技改项目

【天津分公司8万吨润滑脂扩能改造项目】 随着中国经济的发展,润滑脂的需求量呈现出快速增长的态势,其品种结构也向高滴点、长寿命、多效能等高质量润滑脂方向发展。公司经过市场调查,预计到2015年全国润滑脂需求量将达到320万吨,天津分公司润滑脂产量需达到100万吨,现有的设备生产能力不能满足当前和未来的市场需求,需进行扩能改造,实现产能扩大,同时优化产品结构。

2006年10月,《关于〈润滑油天津分公司润滑脂扩能改造工程〉可行性研究报告》上报。2007年4月27日,中国石油化工股份有限公司批复了可行性研究报告,2007年2月1日委托天津辰鑫石化工程设计有限公司进行初步设计和施工设计,2007年11月28日股份公司批复了初步设计方案,随后进行施工图设计。

该项目包括新建生产厂房、基础油罐区、热媒站、空压站、成品仓库及配套公用工程设施。生产厂房建筑面积为18576平方米,新建13套润滑脂生产装置,39台润滑脂釜,生产钙基脂、极压锂、复合锂、通用锂、轴承脂、磺酸钙基脂、聚脲基脂7大类产品。生产装置采用DCS控制,成品灌装采用半自动灌装系统。基础油罐区建设24个300立方米的基础油储罐,罐区总容积为7200立方米,基础油罐区输油采用PLC控制。热媒站新建4台200

万千卡/小时热油炉，燃料为天然气，热油炉采用PLC控制。空压站新建两台3立方米/分钟空压机。新建两座成品仓库，建筑面积为7046平方米。集中建设尾气处理设施，配套建设雨水、污水、中水、消防水、通信网络及35千伏电站变压器增容等公用工程系统。

工程建设管理采用E+P+C管理模式，综合计划部负责项目前期、基础设计、详细设计，物资供应部负责项目设备采购，科技开发部工程办负责现场施工管理。

为确保工程的顺利建成，公司成立了“润滑脂扩能改造项目工程现场指挥部”，对工程建设投资、预算审核、工程进度等重大问题统一进行协调、决策、指挥。在天津分公司下设“润滑脂扩能改造项目部”，具体负责项目实施、部门沟通、设计联络及设计审查、技术方案比选、工程洽商的签署与确认、安全环保措施落实、项目进度安排。

润滑脂扩能改造项目招标严格执行《中华人民共和国招投标法》、中国石化集团公司有关招投标管理规定、天津市招投标管理规定，在中国石化集团公司招投标办和天津市招投标管理站的监督指导下，完成工程施工。

主要参建单位有天津冠杰石化工程有限公司、天津市滨海供电工程公司、黑龙江省第一建筑工程公司、江苏江都建设工程有限公司等10家建设单位。

为保证施工质量，结合润滑脂扩能改造项目特点，制定下发《润滑脂扩能改造项目质量管理补充规定》。施工期间认真组织设计交底、图纸会审，共组织20个分项工程施工方案审查。施工过程中严格贯彻“国家施工标准是最低要求”的准则，严格执行质量监督程序，每天进行施工质量检查，及时协调专业施工存在问题。组织建立重点工序甲方、监理旁站监督、隐蔽工程三方联检、分项工程五方联合验收等制度。

天津项目建筑结构通过了天津市“海河杯”奖和天津市级“文明施工工地”的评审；安装部分也得到设计院、项目部、监理公司、监督站的好评。

本项目于2008年9月14日生产厂房土建施工开始，12月1日设备及工艺管道安装施工开始，12月27日生产厂房主体框架浇注完成。2009年3月20日电气仪表工程施工开始，4月20日消防工程施工开始，9月28日生产厂房、热媒站、罐区、空压站、消防系统等中间交接，通过中国石化天津质量监督站验收，调试开始，10月28日2套生产装置调试合格，12月31日10套生产装置调试合格。

【武汉分公司20万吨/年润滑油扩能改造项目】 根据公司“十一五”的整体发展战略规划要求，为满足华中地区对中高档润滑油的需求，按照充分利用现有资源、优化配置、少投入、高产出的思路及公司“统筹规划，分步实施”的原则，对武汉分公司“十一五”期间整体配置进行改造，规划到2010年将武汉分公司的中高档润滑油包装油生产能力扩大到20万吨/年,储存中转能力扩大到4.4万立方米。

该项目为润滑油武汉分公司的技术改造项目,计划于2010年上半年完工。本次技术改造中,采用了同步计量调合设备、自动批量调合设备、球扫线设备,调合和灌装采用DCS控制系统。

改造后润滑油武汉分公司生产能力扩建为20万吨/年,基础油中转能力达到20万吨/年。进一步提升润滑油生产设备水平,增加高档产品产量的比重。

本次改造经过专业人员的充分调研和论证,2008年3月19号,提交了关于《中国石化润滑油武汉分公司20万吨/年润滑油扩能改造项目可行性研究报告》(档案号:WQ200702),2008年9月,中国石油化工股份有限公司批复了可行性研究报告。

该项目主要包括建筑调合厂房,灌装厂房,成品仓库,销售及技术服务、信息中心,B厂房,配电设备间等6座建筑物和一个应急池。成品油罐区、添加剂罐区、OCP罐区。安装进口设备一套4通道SMB、2通道ABB、2516管汇;国产设备4升、20升、200升各一条,以及工艺配套的机泵、管线等。改造一座高低压变电室、安装一套DCS控制系统,以及配套的配电柜、现场仪表、电缆桥架和电缆敷设。道路、地下给排水、绿化、消防报警及消防管线。空压站、锅炉房和装车平台。

项目管理采用自设管理机构平行发包的管理方式,通过对参与建设的江都建设、天津冠杰、武汉六建、润发公司等四家施工单位进行协调、管理,使项目在保质量、保安全的前提下按照预期施工进度顺利推进。

为了确保润滑油武汉分公司20万吨/年润滑油扩能改造项目高质量、高标准按期建成投产,按照建设工程项目法人责任制和股份公司工程项目管理的要求,由项目法人组建项目管理部,作为项目建设期间的管理机构,全面负责项目的领导、组织、管理和协调。项目管理部下设职能管理组,负责项目工程协调、HSE管理、质量管理、设计协调、物资采购、计划财务和生产准备各个方面的管理工作。

润滑脂扩能改造项目招标严格执行《中华人民共和国招投标法》、中国石化集团公司有关招投标管理规定、武汉市招投标管理规定,工程招标和物资采购招投标工作在质量监督站和效能监察组的监督下,严格按照股份公司工程部、物装部关于投标管理的具体要求开展工作,对评委组成、技术标与商务标的评标规则、评标报告及审批程序进行了规范。房屋建筑标段在湖北省采用网上公开招标,安装标段由中国石化集团招标公司代理招标。

主要参建单位有武汉炼化工程设计有限公司、中南勘察设计院南方分院、江苏江都建设工程有限公司、天津冠杰石化工程有限公司、北京润发机电设备安装维修有限公司等7家单位。

为确保扩能改造项目的施工质量,编

写了润滑油武汉分公司20万吨/年润滑油扩能改造项目《工程建设项目管理手册》，对影响工程质量的关键环节做了明确规定。

本项目于2009年7月9日罐区桩基框架标段工程正式开工，8月10日罐区桩基打桩全部完成。12月3日调合厂房桩基开始施工；12月16日调合厂房打桩施工完成。12月18日基础油罐区迁建工程正式启动，第一标段三通一平工程发标。

【重庆分公司合成酯类油装置扩能改造项目】 2007年，重庆分公司合成酯类基础油生产量达到1200吨，装置已超负荷运转，急需通过扩能改造增加产能，以满足酯类油市场进一步发展的需要。

2009年，公司下发了《关于下达2009年第四批投资计划的通知》（石化股份润计〔2009〕100号文件），批准投资780万元对重庆分公司合成酯类油生产装置进行扩能改造，在现有合成酯类油框架厂房内新建一套1000吨/年合成酯类油生产装置，并对现有装置部分老旧管线进行改造，使重庆分公司合成酯类油生产能力达到2000吨/年。项目主要工艺采用润滑油重庆分公司专有技术，并委托重庆川维石化工程有限公司进行合成酯类油装置工艺、设备、电气和土建部分的施工图工作。

项目主要包括新建1套10立方米不锈钢酯化装置，2台3立方米不锈钢水洗釜、1套5平方米不锈钢短程分子蒸馏设备、2台1立方米后处理釜、5台10立方米不锈钢储罐、2台2.5立方米不锈钢储罐、1台1立方米不锈钢储罐、2套真空机组、1台冷冻机组、3台45平方米换热器、1套生产自动控制系统及机泵、质量流量计等附属设备。

工程建设管理采用E+P+C管理模式，综合计划部负责项目前期、基础设计、详细设计，物资供应部负责项目设备采购，科技开发部工程办负责现场施工管理。重庆分公司项目小组配合公司各部门开展项目各项具体工作。

重庆分公司合成酯类油生产装置扩能改造项目招标严格执行《中华人民共和国招投标法》、中国石化集团公司有关招投标管理规定、重庆市招投标管理规定，较好地完成了工程施工。

主要参建单位有重庆渝洲搪瓷化工设备有限公司、重庆兴利化工机械开发有限公司、重庆通用机械公司等6家单位。

为保证施工质量，结合重庆分公司合成酯类油生产装置扩能改造项目特点，认真组织设计交底、图纸会审、施工方案审查，明确工程质量控制点。施工过程中严格贯彻“国家施工标准是最低要求”的准则，严格执行质量监督程序，每天进行施工质量检查，及时协调专业施工存在问题。做到施工工作中的“七不”要求，即“不开错一个口”，“不用错一件材料”，“不用错一根焊条”，“不漏掉一个螺栓”，“不装错一个垫片”，“不漏清洗一个器件”，“不接错一个线头”。对质量问题坚持“三不放过”，并采取经济手段，不断强化全员的质量意识，确保了工程在短期内保质保量地完成。

2009年3月14日完成施工图设计，2月10日开始设备订货，3月10日开始土建施工，3月31日开始设备及工艺管道安装，5月10日开始电气仪表施工，6月20日完成联动调试试车，8月25日完成带料试生产，11月30日完成竣工验收。

【金属加工液分公司青浦特种油品厂产能转移改造项目】 金属加工液分公司现有的生产设备，生产大类油能力过剩，生产能力又不足。根据“中国石化润滑油公司《关于启动金属加工液分公司青浦特种油品厂产能转移改造的通知》，石化股份润综计函〔2009〕001号”的精神启动金属加工液分公司青浦特种油品长产能转移改造项目。

金属加工液分公司青浦特种油品厂产能转移改造项目（以下简称“适应性改造”），按照地理区域和功能划分成001～006六个单元，分别是001单元——中试实验室；002单元——调合一区；003单元——调合二区；004单元——调合三区；005单元——公用工程；006单元——拆除工程。工程范围包括工艺设备、工艺管道、土建、电气、自控等工程内容。范围涵盖图纸、现场交底、便于施工所需增加的部分（调合二、三区通过调合一区的少量的工艺管线、公共管线、电缆桥架移位等）。

工程建设管理采用E+P+C管理模式，综合计划部负责项目前期、基础设计、详细设计，物资供应部负责项目设备采购，科技开发部工程办负责现场施工管理。

金属加工液分公司青浦特种油品厂产能转移改造项目是上海研发的主要项目，为确保项目的顺利、安全、按时建成，上海研发成立了领导机构，对工程建设投资、预算审核、工程进度等重大问题统一进行协调、决策、指挥。项目组一人多专，在项目组领导小组的组织和安排下，对口协调、管理、将工程建设管理的责任落实到每个环节。

金属加工液分公司青浦特种油品厂产能转移改造项目招标严格执行《中华人民共和国招投标法》、中国石化集团公司有关招投标管理规定、上海市招投标管理规定，在公司科技开发部工程办的主持下，在公司纪检和审计部门人员的监督指导下，较好完成主体工程的招标。

主要参建单位有中冶天工上海十三冶建设有限公司、上海南汇建筑总公司、上海青帝工程监理咨询有限公司等3个单位。

为保证施工质量，结合金属加工液分公司青浦特种油品厂产能转移改造项目特点，施工期间认真组织设计交底、图纸会审、施工方案审查，划分一般控制项目和重点控制项目，明确分项工程质量控制点，设定质量停检点。施工过程中严格贯彻“国家施工标准是最低要求”的准则，严格执行质量监督程序，每天进行施工质量检查，及时协调专业施工存在问题；组织建立重点工序甲方、监理旁站监督、隐蔽工程三方联检、分项工程五方联合验收等制度。

2009年2月，上海众一石化工程有限公司完成了《金属加工液分公司青浦特种油品厂产能转移改造项目的可行性研究报告》；3月完成了“金属加工液分公司青浦特种油品厂产能转移改造项目基础设计”。4月20日，金属加工液分公司青浦特种油品厂产能转移改造项目开工。5月，轻钢结构厂房建成。6月，新管网安装完成，并成功从旧管网切换至新管网，投入使用。7月，本次改造的主要设备11只调油罐运至现场进行安装。8月，灌装线运至现场并进行安装，PLC接线组态，所有的设备进行调试。9月，调试成功并开始试生产。9月15日，通过有监理、设计、施工单位和建设单位组织的中间验收。11月4日，通过公司组织的竣工验收。12月15日，完成转资。

市场营销与市场服务

综　述

2009年在全球金融危机的大背景下，国家加大了宏观调控力度，中国经济呈现先抑后扬的整体态势，市场信心逐步恢复。2009年一季度，受2008年金融危机及原油价格持续下跌的影响，市场需求低迷，润滑油库存升高，销售停滞，经营亏损。公司正确判断经营形势，采取积极的稳定价格、稳定客户的经营策略，加大OEM、大客户及重点行业用油的开发力度，在钢铁、电力、石油石化、铁路等重点行业推进油品替代，加强对重点企业拜访和技术服务。下半年，公司抓住市场信心恢复的有利时机，积极促进市场销量增长和结构调整，加大重点专项产品推广力度，使全年销量好于预期。

2009年，公司实现润滑油脂销售总量131万吨，完成年计划107%，同比增长10%，其中包装产品110万吨，完成年计划100%，同比增长11%；中高档产品115万吨，完成年计划102%，同比增长10%；高档产品40万吨，完成年计划103%，同比增长16%；小包装产品49万吨，完成年计划104%，同比增长13%。

2009年包装油销售比例84%，与2008年持平；小包装比例37%，同比上升一个百分点；高档油销售比例31%，同比上升一个百分点。

大客户开发

【概述】 在2009年学习实践科学发展观活动中，集团公司党组提出“要把拓展市场作为当前推动科学发展的最大实践，作为学习实践活动最重要、最直接、最现实、最具战略意义的具体成果，切实抓紧抓好、抓出成效”。集团公司党组领导亲自带队深入市场，走访了一汽集团、中国重汽集团、东风集团、长安汽车、比亚迪汽车以及太原钢铁等20家重点大客户，与客户高层进行沟通交流，有效提升了客户关系。润滑油公司抓好落实，不断拓展合作领域，签署了与中国重汽、时风集团、北汽福田的战略合作协议。冶金、电力、石化等重点行业国产化替代、关键设备用油等不断取得进展。

【与中国重汽战略合作】 2009年6月25日,在中国石化总部举行了中国石化与中国重汽战略合作协议签字仪式。中国石化集团公司党组书记、总经理、股份公司董事长苏树林,中国重型汽车集团有限公司董事长、党委书记马纯济出席了签约仪式,分别做了重要讲话。中国石化集团公司党组成员、中国石化股份有限公司高级副总裁章建华与中国重型汽车集团有限公司副总经理于有德共同签署了战略协议。根据协议,中国石化与中国重汽的战略合作将由润滑油合作扩展到燃油、化工等领域;由产品技术研发合作提升到建立联合实验室;并在双方各自的网络渠道层面探索更多的合作空间。

11月22日,公司参加了中国重汽2010年润滑油装车油采购招标会议,并中一标,获得中国重汽装车用柴机油、车辆齿轮油50%份额,成为本次招标中获得份额最大的品牌。

【与时风集团战略合作】 2009年10月12日,中国石化集团公司与时风集团在京宣布缔结为战略合作伙伴。中国石化集团公司党组成员、中国石化股份公司高级副总裁戴厚良出席会议。全国人大代表、时风集团董事长、党委书记刘义发,聊城市市委常委、副市长侯军,中国石化汽车行业技术合作中心主任、中国石化润滑油公司总经理宋云昌致辞,时风集团总经理刘成强与中国石化汽车行业技术合作中心副主任、中国石化化工销售公司副总经理赵起超代表双方签署战略合作协议。中国石化科技开发部、化工事业部、化工销售分公司、石油化工科学研究院、北京化工研究院、润滑油公司等部门和单位领导,以及时风集团的领导等40余人参加会议。

此次战略合作内容包括技术合作和商务合作两大方面,双方将在石油化工产品长期平稳购销、车用化工零部件设计开发、标准化、人员培训等方面深入合作。该协议的签订,标志着双方的合作步入了一个全新的阶段。

【与福田汽车战略合作】 2009年2月12日,中国石化、中国铁建在福田汽车怀柔欧曼工厂分别与福田汽车签署了战略合作框架协议。根据协议,中国石化将与福田汽车在未来建立长期稳定的战略合作伙伴关系,实现在研发、制造、采购、市场开发、品牌传播等价值链领域内的广泛合作。北京市副市长苟仲文,中国石化股份公司高级副总裁章建华出席签约仪式并讲话。中国石化润滑油公司总经理宋云昌代表中国石化在战略合作协议上签字。

【再次荣获上海通用优秀供应商称号】 9月18日上海通用汽车公司发布2009年度汽车配件优秀供应商名录,公司以优质的产品质量、优异的服务、迅捷的供货、100%的订单交付率等表现,再次荣获"上海通用汽车售后配件优秀供应商"

称号。

【系统内用油推广工作】 2009年11月24日，中国石化系统内用油推广工作会议在京举行。来自中国石化系统内油田、炼化、化工等业务板块的近50家企业单位的代表与会。股份公司炼油事业部副主任胡伟庆、生产经营管理部副主任吕长江、化工事业部副主任项汉银出席会议，科技开发部、财务部、物资装备部、油田企业经营管理部、油品销售事业部和集团公司资产公司经营管理部相关业务部门负责同志，润滑油公司副总经理李亮耀、赵江，总经理助理于小桥出席会议。会议总结成绩，分析问题，确定了下一阶段的工作目标。

项汉银在会上希望润滑油公司在量、质、品种上向更高的水平冲刺，希望炼油事业部在润滑油的技改技措上给予适度倾斜，科技开发部在科技攻关上给予更多关照，进一步推动润滑油业务的发展，化工企业要全力以赴支持长城油替代进口产品的工作，努力取得更大成绩。吕长江在会上要求：提高认识，加强考核，加强管理，加大新产品开发力度，强制更新低档产品，提高用油水平。

【技术交流与合作】 与东风汽车集团就神龙汽车ATF进口油品替换、有机防冻液项目的推进以及CNG专用发动机油的研发等多个方面进行了深入交流；与长安汽车进行全面合作的技术交流，双方就配套润滑油、燃油及化工产品在汽车制造中的应用及配套合作达成一致，并讨论了中国石化个人及商务用车采购事宜；与比亚迪公司就汽车发动机油、刹车油、防冻液、润滑脂、汽车化学品、化工产品等方面开展了技术交流，并针对自动传动液（ATF）进行了专题技术交流，积极推进全面产品合作；与太钢召开技术交流会，就长城轧制液、冶金润滑油脂及合成油脂的应用达成了继续推进油品的国产化替代等合作意向；与鞍钢达成进一步扩大合作，加快国产化进程的意向。

专项产品销售

【概述】 2009年，公司加强专项产品的销售工作，抓主要品种，抓大客户，抓售后服务，摩托车油、润滑脂、船用油销售量显著增加。

【摩托车油】 2009年销量3.29万吨，同比增长66%。为进一步加强专业化销售，自2009年1月1日起，北京销售中心摩油销售业务转至济南分公司，济南分公司成立摩托车油专销团队，全面负责华北、东北、西北的摩油销售，加强摩托车油专项经销网络的建设，销量增长明显。

【润滑脂】 2009年销量7.53万吨，同比增长10%。2009年润滑脂业务开展了经销渠道的建设和网络的优化工作。3—4月、6—7月、9—11月分阶段性开展促销活动,促销期单月销量都超过了7000吨,取得了很好的效果。分别于1月份、2月份根据公司成本和市场情况调整了通用脂和工业脂的产品价格,通过对通用锂基脂系列产品制定更有竞争性的价格策略充分发挥长城润滑脂的市场和资源优势,进一步提高了市场占有率。

【船用油】 2009年销量2.15万吨,同比增长30%。2009年船用油在高端用户以及大型船舶开发方面取得重大突破,网络建设取得较大进展,海外代供网点逐步建立,为船用油走向海外创造了条件。

与四大航运集团签署战略合作协议。2009年8月7日,中国石化与中远、中海、招商局、中外运长航四大航运集团在京签署长期战略合作协议。中国石化股份公司副董事长、总裁王天普与中远集团、中海集团、招商局集团、中外运长航集团的领导在签字仪式上分别致辞。中国石化股份公司高级副总裁蔡希有和招商局集团副总裁苏新刚签署《运输长期合作协议》;中国石化联合石化公司总经理戴照明、润滑油公司总经理宋云昌分别与大连远洋运输公司总经理孟庆林、中海发展有限公司总经理茅士家、招商局能源运输股份有限公司总经理黄少杰、长航集团南京油运股份有限公司总经理李万锦签署《运输长期合作协议》、《运输长期合作协议修订备忘录》及《润滑油合作协议》。

与兴隆贸易公司签订合作协议。2009年9月2日,中国石化与兴隆贸易公司船用润滑油合作签字仪式在新加坡举行。中华人民共和国驻新加坡共和国大使馆公使衔参赞李铭林、中国石化润滑油公司总经理宋云昌、兴隆公司董事长林恩强、中国石化国际事业(香港)公司总经理李建国、联合石化(新加坡)有限公司总经理徐庆及中国石化润滑油公司和兴隆公司的代表参加了签字仪式。本次签约的服务对象是兴隆贸易(私营)有限公司两条新打造的31.8万吨超级油轮(VLCC)——太行山号和峨嵋山号。此次签约仪式的成功举行,标志着双方在船用润滑油领域合作的正式开始,也标志着中国石化船用润滑油产品走向国际,成功应用于VLCC船舶。10月22日,首批SINOPEC船用润滑油运往上海外高桥造船厂,正式向新加坡兴隆贸易公司超级油轮(VLCC)供油。

与中海燃供举办技术交流会。11月7日,润滑油公司与中海燃供共同举办了"中国石化——中海油运船舶润滑油技术交流会",公司副总经理赵江,中国石化中海燃供公司领导以及润滑油公司市场营销部、润滑油上海分公司、润滑油上海研发中心、中海油运船管部等单位40余人参加了会议。会上,润滑油公司介绍了长城船用润滑油的最新发展、长城润滑油在船舶行业的应用等情况。双方还就长城船用油在中海燃供应用推广和今后的深化合作等相关问题进行了交流磋商。

其他专项产品。2009年防冻液销量4.09万吨,同比增长31%;制动液0.38万吨，同比增长20%；合成油脂1.14万吨，同比增长20%；金属加工液0.75万吨，同比增长1%；变压器油4.57万吨，同比增长18%。

推广与策划

【概述】 2009年，将推广与策划工作作为销售工作的重中之重，从市场调研、方案编写到人员培训，全面开展工作，提高了推广和策划水平。

【完成2009年度高档车用油营销方案编写及培训工作】 2009年1月份编写完成了《2009年高档车用油商务政策》及相关附件（协议价格、经销协议模版等），同时牵头专项产品部门完成润滑油整体年度营销方案及培训教材。2月11日召开营销视频专题会议，宣讲2009年商务政策和专项产品营销方案，为全年工作的开展打下基础。

【开展高档柴机油阶段市场推广】 2009年分别策划并实施了3—5月份和9—11月份高档柴机油市场推广活动。春秋两次促销活动，均达到了方案设定的促销目标，期间共促销产品4.5万吨，占全年销售任务的45%，确保了年度10万吨销售任务的完成。

【银尊龙新品上市】 2009年5月26日在沈阳组织召开了"银尊龙新品上市发布会"，通过发布会形式向受邀的终端用户、社会公众展示润滑油公司强大的技术和品牌优势，提升长城润滑油在高档柴机油市场上的影响力，增加客户选择，为迅速打开市场，完成本次新品测试工作创造良好的基础。

营销管理

【概述】 2009年，公司从制定目标、确定重点、调整价格、研究体制等方面，全面加强营销管理，提高了营销管理水平，适应了生产经营需要。

【制定全年营销工作目标和重点】 2009年1月，公司召开润滑油工作会议，副总经理李亮耀做了《积极开拓　扩大份额　进一步提升长城润滑油市场地位》的营销专题报告。报告阐述了2009年营销工作的指导思想、销售目标和重点工作要求，指出2009年营销工作应以扩大市场占有率为目标，坚持深化品牌经营，加强OEM开发，做强专项产品；规范业务操作，坚持高档营销，推进海外业务，进一步提升品牌影响力。报告还要求各单位应提高自身营销能力，努力提高独立经营销售比例。会后各直属单位按照公司整体营销思路结合本单位实际进行了进一步的落实。

【关注市场变化不断调整价格策略】 2009年，根据国际原油价格和基础油价格波动趋势,在不同阶段采取不同的价格策略。3月份根据市场竞争形势,保持与竞争品牌的合理价差,适时下调了包装油A价。之后随着原油价格和基础油价格的回升,先后于7月、10月、12月上调了产品价格。

【对未来营销管理体制进行研究】 针对中国石化润滑油目前的营销管理体制存在的问题,在公司党委副书记荀连杰的带领下,市场营销部、财务资产部、人力资源部、综合计划部、科技开发部组成专项研究小组,于2009年6—8月进行专题调研,共同研究未来营销体制改革方案,并向总部提交了建议方案。对未来营销管理的组织结构、渠道设置、业务流程、物流、信息流管理进行了研究并制定了相应方案。

【"中国石化营销能手(标兵)和销售能手(标兵)"的评选】

根据集团公司部署,为进一步推进营销队伍建设,调动和激发全体销售人员积极应对激烈的市场竞争,深度开发市场,市场营销部于2009年11月5日印发了《关于在营销队伍中开展争当"营销标兵"和"销售能手"活动的通知》,12月1日党群工作部、人力资源部和市场营销部联合印发了《关于开展2009年度营销能手和销售能手评选活动的通知》,根据文件要求和评选条件,共评选中中国石化润滑油营销能手10人,销售能手20人,并推荐营销能手5人和销售能手11人参加集团公司营销标兵和销售标兵的评选,茂名分公司陈育民荣获"中国石化销售标兵"称号。

国际化发展与外事

综　述

2009年国际市场总体发展态势良好。上半年由于全球经济危机所造成的影响尚未完全消除，目标市场需求萎缩等原因，公司润滑油脂的出口销量较上年同期下降17%。下半年随着经济复苏，出口销量逐月上升，重点市场销量明显增加，小包装比例增长较大，出口产品结构进一步优化，新加坡代加工量稳步上升，经销商数量和质量均有所提高，SINOPEC的品牌认知度在部分市场初步建立。2009年实现出口销量14533吨，其中国内出口10155吨，新加坡加工4378吨。

重点目标市场

2009年初确定了7个重点目标市场：澳大利亚、新西兰、菲律宾、马来西亚、巴基斯坦、印度尼西亚和越南。除印尼受金融危机影响需求大幅下降外，其他市场销量均有所上升或持平，7个重点市场的总销量占经销市场出口总量的68%，表明公司对重点目标市场的选择基本正确。

除亚太地区上述重点目标市场外，非洲、中东和中亚等地区也有较大的潜在市场。2009年开发了非洲的安哥拉、尼日利亚、塞内加尔、利比亚、摩洛哥和贝宁等国家；中东地区开发了阿联酋、以色列、约旦、科威特和叙利亚等国家；中亚地区开发了乌兹别克斯坦、土库曼斯坦等国家。

配套用油业务开发

2009年配套用油业务初见成效，为中国机械设备进出口总公司、中信国华国际工程公司及中国建材国际工程有限公司在刚果、安哥拉、越南等国家的工程项目提供配套用油共计439吨，包括汽轮机油、液压油、工业齿轮油、柴油机油及润滑脂等产品。

SINOPEC品牌宣传及产品推广活动

2009年在马来西亚《星洲日报》（中

文）、《STAR》（英文）、《BERITA HARIAN》（英文）、《Auto World》（英文）以及《RODARODA》（马来文）等报纸和杂志上陆续投放广告，并在主要高速公路边做了路牌广告，参加了马来西亚摩托车拉力赛，举办了3场产品推介会，对扩大SINOPEC品牌在马来西亚的影响力和知名度起到了较好的作用。

5月份澳大利亚经销商LMG公司以主席MOSS先生的名义举办高尔夫球日，其中一个球洞设计为“SINOPEC球洞”，体现SINOPEC品牌形象，并在球洞旁摆放SINOPEC旗帜等。

2009年10月28日至30日，在北京成功召开了首届“中国石化润滑油国际经销商会”，共有来自30个国家和地区的100余名经销商及配套用油客户到会。通过参加会议，经销商对中国石化及润滑油公司有了更加深刻的认识，树立了做好SINOPEC润滑油的信心，许多经销商表示将与公司携手合作，做大做强SINOPEC润滑油的海外业务。12月，在马来西亚召开了SINOPEC品牌展会，在越南召开了SINOPEC产品推介会，让经销商和当地客户进一步认知SINOPEC品牌、了解SINOPEC产品，取得了较好的市场效果。

【外宾接待及行业间高层交流】

2009年，中国石化润滑油公司共接待跨国公司高级代表团来访10余次。

2009年3月10日，埃克森美孚全球基础油总裁乔治·阿德特先生一行3人来访。双方互通全球及中国市场基础油信息，探讨合作事宜。

2009年10月26日，润英联公司全球总裁多米尼克·弗纳先生一行3人来访。双方对当前合作交换意见，推进未来双方在各方面的合作与交流。

2009年6月9日，路博润公司副总裁瓦尔·帕斯先生一行6人来访，进行双方合作高层会晤。

2009年7月3日，公司接待聊城市副市长一行7人来访，加强企业与政府间交流，扩大双方合作的机会。

2009年2月12日，接待催化剂公司领导一行来访，通过交流，加强了系统内部企业的沟通和交流。

【出国（境）团组管理和服务】

2009年，中国石化润滑油公司组团或参与组团的因公出国（境）团组共计34团组77人次，在外常驻人员1人。出访涉及美国、英国、法国、德国、荷兰、丹麦、意大利、瑞士、瑞典、奥地利、日本、新加坡、阿联酋、越南、马来西亚、俄罗斯、印尼、伊朗、约旦及香港等20个国家和地区，执行拜访客户、市场开发、参加国际会议等任务。

【国际会议——中国石化润滑油首届国际经销商大会】

2009年10月28日—30日，中国石化润滑油首届国际经销商大会在北京召开，来自俄罗斯、澳大利亚、新西兰、韩国、新加坡、以色列、马来西亚等30多个国家和地区的110多位经销商参会。中国石化高级副总裁章建华出席主题大会并向SINOPEC润滑油海外经销商致意。中国石化有关机关部门和润滑油公司的领导出席主题大会，马来西亚、土耳其等多个国家使馆的参赞到会祝贺。此次会议对宣传中国石化润滑油公司，树立SINOPEC润滑油脂品牌取得了良好的效果。

党的建设

综 述

2009年公司各级党组织和各级领导干部以深入学习实践科学发展观为主线，认真贯彻落实党的十七届四中全会精神、全国国有企业党建工作会议精神和集团公司党组部署以及直属机关党委的要求，努力抓好领导班子建设、党组织建设和党员队伍建设，认真开展形势任务教育，积极推进企业文化和精神文明建设，凝聚和激发广大党员、干部和职工的积极性和创造性，坚定信心，迎接挑战，较好地促进了公司持续有效和谐发展。公司被中国石化推荐参评首都文明建设先进单位。

深入开展学习实践科学发展观活动

【概述】 2009年3—8月，公司党委在公司范围内深入开展学习实践科学发展观活动。3月13日，召开学习实践活动动员大会，党委书记郑立新同志作了动员报告，印发了《润滑油公司开展深入学习实践科学发展观活动的实施方案》，学习实践活动全面启动。为推进活动开展，党委四次召开学习实践活动领导小组会议，听取汇报，研究部署推进活动的措施。学习实践活动办公室先后召开4次办公室成员会议，研究落实措施，先后起草印发学习实践活动4个阶段和具体事项的15份文件，编发《学习实践活动简报》45期，开辟学习实践活动网页、利用《长城润滑油》报等媒体刊发文章稿件596篇，营造浓厚氛围，不断推进活动深入开展。编辑出版《润滑油公司学习实践活动文件汇编》、《润滑油公司学习实践活动简报汇编》、《润滑油公司学习实践活动“三个征集”成果集》、《润滑油公司学习实践活动心得体会集》等书籍，努力扩大成果。

【学习调研、分析检查、整改落实】 活动中，各级党组织组织各级领导班子和全体党员始终把学习调研贯穿于始终，突出解放思想，凝聚共识，注重实践，深入调查研究，掌握实情，促进工作；突出重点，把握关键，广泛谈心，开好民主生活会，搞好分析检查，组织群众评议，提高分析检查报告质量，找准影响科学发展的突出问题；落实责任，注重实效，认真抓整改，促进润滑油业务科学发展上水平，比较圆满地完成了学习调研、分析检查、整改落实3个阶段的规定要求和内容，取得较好成效。

在学习实践活动中，公司班子成员先后8次集中学习研讨，并参加联系点的学习2次以上，深入各直属单位、市场、客户调研走访，期间召开干部职工座谈会40余场次，走访经销商和大客户40余家，形成调研报告29份。在分析检查阶段，班子成员在民主生活会上，坦诚开展批评与自我批评，形成了《润滑油公司领导班子分析检查报告》，5月27日上午，召开领导班子贯彻落实科学发展观分析检查报告评议会，集团公司学习实践活动第十一指导检查组组长党军同志到会指导，公司领导班子成员和参加评议各方面代表共313人参加了评议会。经评议，领导班子贯彻落实科学发展观分析检查报告综合满意率达100%。在整改落实阶段，6月23日，公司党委召开会议研究制定了《润滑油公司领导班子贯彻落实科学发展观整改落实方案》，提出了积极推进营销体制改革、推进科技进步、加大规范管理的力度、加强人才队伍建设、加快技措改造步伐、加强和改进党建工作6个方面28条具体整改措施，明确了班子每名成员的分工和相关落实部门。审议并原则通过《润滑油公司深入学习实践科学发展观活动总结报告》。6月30日，润滑油公司召开学习实践活动总结大会，郑立新作了总结报告，集团公司第十一指导检查组组长党军讲了话，充分肯定润滑油公司学习实践活动的成效和党员、干部的良好表现。

8月5日，公司党委召开扩大会议，听取学习实践活动办公室关于满意度测评工作的专题汇报，审议通过了《通报稿》和《安排意见》。8月10日下午，润滑油公司以视频会议形式召开了深入学习实践科学发展观活动群众满意度测评会。公司领导班子成员、集团公司学习实践活动第十一指导检查组全体成员出席测评大会。公司党委副书记、学习实践活动领导小组副组长荀连杰同志代表公司领导班子，向参会人员通报了公司学习实践活动3个阶段所做主要的工作，取得的五个方面的主要成效，通报了6个方面突出问题和28条整改落实措施的落实情况。公司中层领导干部，党员、干部和职工群众代表共418人参加了测评，其中满意的占87.8%，比较满意的占12.2%，综合满意率达100%。参加测评人员共提出意见和建议25条。之后，通过“三回顾”、“二查”扎实开展学习实践活动“回头看”，继续推进整改措施的落实和长效机制的建立。

【活动成效】 学习实践活动取得5个方面的成效。一是在贯彻落实科学发展观上形成了新共识，进一步加深了对润滑油行业发展规律和公司发展战略的认识和理解，增强了推动科学发展的自觉性、坚定性和紧迫性；二是对照新时期的形势任务和未来发展的新要求，进一步分析梳理了影响和制约公司科学发展的主要矛盾和问题，深化了对问题产生根源的认识，形成了一份高质量的分析检查报告和整改落实方案；三是集中解决了一批影响润滑油持续发展的突出问题和职工关心的热点难点问题，进一步明确了后续整改落实的目标和措施；四是各级领导干部和全体党员受到了一次深刻的党性教育，进一步拓宽了国际视野，增强了战略思维，更新了思想观念，强化了市场意识和经营意识，把握发展规律、领导科学发展的能力得到了进一步提高；五是始终坚持“两手抓、两不误、两促进”，通过开展“围绕重点工作抓落实”、“解决问题促发展”、“解放思想大讨论”、“三个征集”活动等多种形式，确保了改革发展建设各项任务的顺利实施，在推进规范管理、科技进步、体制改革、技措改造等方面取得新突破，形成一批重要成果，促进全年各项奋斗目标超额完成。

党建工作

【概述】 2009 年，认真贯彻党的十七届四中全会精神、全国国有企业党建工作会议精神和中国石化集团公司干部工作会议精神，不断推进党建工作创新，进一步加强基层党组织建设，大力宣传、树立先进典型，党建工作取得显著成绩。

【推进党建工作创新】 2009 年 11 月18—20 日，公司党委在武汉召开了 2009 年度党建工作研讨会，传达学习党的十七届四中全会、全国国有企业党建工作会议精神和中国石化集团公司干部工作会议精神，研究部署推进党建工作创新事宜。研究做出了《关于加强与业务单位开展党建共建活动的指导意见》，以党建共建活动为切入点，拓展党建工作领域，促进与业务单位合作关系的深化，更好地服务企业生产经营、改革发展。研究通过了《围绕公司战略实施做好宣传工作的指导意见》，进一步提高宣传工作成效。

【加强基层党组织建设】 提出了公司机关和海淀各单位党组织设置方案。组建郑州分公司党委。围绕中国共产党成立 88 周年，新中国成立 60 周年，广泛开展了“爱党、爱国、爱石化、爱润滑油事业”等一系列教育活动。深入开展了以“我是党员我光荣、我是党员必先进”为主题的党员责任区活动，建立党员责任区 419 个，促进党员立足岗位，奉献进取，团结和凝聚广大职工保安全、保质量、保任务完成。2009 年公司整体有 45 名同志加入党组织，进一步壮大了党员队伍。

【选树先进典型】 2009 年，公司党委评选表彰了 2008—2009 年度 3 个先进党委，19 个先进党支部，21 个先进党员责任区，38 名优秀共产党员，16 名优秀党务工作者，11 名优秀党员领导干部。分两批组织先进集体代表和优秀个人到革命圣地延安接受传统教育。

宣传思想工作

【概述】 2009年，宣传思想工作紧紧围绕生产经营中心，唱响主旋律，深入开展形势任务教育，努力搞好内部媒体建设，充分发挥宣传舆论作用，结合中心工作和职工思想实际，开展丰富多彩的教育活动，持续开展“文明职工”、“文明窗口”、“文明岗位”等活动，各项工作上了一个新台阶。

【形势教育】 围绕年度生产经营目标和各个阶段的重点工作，开展形势任务教育。2009年下半年，把深度解读公司发展战略和经营理念作为形势任务教育的重要内容，围绕年度生产经营目标和各个阶段的重点工作，深入开展形势任务教育，较好地引导干部职工认清形势、明确任务、积极工作，为完成全年任务作出了积极贡献。自2009年下半年开始，把深度解读公司发展战略、经营理念作为形势任务教育的重要内容，先后组织撰写了《坚持品牌化、国际化发展方向，谋求新发展》、《国际经销商大会圆满成功：中国石化润滑油国际化发展新的里程碑》、《国际化：企业坚定不移的方向，任重而道远的历程》、《业绩：价值和能力的最好证明》、《责任：企业和事业成功之源》、《质量是企业的生命》、《顾客比“黄金”更重要》、《安全是福》、《稳定是全体干部职工的共同心愿和根本利益》、《国强我自豪、奋发创新业》，帮助干部职工正确理解公司发展战略、经营理念，自觉转化为执行力。

【内部媒体建设】 办好企业内部媒体，强化宣传功能。编辑出版《长城润滑油》报（企业版）50期，信息门户刊发各类信息2.4万条，将集团公司党组声音传递给干部职工，加大对公司重大决策、经营战略的宣传力度，加强对各部门、各单位贯彻公司决策和部署所取得成效的宣传报道，营造“比学赶帮超”氛围。开设“网上党校”，为各级党委理论中心组、全体党员、干部和入党积极分子提供学习平台，为党支部开展工作提供指导。编报《润滑油公司信息》61期，其中28期被《石化特刊信息》、《石化信息》、《石化政工简报》等采用。发挥长城润滑油网站作用，及时报道公司重大活动信息，编辑出版《长城润滑油》报（客户版）38期，为具有营销职能的直属单位编辑制作了形象宣传片，为做大市场提供支持。创办了《润滑油信息参阅》，试刊两期。

【爱党爱国教育】 发挥内部媒体作用，宣传党的丰功伟绩和新中国成立60周年特别是改革开放30年的辉煌成就。组织开展了“祖国在我心中”征文活动，各直属单位择优推荐98篇参加了公司评选。组织了以“爱党、爱国、爱石化、爱润滑油事业”为主题的答题活动，1389

人参加。组织2048人参加了观看爱国影片活动。

【精神文明创建】　各级党组织积极开展“文明职工”、“文明窗口”、“文明岗位”等多种形式的群众性精神文明创建活动和“文明职工”、“文明之星”等评选活动，较好提升了职工队伍的文明素质。开展了学习吴大观、代旭升等先进人物事迹的活动，激励党员、干部和职工自觉以先进人物为榜样，敬业爱岗，拼搏进取。深入做好“五五”普法工作，增强干部职工的法制意识。公司再次获得首都文明单位荣誉称号。

【对外宣传工作】　围绕公司重大经营活动，依托中国石化媒体作用，2009年共刊发各类稿件（文字、图片、视频）262篇（幅、条）。自2009年三季度以来，改进报道文风，认真策划，总结提炼公司落实集团公司苏树林总经理为润滑油公司提出的“五抓五靠”的主要成效和公司成立近8年来取得主要的成绩，在石化媒体先后发表了11篇文章，提升公司影响力。

纪检监察

综　述

2009年,公司认真学习贯彻党的十七届三中、四中全会,十七届中央纪委四次全会精神,积极落实集团公司2009年纪检监察电视电话会议工作部署,在公司党委和直属纪委的领导下,进一步统一思想,以深入落实科学发展观来推动党风建设和反腐倡廉工作,切实加强领导干部党性修养,树立弘扬良好作风,以领导人员廉洁自律和反腐倡廉教育为重点,注重源头治理,围绕廉洁文化建设和效能监察、业务公开等方面积极开展工作,切实把反腐倡廉建设落到实处,为公司持续有效和谐发展提供更加有力的保障。

【领导干部廉洁自律】

1. 加强领导干部廉洁从业教育,增强领导干部廉洁自律意识。为深入贯彻落实党中央《建立健全惩治和预防腐败体系2008—2012年工作规划》,通过中心组学习、集中培训等形式,组织党员干部、职工认真学习党的十七届四中全会精神、胡锦涛同志在十七届中央纪委三次全会上的重要讲话、贺国强同志在十七届中央纪委三次全会上的工作报告和《建立健全惩治和预防腐败体系2008—2012年工作规划》等政策法规,引导党员领导干部加强思想作风、学风、工作作风、领导作风、干部生活作风建设,增强宗旨观念和责任意识,树立正确的事业观,切实做到秉公用权、廉洁从业。

为丰富教育内容,订购了《拒腐防变每月一课》系列化教材,如将《党员干部必须严格遵守党的纪律》、《贪之害》、《贪官无孝子》等廉政教育片制发给各单位组织收看,并从中精选部分教材,作为党委理论中心组学习的内容。通过教育,弘扬了廉洁的观念,进一步提高了党员、干部执行相关规定的自觉性,促进党员干部、职工提高党性修养水平、筑牢拒腐防变的思想道德防线、增强实践科学发展观的自觉性。同时,要求各单位结合实际,加强对关键岗位管理人员的法纪教育和廉洁教育,认真学习有关法律法规,认真查找管理薄弱环节,制定整改措施并抓好落实。在公司新建立的信息门户上设立专栏,传达工作信息,宣传廉洁文化。在首页上设立了廉政与监督栏目,在部门页面上设立了宣教园地,定期上传上级廉洁自律工作要求和警示教育材料等内容,通过网络宣传的形式开展廉洁教育,丰富了廉洁教育的形式。

2. 加强党性党风党纪教育,着力提高领导干部的党性修养,树立和弘扬良好作风。纪委按照集团公司的统一部署,结合企业实际情况,开展针对性的党风廉政教育活动,通过扎实教育,为企业更好地开展党风廉政建设工作夯实了思想根基。纪委通过会议、公司内网、工作信息、购买发放学习材料等形式,及时传达贯彻党的十七届四中全会,十七届中央纪委三次全会、四次全会,集团公司纪检监察工作视频会议,集团公司直属企事业单位纪委书记座谈会等会议精神,要求各单位认真学习、深刻领会党中央进一步加强反腐倡廉建设的精神实质,切实提高加强党风建设和反腐倡廉工作重要性和紧迫性的认识,增强责任感和使命感,坚定理想信念,认真落实党风廉政建设责任制,扎实推进惩治和预防腐败体系建设,为公司持续稳定发展提供坚实保障。以树立和弘扬良好的作风为目标,着力抓好各级干部和党员的学习教育工作。公司开展了"进一步加强领导干部党性修养、树立和弘扬良好作风活动",坚持以干部集中学习和党支部学习为单位的定期学习制度,先后学习了胡锦涛总书记在第十七届中央纪律检查委员会第三次全体会议上的重要讲话和集团公司党组《关于进一步加强领导干部党性修养树立和弘扬良好作风的意见》,观看《石化反腐警示录》和中纪委的有关警示教育片,公司领导、机关各部门负责人、支部书记以及审计纪检监察部、财务资产部、物资供应部、市场营销部、人力资源部、综合计划部和工程办公室9职级及以上的管理人员参加,直属单位也根据要求组织了观看。目前,共有包括7名公司领导在内的663名干部职工接受了教育。通过学习教育,各级干部和党员进一步理解和掌握了在市场经济条件下,要时刻用党的纪律和规定来提醒自己,提高用党的纪律约束和规范个人行为的自觉性。

【效能监察】 公司结合企业生产经营实际,紧紧围绕企业的重点工作开展效能监察工作。在"三剂"采购和使用管理、降本减费、重点工程建设管理、物资采购、生产过程优化、废旧物资回收处置等方面共开展效能监察项目18项,其中添加剂采购和使用管理效能监察、成本管理,为集团公司统一立项项目,天津分公司润滑脂改造项目(跨年度项目);武汉20万吨/年润滑油扩能改造项目效能监察,为上报集团公司备案管理的项目;其余加强生产过程管理、优化库存管理、采购管理、工程项目管理、降本减费、废旧物资回收处置管理等15个分布在12个分公司的效能监察项目为公司自管项目。进一步完善了对添加剂管理的工作制度规定，无动态添加剂得到了有效控制，通过积极开展贮备定额管理，按添加剂种类，制定最高和最低贮备额度，在保证生产需求的同时降低库存，1—10月份公司添加剂累计入库4.93万吨，金额9.95亿元（已扣除调拨加价），数量同比减少0.45万吨，减少8%，金额减少1.28亿元，同比减少11%。

【党风廉政教育】

1. 加强廉洁文化建设，推进廉洁文化“六进”工程。一年来，公司领导对加强企业廉洁文化建设十分重视，视为加强企业党风建设和反腐倡廉工作的重要组成部分。年初对企业廉洁文化建设工作进行了专门的研究，并制定了全年的廉洁文化建设计划。

在具体工作中，以“六进”和“六上”为载体，大力推进企业廉洁文化建设，促进企业以廉为荣，以贪为耻风气的形成。

（1）结合企业自身的实际情况，利用职工文化长廊，开辟了廉洁文化建设专栏，宣传党中央、集团公司、润滑油公司关于党风建设和反腐倡廉的会议和领导讲话精神，宣传企业自身廉政建设的动态，使全体党员干部和广大职工群众能够及时了解上级的要求和规定。

（2）在职工中饭的1小时时间，不定期地播放廉政教育片，使全体员工受到生动形象的廉政教育。

（3）开办廉政书架。在职工图书阅览室，腾出专门的书柜放置廉政建设图书，还设立了《检察日报》和《中国纪检监察报》报架，以便职工群众阅览和有关人员查阅资料。

（4）业务往来中，在与客户或服务方签订合同的同时，签订集团公司统一格式的《廉洁责任书》。

（5）坚持开展警示教育。组织领导班子成员和全体党员、管理人员以及在敏感岗位工作人员观看上级下发的警示教育片，使大家从反面典型走向深渊的案例中吸取教训，认清腐败对国家、社会、企业以及家庭、本人造成的严重危害。

2. 开展评选先进、宣扬先进、学习先进活动，发挥先进典型的模范带头作用。近年来，在党风建设和反腐倡廉工作中不断浮现一批先进积极分子，为此公司对其进行了系统的宣扬与表彰，公司上下共同学习先进活动，发挥先进典型的模范带头作用，以此激励领导和职工齐心协力，更好地投入党风廉政的建设中去。

3. 开展警示教育工作。定期编发警示教育材料。2009年至今共编发了6期警示教育材料，内容分别以不同的案例警示大家，做人、干事要本分，要求大家通过不断的学习，常修为政之德，常思贪欲之害，常怀律己之心，自觉经受住权力、金钱、美色的诱惑，筑起拒腐防变的心灵之坝。

法定假日开展廉洁提醒教育。今年以来，在元旦、春节、五一节日前，公司纪委都按照集团公司要求，转发或印发了关于加强廉政教育，执行廉洁自律规定的要求或通知，针对不同时期生产经营特点和公司重点工作提出具体廉政建设要求，对党员干部、机关工作人员进行廉洁自律教育和提醒。

4. 反腐倡廉制度建设和制度创新。公司一如既往地做好重点关键岗位《党风廉政档案》的建档工作，建立了数据库，将中层以上干部及重点关键岗位填报的信息，全部输入个人档案信息库；拟订《惩防体系2008—2012工作规划实施细则任务分解》、新的《党风廉政协议书》、《禁赌协议书》，并做好中层以上干部及关键岗位的签约工作。针对新形势下出现的新现象，公司专门制定了相关的措施，针对重点业务部门，发挥党风廉政监督岗（员）网络的作用，拓宽监督信息收集渠道；建立健全资金、资产和资源管理制度；完善财务管理制度；完善零星采购的操作程序；继续做好对废旧物品处理的公开招标工作，做到货比三家，力争"公开、公平、公正"，努力贯彻执行集团公司效能监察操作规程。

同时，为加强对公司业务公开工作的有效监督，成立网络巡视小组，从公司副处级以上的退休的老同志中聘任，负责这项工作日常运行监督。以上举措不但有效促进公司内部的管理，而且在一定程度上防止了违法违纪现象的发生。

在中层干部和重点关键岗位中进行"廉政风险识别"，并梳理出"共性问题及防范措施"，此项工作的开展对建立"廉情预警机制"，关口前移，从源头上杜绝违纪违法问题的发生起到了积极的作用。

为每一名中层以上党员干部配发《中国共产党巡视工作条例（试行）》、《关于实行党政领导干部问责的暂行规定》、《国有企业领导人员廉洁从业若干规定》3项法规的单行本，要求每一名党员干部要充分认识新颁布3项法规的重大意义，认真学习并深刻领会其精神实质，自觉贯彻执行。采用组织专题学习和交流，利用局域网、墙报、橱窗等多种形式开展3项法规的学习宣传活动。

为了进一步提高对相关法律、法规的学习效果，纪委组织编制了《治理商业贿赂犯罪法规手册》4000本，发给公司中层以上干部和相关部门的管理人员学习，同时公司还组织了一次3项法规的答题活动。

5. 开展"做党的忠诚卫士、当群众的贴心人"主题实践活动，加强纪检监察干部队伍和组织机构建设工作。公司两级纪检监察组织和两级纪检委员及专兼职纪检干部和基层支部的纪检委员参加主题实践活动。紧紧围绕加强纪检监察队伍自身建设、推动反腐倡廉工作实际，坚持"五个结合"，即开展主题实践活动同贯彻落实党的十七大精神相结合；开展主题实践活动同落实十七届中央纪委三次全会精神相结合；开展主题实践活动同深入学习贯彻科学发展观活动相结合；开展主题实践活动同围绕中心，服务大局，促发展、保稳定的总要求相结合；开展主题实践活动同建设具有国际竞争力的润滑油企业的目标相结合。

一是认真组织纪检干部对科学发展观重要文件的学习，认真学习胡锦涛同志在中央纪委全会上关于党风建设的一系列重要讲话精神，学习中央纪委领导关于开展主题实践活动，加强纪检监察机关自身建设，推动党风建设和反腐倡廉工作的一系列讲话精神。通过学习，提高了纪检干部对“四个对”的深刻内涵的理解和把握，增强了认真履行岗位职责，服务、保障和推动企业科学发展的自觉性和坚定性。二是运用理论学习的成果，积极围绕纪检监察工作的有关课题开展研讨。三是在实践中开展自查自纠，结合今年纪检监察工作要点的安排，对照“四个对”的要求，深入查找存在的问题，广泛征求相关部门的意见，虚心接受职工群众监督。四是通过主题实践活动，加大相关体制机制建设的力度，把建章立制贯穿于主题实践活动的全过程。

通过深入开展主题实践活动，大力推进了公司两级纪检监察组织建设和干部队伍建设，切实使纪检监察干部队伍素质全面提高，纪检监察系统落实科学发展观的能力明显增强，党风建设和反腐倡廉工作扎实推进。

【监督与查处】 1. 严格执行“三重一大”集体决策制度，规范领导班子议事规则和程序。及时整合原有制度，规范办文、办事程序，进一步明确党委会议事规则，以集体领导、民主集中、个别酝酿、会议决定为原则，实行重要工作亲自部署、重大问题亲自过问、重点环节亲自协调、重要案件亲自督办的“四个亲自”。

在党风廉政建设和反腐倡廉工作中，以加强领导，强化责任为根本，提高认识，狠抓落实。今年以来，领导班子成员按照上级公司党委关于党风廉政建设和反腐倡廉工作的部署和要求，严格执行“三重一大”制度，对重要工作和重大事项均召开班子会议专题研究讨论，达成共识。领导班子成员坚持“谁主管谁负责”的原则，进行明确的责任分工。以公司《警示教育系列教材》和石化反腐警示录碟片为教材，组织党员干部学习和观看，开展讨论，使党员干部在学习、观看中受到深刻教育。在抓好各项工作的同时，深入开展企务公开工作，认真执行企务公开制度，重大事项都提交职代会审议和讨论，提高了领导班子决策企业重大事项的透明度，进一步取得了干部职工的信任。

2. 落实领导人员廉洁自律“七项要求”。召开党委书记会议，结合公司实际，进一步贯彻落实国有企业领导人员廉洁自律的“七项要求”。公司及所属各单位，组织高级以上管理人员，按照“七项要求”的具体内容，对2008年以来个人从事营利性经营活动情况进行自查，对兼职取酬情况、个人投资和持股情况、配偶和子女从业情况进行调查。要求按照干部管理权限，由本级党委审核认定，经党委书记审核签字后，报上级纪检监察部门备案；并结合内控制度和风险管理等要求，对

“七项要求”所涉及的经营管理环节，特别是资产整合、引入战略投资者、担保、委托理财、工程建设招投标、物资采购等环节从制度是否完善、程序是否严格、执行是否有效、监督是否有力、违规能否及时纠正和有效防范等方面严格检查，采取切实措施完善制度和程序，堵塞漏洞，提高制度执行力，促进制度执行的公开透明，从机制上保证“七项要求”的落实。

3. 领导班子加强思想政治建设，执行民主集中制，召开民主生活会，开展批评和自我批评。在开展学习实践活动中，领导班子成员认真查找在党性党风党纪方面存在的问题，深刻分析原因，开展批评与自我批评，提高认识，明确努力方向。同时形成了领导班子分析检查报告，实事求是地分析存在问题的主客观原因，明确进一步做好工作的总体思路和主要举措。为了实现“在感情上贴近群众，在作风上深入群众，在工作上依靠群众”，进一步密切党群、干群关系，班子成员在加强党员干部作风建设上，深入基层调研、带头调研市场，广泛征求职工群众和客户的意见和建议，了解职工群众所思、所盼和工作中需解决的实际问题。公司干群关系和谐，团结共事的气氛浓厚。在集团公司督导组的指导下，召开领导班子民主生活会，认真剖析自我，认真开展批评与自我批评。

4. 执行对领导人员实行廉政谈话、诫勉谈话、函询等制度；对领导人员执行“三项制度”、监督个人有关事项报告、述职述廉以及厂（企）务公开等制度。根据党组要求，公司党委印发了《关于认真贯彻落实〈关于党员领导干部报告个人有关事项的规定〉的通知》，公司纪委组织了述职述廉和重大事项申报工作，公司领导班子成员认真回顾了过去一年的情况，按时填写了申报表格。公司处级及以上干部进行了申报，纪委将申报材料及时存入建立的个人廉政档案中。根据公司生产经营管理工作的实际，报请公司党委同意，在机关工程管理和物资采购的管理人员中开展重大事项申报工作的基础上，将进一步扩大申报的范围，要求公司范围内的从事工程管理、物资采购、销售管理等关键岗位人员参加进来，进一步强化这些领域工作人员的自我约束意识。

公司领导班子高度重视业务公开工作，反复认真学习和领会苏树林总经理关于开展业务公开工作的讲话精神后，统一思想，提高认识，明确这是贯彻落实科学发展观的一项重要延续内容，是扎实推进公司反腐倡廉建设，促进各级领导人员牢固树立科学决策、民主决策、依法决策的管理理念，保证权力在阳光下运行的重要措施。带领全体干部职工坚决按照集团公司党组的要求，把公司各项经营业务的开展情况放在“阳光”下，接受检查和监督，并把业务公开作为加强公司业务管理，完善监督机制，实现治本抓源头的有效途径，作为提高各项工作执行力，防范经营风险，推进实现全年工作目标的重要抓手。以总经理宋云昌同志为组长，班子其他成员和各业务部门主要负责人为成员的业务公开工作领导小组，确定了业务公开推进计划，明确了责任部门和主管领导，并责成公司纪检监察部门结合公司的实际落实好此项工作。目前，在集团公司监察局和石化盈科项目组的大力支持和指导下，公司业务公开系统已成功上线。

5. 加强对领导人员尤其是"一把手"的监督制约，促使其正确规范用权的有效措施。为切实抓好职责范围内的党风廉政建设工作，公司党委理论中心组成员等共26人集中认真学习了中央新颁布的《关于实行党政领导干部问责的暂行规定》、《中国共产党巡视工作条例（试行）》和《国有企业领导人员廉洁从业若干规定》3个文件，进一步在思想上提高认识，行动上自觉落实条规的要求，自觉做到廉洁自律。全公司在实行"一把手"负总责，分管领导各负其责的工作机制的基础上，认真履行"一岗双责"，加强对各部门和直属单位党风廉政建设责任制工作的督促、检查、指导，年初，在党风廉政教育大会上，党委书记、经理分别与各部门和直属单位主要领导签订了《党风廉政建设责任书》，细化了目标任务，使整个工作有分管领导、有目标、有标准，人人肩上有担子，个个身上有责任，营造了齐抓共管的工作环境，确保了党风廉政建设工作顺利开展。

【信访稳定工作】 公司全年接受群众信访46件次。其中检举控告类29件次（含重复件9件）。主要集中在违规从事经营活动和国有资产流失上。对接收的信访举报材料，按信访举报和案件管理工作程序，经研究鉴别对其中有一定线索价值的举报信件，按规定进行了基本了解或初步核实。根据初核结果对集团公司转办的信件按时作了专题情况报告或反映；对其他信访举报件，根据信访举报的内容和对举报内容所作的初步了解和初核，要求基层纪委加强相关制度建设，必要的进行提醒谈话。对线索不清晰的予以存档，待适当时机并信调查。在风纪监督员聘任工作中除公司聘任34名风纪监督员外，要求各直属单位纪委根据单位实际情况聘任本单位的风纪监督员，做到监督网络覆盖到车间、科室。定期收集各单位风纪监督员职工群众的意见建议，发挥监督网络的作用。

审计与监督

综　述

2009年公司审计部门认真落实集团公司审计工作会议精神和2009年审计工作要点，在集团公司审计局和公司党政班子领导下，深入学习实践科学发展观，围绕中心、服务大局、突出重点，认真履行监督与服务职能，围绕公司经营管理相关业务开展专项审计及审计调查，进一步加强投资项目的过程监督，充分发挥审计工作在促进公司规范管理、堵塞漏洞、防范风险、提高效益等方面的重要作用。

效益审计

【概述】 根据公司年度工作会议安排，公司组成经营管理规范性检查组，由审计纪检监察部牵头，自2月17日开始至6月12日结束，利用近4个月的时间，分两个阶段组织对所属12家直属单位营销管理、物资采购管理、财务核算与管理、账销案存及废旧物资处置、人力资源管理等方面进行检查。

检查发现相关直属单位在经营管理上存在合同倒签、营销费用管理不严格、违规在中国石化网络外选择供应商、未正确划分资本性支出与费用性支出、违反支票管理规定、劳务费发放与列支不规范等问题。本次检查就销售、采购、财务等5个方面共提出38个问题和9条管理建议，通过书面报告的形式向公司领导汇报，并在上半年经济活动分析会上，对检查发现的主要问题进行了通报，要求各单位对通报的问题逐条分析，全面整改。期间，公司领导多次召开专门会议，研究和部署检查整改，听取审计部门督促落实整改情况的汇报。

经济责任审计

【概述】 2009年审计部门根据领导人员离任审计规定，完成对上海研发、北京研发、天津分公司3家所属单位主要负责人的离任审计。通过对3家直属单位领导人员任期内各项经济责任指标完成情况、内控制度建设情况、民主决策和廉洁自律情况以及历史遗留问题处理情况的审计，客观公正地评价领导人员任职期间的经营业绩。审计发现存在科研经费互相挤占、未正确划分资本性支出与费用性支出、资产权属与使用管理分离、费用列支不规范等问题，针对存在的问题提出管理建议 14 项。

固定资产投资审计

【概述】 2009 年 5 月、7 月公司审计部门配合中兴正信会计师事务所组织完成对天津日石扩建改造项目和上海 35 万吨改造项目竣工决算审计。竣工决算审计报告提出了部分单项工程和有关费用超概算未及时向原审批部门申报批准、竣工决算报表少计工程成本和项目档案没有进行统一归档等方面的问题。针对提出的问题，公司主管领导专门主持会议部署整改，并对今后投资管理提出了改进措施。

2009 年共完成销售办公楼室内维修、荆门 200 升包装油生产厂房建设等工程项目结算审计 10 项，审计金额为 9541.17 万元，审减金额为 995.89 万元。

【外委工程审计】 为了合理控制外委工程结算审计费用，督促施工单位如实编制工程结算，审计部向公司提出关于在对外签订施工合同中增加有关结算审计费用条款的管理建议。

财务合规专项审计及审计调查

【概述】 2009 年根据公司领导要求，在不同时期对不同项目进行了专项审计取得良好效果。

【高柴促销兑现审计】 2009 年 4 月，对公司 2008 年高档柴油机油促销兑现情况进行专项审计，发现并纠正了部分直属单位在协议签订对象及协议条款、兑现油品发运、协议兑现计算等 5 个方面存在与公司商务政策不一致的问题，同时还总结和推广了各单位在促销兑现中好的做法。

【自销产品审计】 5 月，根据总部审计局统一安排，开展炼化企业自销产品专项审计，通过对公司汽车养护品销售管理情况的审计，提出了销售合同倒签、产品积压、库存限额控制不严等 5 个方面的问题和相应的管理建议。

【长城尊龙产品春季促销审计】 6 月，针对 2009 年春季长城尊龙产品促销情况组织了专项审计，检查提出了促销品配发未能及时到位、部分单位促销品发放未严格执行公司促销活动方案等 3 个方面的问题，针对这些问题，提出 5 条管理建议。

【油脂价格调整执行情况审计】 7 月，审计部门组织对所属 7 个单位 2009 年上半年润滑油、脂价格调整执行情况进行专项审计调查。通过 ERP 对有关单位价格调整当期销售订单、跨期调价时点发货订单的价格执行情况等进行检查，向公司提出了在进行产品价格调整时，各单位应及时对系统中未清订单进行关闭，市场营销部门要对订单关闭情况进行检查以及要对各单位调价时点后建立的订单价格执行情况进行跟踪检查的管理建议。

上述营销专项审计的开展，有效地督促各直属单位认真执行公司的营销政策，提高营销政策的执行力，及时发现存在问题，与专业部门沟通，共同提出解决办法，确保营销工作管理规范，总体目标得以实现。

【其他工作】 根据审计局统一要求，公司审计部门组织机关各部门和各直属单位，完成“小金库”自查自纠工作；根据公司领导安排，完成“干胶、稀胶”采购专项审计；根据内控制度中安全环保业务流程的要求，重点对安保基金隐患治理项目资金使用情况进行审计调查。

内控独立检查

【概述】 根据公司内控办公室统一安排，于8月中旬至9月中旬组织有关人员对北京研发中心、北京销售中心、北京分公司和本部机关2008年8月1日至2009年7月31日期间的部分内控流程执行情况进行检查，检查中发现部分单位及部门在控制点执行方面存在问题，并予以纠正。

工会共青团工作

【概述】 2009年，工会、共青团组织认真贯彻公司党委和上级工会、共青团组织指示精神，紧密结合公司生产经营工作中心，贴近职工实际，开展卓有成效的活动，取得了预期效果。

【工会工作】 1. 职工代表大会制度建设。指导各直属单位及时召开职代会听取和讨论生产经营重大事项，积极推进厂务公开，努力维护职工参与民主管理、民主监督的权利。

2. 文体活动。2009年春节前夕，举办了海淀地区迎新春长跑比赛，近200名职工参加。举办了海淀地区第九届足球比赛，108人参加。举办了海淀地区第十二届男子篮球比赛，100余人参加。10月12日至16日，举办了润滑油公司第三届职工乒乓球赛，来自公司机关和各直属单位的14支代表队，74名选手参加了比赛。重庆分公司、上海分公司、公司机关和上海研发中心（并列）分别获得女子团体前三名；上海分公司、北京分公司、燕化分公司和天津分公司（并列）分别获得男子团体前三名。夏惠卿、刘锡容、陈荆和李玲（并列）分别获得女子单打前三名，王炳根、刘广春、李富华和刘洁云（并列）分别获得男子单打前三名。举办了“聚力促发展、和谐迎新春”为主题的迎新春团拜演出，以视频形式，实时向分布在八个省市的直属单位的干部职工播放。为庆祝中国共产党成立88周年和中华人民共和国成立60周年，举办了以“长城明天更美好”为主题的公司第三届职工文艺汇演，公司机关和16个直属单位共选送了37个节目，有250余人参加了演出，展现了润滑油公司职工团结拼搏、积极奉献的精神风貌；抒发了职工对伟大祖国的热爱，对中国石化润滑油事业的忠诚和对润滑油公司美好未来的憧憬之情。组队参加了中国石化集团公司直属工会举办的乒乓球等比赛，并取得了较好成绩。

3. 帮扶救助工作。做好“帮扶救助互助金”募集和日常管理，本着“真困难、真帮助”的原则，努力做好对困难职工群体的帮扶救助工作。各级领导干部与困难职工结成帮扶对子208对，实施一对一帮扶，走访慰问困难家庭和患病职工398户，发放困补、帮扶慰问金512956元。组织职工参加助力公益,以捐款捐物等多种方式帮助受灾人民群众渡过难关。

【共青团工作】 探索和推进在劳务工中开展团建工作和发展团员的机制,扩大团建工作覆盖面。以五四青年节和建团85周年为契机,开展系列活动,加强爱党、爱企的教育,增强青年对企业的忠诚度。举办了以“质量安全”为主题摄影比赛,增强了青年职工质量意识。举办了“青年英语风采大赛”,发现了一批具有较好英语水平和业务能力的青年人才。举办团干部培训班,系统学习团建知识,提高了团干部素质。

附　录

重要文献

集团公司领导批示与指示

4月22日，苏树林对于“润滑油分公司协调系统内单位积极开展为汽车行业提供一揽子服务”的信息批示：

润滑油公司市场意识强、进取意识强，大局观念强，在开拓润滑油市场、推进“一揽子”服务上做了大量工作，成效显著，应予充分肯定。

21月21日，苏树林对于“党组领导走访大客户后的情况反馈”批示：此件很好，请印送领导同志。走访用户的机制要坚持。

苏树林在《脚踏实地 奋发进取 为实现公司发展战略目标而努力奋斗》工作报告的2010年目标任务和重点工作中提出：完善体制机制，加强技术研发与服务，进一步提高润滑油业务的竞争力和品牌价值。要全方位加快国际化发展步伐，推动国际化业务跨越式发展，努力扩大润滑油的国际贸易规模。

章建华在《关于中国石化发展润滑油添加剂的建议》汇报材料上批示：拟请炼油事业部组织一个专题研讨会，召集润滑油添加剂方面的各级专家，集中来议一次，提出具体的建议。

曹湘洪在《关于与日本丰田公司合作情况的报告》汇报材料上批示：厚良、建华并天普同志：我们和丰田汽车公司的合作双方配合协调工作做的认真，已取得了阶段成果，SM/GF-4、50W-30润滑油及3个牌号PP、6种4个牌号ABC已得到丰田汽车技术认可，望你们批转润滑油公司及化工销售公司认真组织好上述产品供货的商务谈判，尽早实现技术合作到商务合作的转变。与丰田汽车公司的合作很有意义，建议厚良或建华中一位同志牵头负责此项工作。

章建华批示：赞同湘洪同志意见。

戴厚良批示：赞同湘洪同志意见。

王天普批示：请厚良同志牵头组织下一步工作。

戴厚良批示：请化工销售、化工事业部润滑油阅并落实下一步工作。

刘根元在《关于东风汽车集团OEM工作进展的汇报》的汇报材料上批示：根据建华同志的统一部署和要求，润滑油分公司在赴东风汽车集团调研前做了充分的准备，特别是在拜访后能认真地落实双方达成的意向，并经过努力取得了阶段性的成果，且对今后的工作提出了志向，拟同意，妥否？请建华同志阅示。

中国石化股份公司高级副总裁章建华批示:赞同根元同志意见,请润滑油公司继续认真抓好已确定的合作项目。

蔡希有在《关于国轮COA价格机制调整谈判工作的汇报》材料上批示:同意。合同中要加上总量的约束,原则上各航运公司要有60% ~70%的运力用于石化进口原油的运输。另外,合同中应加上帮助推广长城润滑油的条款。

获得中央部委、集团公司等荣誉称号

公司获国务院国有资产监督委员会颁发的“国庆60周年阅兵保障服务先进集体”荣誉称号

公司被首都精神文明建设委员会评为“2009年度首都精神文明单位”称号

公司在2009年度全国“安康杯”竞赛活动中荣获“优胜企业”称号

公司在2009年一汽大众备件供应商评比中获得“最佳合作奖”

公司获东风日产乘用汽车公司“优秀供应商”奖牌

公司获斗山工程机械(山东)有限公司“优秀协作”奖

公司获北京市三一重机有限公司“2010年度合格供应商”称号

公司获神龙汽车“特别贡献商奖”称号

公司获上海通用汽车有限公司第12届供应商大会“绿色制造”奖

公司获中国船舶重工业集团公司707研究所证书:707研究所与润滑油公司在“含氟特种陀螺油”双方建立长期合作关系并签订合作协议

公司获得北汽福田汽车股份有限公司“优秀供应商”奖

王军获国务院国有资产监督委员会颁发的“国庆60周年阅兵保障服务先进个人”荣誉称号

王亚萍获国务院国有资产监督委员会颁发的“国庆60周年阅兵保障服务先进个人”荣誉称号

《关于调整安全生产委员会成员的通知》

（二〇〇九年一月六日 石化股份润安〔2009〕2号文件）

为加强对安全生产及环境保护工作的组织领导，经研究对公司安全环保委员会组成人员进行调整。调整后的组成人员如下：

主　任：宋云昌　润滑油分公司经理、党委副书记

副主任：郑立新　润滑油分公司党委书记、副经理

李亮耀　润滑油分公司党委委员、副经理

赵　江　润滑油分公司党委委员、副经理

蒋蕴德　润滑油分公司党委委员、副经理

苟连杰　润滑油分公司党委副书记、纪委书记、工会主席

刘力智　润滑油分公司党委委员、总会计师

委　员：叶元凯　润滑油分公司经理助理

赵安定　润滑油分公司经理助理，资产公司长润办事处主任

于小桥　润滑油分公司经理助理

刘新建　润滑油分公司纪委副书记、审计纪检监察部主任

何一先　润滑油分公司工会副主席、党群工作部主任

张　华　润滑油分公司副总工程师

刘学勤　经理办公室主任

裴文军　综合计划部主任

张春辉　科技开发部主任

张桂霞　财务资产部主任

徐　建　市场营销部主任

贺建华　物资供应部主任

张云燕　人力资源部主任

陈永红　审计纪检监察部副主任

张　武　党群工作部副主任

付晓先　安全生产部主任

刘继勇　安全生产部副主任

侯仲白　科技开发部高级主管

石　磊　润滑油分公司团委副书记

张贺征　综合管理部副主任

李树芳　科技开发部高级主管

公司安全环保（HSE）委员会办公室设在安全生产部。

《润滑油公司计划管理办法》

（二〇〇九年一月十四日　石化股份润计〔2009〕14号文件）

第一章　总　则

第一条　根据中国石油化工股份有限公司“内部紧密化，外部市场化”的经营战略和在润滑油生产经营上实行“统一计划安排、统一资源配置”的原则，为提高企业生产经营决策水平，增强企业的市场竞争力，实现公司可持续发展及整体效益的最佳化，结合润滑油公司（以下简称公司）的实际情况，特制定本管理办法。

第二条　计划管理的原则是在兼顾企业中期效益及长期发展目标的前提下，优化资源配置，实现效益的最佳化；计划制定遵循系统、整体、平衡、弹性、优化的原则；计划管理方式实行短期和长期计划相结合，年、月分段管理；实行各单位编制计划预案，公司计划部门整体平衡确定计划的分级管理、统一计划的管理体制。

第三条　本办法适用于公司及公司所属各单位。

第二章　计划管理机构和人员

第四条　公司综合计划部承担计划管理职责，主要负责公司内外部信息的沟通与协调，公司年度、月度综合计划的编制、协调、调整及考核工作。

第五条　公司所属各单位根据本单位实际情况设立计划管理机构或岗位，负责本单位的计划管理工作。

第六条　各单位选配的计划管理人员应熟悉本单位的生产工艺及技术，具备一定的组织协调能力和文字表达能力，并熟练掌握企业经营分析及计算机操作技能。

第三章　生产经营计划编制工作程序及要求

第七条　计划制订的主要依据是市场预测分析及企业资源状况，企业现有装置的生产能力和实际水平、计划期内基建和技措新增的生产能力、装置开停工情况等。正常情况下，月度计划按时间进度安排，以月度计划保年度计划的完成；当市场和生产发生较大变化时，月度计划将随市场需求和企业实际情况进行灵活调整。

第八条　各单位销售部门提出下一计划期的产品销售计划报同级综合计划部门，综合计划部门结合装置的生产能力、当期的库存情况及其他与生产有关的信息编制下一一计划期生产计划、产品调拨计划及主要原材料需求计划，经主管领导审核后报公司综合计划部。

第九条　公司综合计划部负责对公司所属各单位所报计划进行汇总和平衡，并进行内部基础油资源的配置，编制出公司的计划草案提交有关部门和公司领导进行评审。每月22日左右由公司综合计划部组织召开下一月度计划平衡会议，公司相关部门和公司主管领导参加。

第十条　评审通过后，由综合计划部负责按中石化炼油事业部的有关要求上报基础油需求计划，炼油事业部据此与基础油生产企业协调基础油的供求情况。

第十一条　综合计划部根据炼油事业部下达的基础油配置计划对计划初稿进行相应调整，报主管经理审批后发布实施。

第十二条　时间要求

1. 年度计划：公司所属各单位按照综合计划部通知编制下一年度计划，并按时间要求报到综合计划部；综合计划部汇总平衡后报到中国石油化工股份公司炼油事业部及其他相关部门。

2. 月度计划：各单位于每月20日前将月度计划报到综合计划部，综合计划部汇总平衡后每月25日前报中国石油化工股份公司炼油事业部。

3. 综合计划部分别于年底前、月底前将最终审批后的下一计划期（年度、月度）计划发布实施。

第十三条　生产经营计划编制工作标准

1. 计划部门要与上级有关业务部门保持密切联系，认真贯彻落实上级部门的有关精神。

2. 要严格在各期计划要求时间内上报各种计划预案，不能按时上报的，要及时说明原因；各单位上报的各期计划预案要按公司要求格式填报，内容要具体、翔实。

3. 计划部门制定计划预案必须体现“以效益为中心，以市场为导向”的原则，既要切合实际，又要具有一定的先进性，报表数据要准确无误。

4. 制定计划指标坚持实事求是的原则，既不留余地，也不要无根据地抬高，以保证计划的严肃性和可行性。

第四章　综合计划的编制

第十四条　综合计划内容

1. 年度计划包括：销售计划、生产计划、基础油需求计划、产品调拨计划、物料需求计划、物料及能源损耗定额指标、质量目标、安全环保工作计划、检维修计划、科研计划、培训计划、广告传媒计划。

2. 月度计划包括：销售计划、生产计划、基础油需求计划、产品调拨计划、物料需求计划、修理工作计划、固定资产投资月度实施计划、零星购置计划、设备更新计划、安全环保计划、检维修计划、培训计划等。

第十五条　综合计划的编制程序

1. 培训计划的编制程序见人力资源部有关规定，计划确定后，一并编入同期综合计划。

2. 销售计划编制程序见市场营销部有关规定，计划确定后，一并编入同期综合计划。

3. 能源消耗定额指标、修理工作计划、安全环保计划、检维修计划编制程序见安全环保部有关规定，计划确定后，一并编入同期综合计划。

4. 质量目标、科研计划编制程序见科技开发部有关规定，计划确定后，一并编入同期综合计划。

5. 广告传媒计划编制程序见经理办公室有关规定，计划确定后，一并编入年度综合计划。

6. 生产计划、基础油需求计划、产品调拨计划、物料需求计划、固定资产投资月度实施计划、零星购置计划、设备更新计划、物料消耗定额具体编制程序见有关管理办法，由综合计划部负责。

第五章　计划实施跟踪及调整

第十六条　为提高计划的严肃性，计划一经下达，各单位必须严格执行努力完成。如确因市场及环境条件发生变化需对计划作较大调整，综合计划将做适当局部调整并下发执行。

第十七条　列入年度计划的内容，责任部门应按项目要求进行分解，并列入月度计划，以确保年度目标的实现。

第十八条　各责任部门对分管的业务计划要进行监控，随时了解计划实施过程中的进度情况，对无合理原因不完成计划的部门及单位进行考核，并在月度考核与年度考核中体现。

第六章　临时性计划的审批与实施

第十九条　临时性计划由项目单位根据本单位生产经营需要，如确需追加的，以书面形式提出申请，报公司主管部门审批。

第二十条　临时计划得到批复后，项目单位方可组织实施。

第七章　附　则

第二十一条　本办法自发布之日起实行，由综合计划部负责解释。

第二十二条　原《润滑油公司计划管理办法(试行)》(石化股份润生〔2002〕36号)废止。

《关于开展“我要安全”主题活动的决定》

（二〇〇九年二月九日 石化股份润安〔2009〕29号文件）

根据集团公司《关于开展“我要安全”主题活动的通知》（中国石化安〔2009〕25号），公司决定从2009年1月8日至2009年12月30日在公司开展“我要安全”主题活动。

开展“我要安全”主题活动，是开展深入学习实践科学发展观活动的重要内容。安全发展是科学发展的内在要求，没有安全发展就不会科学发展，科学发展观体现在安全管理上是以人为本，各级领导干部要认真抓好落实，进一步提升安全管理水平，为实现安全发展、科学发展奠定更加坚实的基础。

开展“我要安全”主题活动，是促进公司安全生产形势进一步好转的迫切需要。目前公司受金融危机影响，生产不均衡，易造成员工思想松懈，队伍不稳定；部分单位正在实施改扩建项目，边施工边生产矛盾突出；直接作业中“三违”行为时有发生等现象，因此我们必须从强化安全意识和安全责任抓起，克服侥幸心理，严格规范操作，树立良好的安全习惯，自觉消除“三违”行为。

开展“我要安全”主题活动，是落实以人为本和人文关怀的重要举措。活生生的事故案例和血的教训告诉我们，事故不仅给本人造成了伤害，也给家庭带来了伤害，同时也给公司和社会增加了负担。人的生命是最宝贵的，“我要安全”，不只是一句口号，更是广大干部职工及其家属心底的呼声和期盼，也是对职工身心健康的最大关爱，是对家庭负责，更是对国家负责的表现。

开展“我要安全”主题活动，是推进公司安全管理长效机制建设的需要。我们要以本次活动开展为契机，进一步强化安全管理工作，提高全体职工的安全意识和自我防护能力，把“要我安全”的被动管理变为“我要安全”的自觉行为。

各部门、各单位要以高度的政治责任感，把开展“我要安全”主题活动作为落实科学发展观的一项重要内容来抓。要结合本单位实际，制定活动方案，周密组织，抓紧抓好，抓出成效。各级领导干部要率先垂范、直接参与，为职工做好示范。通过开展“我要安全”主题活动，牢固树立安全发展、清洁发展理念，强化责任、严格监管，促进安全工作再上新台阶。

附件：

“我要安全”主题活动实施方案

一、指导思想

以党的十七大精神为指导，落实科学发展观，坚持“安全第一，预防为主、全员动手、综合治理”的安全工作方针，继续深化HSE体系运行，强化责任，完善监督，夯实基础，为员工创造清洁安全的作业环境，为公司生产经营提供安全保障。

二、组织领导

公司成立“我要安全”主题活动领导小组，对开展主题活动进行组织领导。领导小组下设办公室，负责主题活动的具体工作，办公室设在公司安全生产部。

（一）领导小组成员

组　长：宋云昌　郑立新

副组长：李亮耀　赵　江　蒋蕴德　苟连杰　刘力智

成　员：叶元凯　赵安定　于小桥　刘新建　何一先　张　华　刘学勤　裴文军　张春辉　张桂霞　徐　建　贺建华　张云燕　陈永红　张　武　李友海　付晓先　刘继勇　侯仲白　石　磊　张贺征　李树芳

（二）领导小组办公室成员

主　任：付晓先

成　员：董培骄　李友海　刘继勇　侯仲白　张贺征　刘　芳　郭忠颖　张俊湖　刘悦民　金莉萍　陈　晖

三、总体安排

“我要安全”主题活动从2009年1月8日至2009年12月30日，总体安排分四个阶段进行。

主题活动范围包括公司全体员工以及为公司服务的承包商、分包商和承运商等。

（一）宣传动员阶段（1月8日至3月5日）。

各单位要广泛宣传、层层传达活动的主要精神，使全体员工明确活动的目的、意义、主要内容、方法步骤和具体要求。此阶段重点开展以下活动：

1. 开展“我要安全”大讨论活动。组织全员围绕“为什么我要安全”、“我的安全责任是什么”、“我如何保证安全”等问题展开讨论，转变观念，树立“我要安全”、“责任在我”的理念，提升全员安全认知水平。

2. 开展“我要安全”文化宣传活动。在《长城润滑油报》和公司内网上开辟“我要安全”主题活动专栏，及时宣传报道“我要安全”主题活动中涌现出来的先进典型。同时利用悬挂横幅标语、橱窗和黑板报等宣传工具，以文章、漫画、格言、警句、图片等形式大力宣传“以人为本”、“安全第一”、“安全发展”等安全文化核心理念，营造“共担安全责任、共保安全发展、共享安全成果”的氛围。

3. 开展全员重温安全承诺活动。组织员工重温安全承诺，对照承诺找差距，针对差距抓整改，增强责任意识和落实责任的自觉性。

（二）活动开展阶段（3月6日至8月20日）。

各单位结合2009年安全环保工作安排，重点开展以下活动：

1. 开展安全生产禁令深化活动。各单位要按照集团公司安全生产禁令的统一要求，根据公司《搬运装卸作业安全禁令（试行）》实施情况，细化《搬运装卸作业安全禁令》，并深入贯彻执行。

2. 开展标准化操作活动。相关部门及各单位分专业、工种完善标准化操作规程，强化作业程序和操作规程的执行，确保“上标准岗、干标准活、交标准班”，纠正习惯性违章，培养全体员工良好的安全行为习惯。

3. 开展争当“安全卫士”活动。发动全体员工进行危害识别，参与安全监督，查隐患，反“三违”，争当“安全卫士”，确保“三不伤害”。

4. 开展“我要安全”征文活动。以安全生产为切入点，围绕安全工作，畅谈感受，发表评论，宣传安全事迹。

（三）检查整改阶段（8月21日至10月20日）。

各单位对主题活动开展情况进行自查，重点检查全体员工安全意识增强情况，安全制度完善情况，安全责任落实情况，安全应知应会掌握情况，“三违”行为遏制情况。公司将主题活动开展情况列为年度安全环保检查和HSE体系内审的重要内容。

（四）总结评比阶段（10月21日至12月30日）。

各单位要在活动结束后，认真总结经验，于12月5日将主题活动总结报公司“我要安全”主题活动办公室。公司对主题活动开展情况进行总结、表彰，提炼先进经验和典型做法，形成安全生产长效机制。

四、具体要求

（一）加强领导，精心组织。各级领导干部和管理部门要从深入贯彻落实科学发展观和促进安全发展的高度，组织开展好“我要安全”主题活动。各直属单位要成立由党政主要领导为组长的主题活动领导小组，结合实际情况制定实施方案。行政领导是安全第一责任人，领导干部要确定联系点，加强组织领导，确保主题活动有声有色、扎实有效。公司将派出督导组，对各单位开展活动情况进行督察指导，总结推广经验。各直属单位要将主题活动实施方案于2月25日前报公司“我要安全”主题活动办公室。

（二）结合实际，体现特色。各单位要围绕活动主题，结合自身实际，广泛发动，开展各具特色的安全文化活动，真正做到贴近实际、贴近基层、贴近员工，增强主题活动针对性。机关相关部门和各直属单位要将承包商、分包商和承运商纳入活动范畴，确保全员覆盖，不留死角。各承包商、分包商和承运商的主管部门或单位是主题活动责任主体。

（三）注重实效，持续改进。各单位要紧紧抓住四个阶段的关键环节，精心组织落实，各阶段要紧密结合起来，并把学习贯穿到每一个阶段。要保证主题活动覆盖到基层各个班组，使每名员工都参加活动、受到教育。要将开展主题活动与公司生产经营工作和当前安全生产重点有机结合起来，抓住薄弱环节，解决突出问题，标本兼治，务实创新，保障安全生产，促进公司各项事业的发展。

各单位要认真做好阶段性活动计划和小结，于下阶段活动开始 5 日内将本阶段计划、上阶段小结报公司“我要安全”主题活动办公室。

《润滑油公司2009年ERP工作要点》

（二〇〇九年二月二十六日 石化股份润科〔2009〕41号文件）

为全面贯彻ERP深化应用交流大会精神，根据总部下发的《企业ERP支持中心近期工作要点》、《关于印发〈中国石油化工股份有限公司ERP支持体系工作管理规定（试行）〉的通知》的要求，继续以深化应用为主题，进一步明确公司ERP支持中心主要工作任务，现就公司ERP支持中心2009年度运维和应用管理重点工作说明如下。

一、细化工作职能、促进精细管理

公司ERP系统经过二期建设，6家新上线企业纳入到ERP系统中。随着ERP系统涵盖业务范围的扩大，ERP支持中心的支持团队相应进行调整。

2009年将根据ERP新的业务范围调整支持中心范围，同人力资源部共同发文，重新调整ERP支持中心的业务范围。细化支持中心的架构及职责，确定ERP支持中心是企业ERP运维支持和应用检查、考核、协调的归口管理部门，各模块支持人员AB角色的人员配置，并将ERP系统支持和管理的工作内容纳入支持中心各相关岗位的工作职责中，分工明确、责任到人。

在此基础上，由ERP支持中心结合公司实际，将总部ERP运行规范、达标要求等转化为本单位的考核细则，并采取有效的形式加大对日常应用的监控检查，提高考核奖惩兑现的及时性，促进问题及时整改。

二、加大考核力度、提高应用水平

以规范应用和应用达标为契机，强化ERP应用管理水平，同各业务部门共同完善ERP应用管理办法、运行和应用规范、考核办法、内控管理制度等，并对ERP应用达标、内控、审计等检查细则中要求内容的执行情况进行监控、检查。

工作目标：依据总部对深化ERP应用、应用达标工作的统一部署，做好规范应用和应用达标的组织落实工作。针对系统运行中以及对达标检查中暴露的各类问题，组织各业务部门进行调整及整改，确保模块之间的集成应用顺畅进行，提高整体应用效果。并通过例会、通报等多种方式每月向公司ERP应用领导小组汇报应用情况，提出需要协调解决的问题，在确保规范应用的基础上，全面推进规范应用和应用达标工作。

工作计划：

1. 根据《中国石化ERP运行和应用规范》、ERP达标要求和达标标准，由各模块牵头部门确定本模块应用考核工作小组成员，并将名单统一汇总到科技开发部。组织各模块于2月前制订公司ERP系统应用规范监控检查计划，确定监控检查的主要内容、方式，落实监控检查责任人和相关要求。

2. 将每月ERP系统应用考核工作纳入公司月度考核中，每月在考核工作小组中选取考核人员，并在《ERP月度通报》中将本月检查人员名单以及被检查的直属企业对应关系下发，由考核工作小组按照《ERP系统达标检查工作底稿》分模块进行在线检查，检查结果于次月5日前交科技开发部，科技开发部将检查结果在《ERP月度通报》中进行公布。详细检查办法将以发文形式发各企业，从一季度开始对业务进行应用达标考核。

3. 通过月度报告向总部ERP支持中心报告每月的监控检查情况。7月及11月组织考核工作小组分两队，对各企业ERP应用情况进行现场考核，重点落实领导层ERP使用情况以及问题整改情况。

4. 跟踪问题整改情况，督促业务部门及时整改监控检查中发现的问题，并及时帮助业务部门解决相关技术问题。

三、加强队伍建设，促进经验交流

1. 继续做好ERP培训，提高相关人员的应用能力。在做好各类人员培训的同时，严格培训考核，对培训不合格人员，严禁在ERP系统操作业务和相关查询。

（1）**领导层培训目的：**通过对领导层的培训，达到ERP应用管理规范中要求“中层以上领导干部会使用ERP系统查询相关业务报表，部门业务主管领导会审批业务和通过ERP各项查询、监控本部门主要业务的操作”的目的，使各级领导能够通过ERP获得主要的管理信息。

培训内容：主要培训达标细则中ERP应用管理部分、内控有关ERP控制点要求、AIS审计系统检查点。组织关键用户进行一对一上机操作的培训，对分管的业务数据报表可以熟练地查询。

培训时间：6月份之前完成

培训人员：各单位主管领导

培训模式：各分公司分别组织

培训讲师：各单位关键用户

培训考核：由机关支持中心草拟知识转移单，企业将培训内容以知识转移单记录每位领导培训的内容、培训时间、培训讲师等信息，在每半年的现场考核检查时，上机检查培训内容以及培训效果。

（2）**关键用户层培训目的：**通过关键用户培训，进一步规范各模块ERP操作流程，解决运行中常见问题，实现关键用户AB角色的人员技术储备。结合ERP应用达标检查、内控检查、审计检查等检查工作内容,修订出一套适合于公司内部统一的检查方法,统一思想,避免重复劳动。

培训内容:确定各单位分模块关键用户A、B角,进行全职脱产培训,主要培训达标细则中ERP应用管理部分、达标细则检查方法、内控有关ERP控制点要求、AIS审计系统检查点;系统后台配置,跨模块培训,提升关键用户ERP应用管理及解决问题的能力。

培训时间:5月、9月 分别就MRO、PP模块进行培训。

培训人员:A角关键用户、B角关键用户

培训模式:全职脱产集中

培训讲师:ERP模块顾问

培训考核:分笔试、上机两部分考核,考核成绩将作为新关键用户上岗依据。

(3)**最终用户层培训目的**:通过最终用户培训,普及ERP应用达标要点,规范操作流程,减少日常业务运行中的出错率,使最终用户在遇到问题时,能够初步判断出错原因。普及各项考核工作关注的重点细节,将规范流程渗入日常业务操作层面。

培训内容:请炼油事业部达标工作组对2008年整体达标情况和达标细则进行培训,主要培训达标细则的相关内容。

培训时间:一季度

培训人员:各单位最终用户

培训模式:视频会议

培训讲师:炼油事业部达标工作组

2. 开展直属单位之间以及和中石化兄弟企业的交流活动。

4月开展与中石化兄弟企业之间的ERP应用经验交流活动。主要针对ERP系统深化应用效果交流、业务流程优化思路、常见技术问题探讨等方面进行交流学习。

进行公司内部划区域交流。将以北京、上海、重庆三大区域分区组织临近企业进行EPR业务经验交流工作。以各直属企业业务骨干为主,参与讨论,对各模块在企业间、模块间的业务衔接问题进行讨论,交流管理经验。此为长期工作,预计今年完成北京地区的公司间业务交流工作。

四、完善运维体系、确保稳定运行

根据新ERP支持中心的架构和职责,做好ERP系统运维支持工作。

(一)机关支持中心支持人员主要日常运维工作内容如下:

1. 机关支持人员负责公司ERP系统日常运行的应用支持和技术支持工作,受理分公司支持中心上报的系统、流程等问题的解决以及上报工作,及时指导、帮助和解决应用过程中出现的问题。保证系统安全、稳定运行。负责本模块的ERP运行月报的上报工作。以发文形式通报月报上报流程以及问题提报流程。

2. 负责ERP应用达标检查、内控检查、审计检查中ERP系统管理相关部分的迎检组织工作。负责检查中要求内容的自查工作,并跟踪整改工作的进行情况,

并提供技术支持。

3. 负责相关主数据的管理及维护工作,负责导入模板的建立、审批工作及数据导入工作。

4. 负责对分公司ERP支持中心进行业务指导和工作考核,承担ERP应用人员和技术支持人员的培训工作。

5. 配合、协助总部ERP项目管理组参与ERP各模块的日常管理和维护,以及应用的优化和简单提升等工作。

6. 参与ERP建设项目的质量控制,协助总部项目管理组对ERP系统上线和单轨运行进行检查和考核。

7. 负责中国石化ERP运维支持工作平台、ERP主数据管理平台和ERP信息平台门户的企业维护信息的提报工作,保证稳定运行。

8. 负责ERP系统的授权管理。对各模块最终用户、新关键用户等权限进行设置,根据人员变化情况及时调整系统权限。结合内控做好ERP系统最终用户半年权限检查,根据总部要求控制过大的权限。组织业务部门做好企业内部权限控制。

工作计划:结合内控做好半年权限检查,经各机关部门、直属单位确认,签字存档。

目的:核实各单位用户、角色情况是否符合当前业务需要;根据总部要求控制过大的权限。

时间:第一次检查,2月份;第二次检查,7、8月份。

组织业务部门做好企业内部权限控制。

目的:核实各单位最终用户是否有过大的权限。

方式:组织机关各模块负责权限规范的关键用户对各单位通用角色进行确认,标识出不适用(特别是权限过大)的事务代码,在各单位确认的前提下,统一将权限进行调整。

时间:与第二次半年权限检查同步进行。

借助门户OA系统实现ERP用户权限的上报、审批、处理、反馈等状态的跟踪,实现对流程进展的实时查看。

(二)分公司支持中心支持人员主要日常运维工作内容如下:

1. 分公司支持人员负责公司ERP系统日常运行的应用支持和技术支持工作,并及时将无法解决的问题上报机关支持中心对应模块支持人员,并做好问题描述及测试等配合工作。保证系统安全、稳定运行。

2. 负责ERP应用达标检查、内控检查、审计检查中ERP系统管理相关要求的落实工作。负责本单位检查工作的组织及考核工作,并组织相关部门及时整改。

3. 负责相关主数据的管理及维护工作,负责导入数据的审批工作及数据导入工作。

4. 负责对分公司业务人员进行业务指导和工作考核,承担最终用户的培训工作。

5. 配合、协助机关ERP项目支持中心参与ERP各模块的日常管理和维护,以及应用的优化和简单提升等工作。

6. 参与ERP建设项目的质量控制,协助机关支持中心对ERP系统上线和单轨运行进行检查和考核。

7. 在权限管理方面,负责对本单位最终用户、新关键用户等的权限设置的配置及审批工作,并将相关申请递交机关相关审批部门。

《润滑油公司财务稽核管理办法》

（二〇〇九年三月十二日 石化股份润财〔2009〕52 号文件）

第一章　总　则

第一条　为了进一步规范和加强中国石油化工股份有限公司润滑油分公司（以下简称“公司”）财务稽核工作，及时发现和纠正财务管理和会计核算工作中存在的问题，确保国家财经法规以及公司各项财务会计管理规章制度的贯彻落实，促进公司财务管理水平的提升，根据《会计法》等国家有关法律法规和公司内部控制制度等有关规定，并结合公司实际情况，制定本管理办法。

第二条　财务稽核是财务部门对财务管理和会计核算工作进行的自我检查或审核工作，是规范财务管理和保证会计信息真实、完整、可靠的重要手段。财务稽核与内部审计、纪检监察都是监督体系和内控体系的重要组成部分，既有分工，又相互协调。

第三条　实施财务稽核工作必须遵循以下原则：

（一）服务原则。财务稽核工作应为企业自身财务会计管理服务，针对发现的问题，提出整改意见和建议；

（二）客观公正原则。财务稽核人员在实施稽核时，应当实事求是，客观公正，防止主观臆断；

（三）保密原则。财务稽核人员必须对稽核工作中获得的情况和资料保守秘密，不得外泄传播。

第四条　本办法适用于公司机关、各直属单位及控股单位。非控股的合资单位参照执行。

第二章　机构岗位设置及职责

第五条　公司财务资产部负责公司财务稽核工作的管理，组织开展对公司机关和各直属单位的财务稽核工作。财务资产部设专职凭证复核人员及其他兼职稽核人员，负责稽核机关和直属单位会计核算与财务管理工作。

各单位根据实际情况和人员配备情况自行设置专职凭证复核人员及其他兼职稽核人员，对本单位的会计核算与财务管理工作进行稽核。

第六条　财务稽核人员应符合如下条件：

（一）思想作风正派，职业道德素质

好,能自觉维护国家和公司的利益,顾全大局,恪尽职守,处事公正,廉洁自律;

(二)熟悉国家有关财经法规及公司财务管理和会计核算制度,熟悉本单位的财务管理情况,了解本单位的生产经营情况,掌握财务稽核的方法和技能,具有较强的组织协调能力和分析、处理问题的能力,以及较好的语言、文字表达能力;

(三)具有大专以上学历,取得会计从业资格证书,具有三年以上财务会计工作经历。

第七条 财务稽核人员的工作职责:

(一)依据公司内部控制制度对财务会计内部控制执行情况进行稽核;

(二)依据《企业会计准则》、《股份公司内部会计制度》、公司有关规定对会计核算工作进行稽核;

(三)依据国家财经法规和公司预算管理、资金管理等财务管理制度对财务管理工作进行稽核;

(四)对资产完整性、真实性进行稽核。定期参与对现金、存货及固定资产等实物资产的盘点工作。

第八条 财务稽核人员的工作权限:

(一)调阅和复制被稽核单位或部门的会计凭证、账簿、报表和有关证明材料以及有关合同、协议等资料;

(二)使用SAP系统中所有模块的查询功能进行SAP系统线上查询,利用辅助审计软件AIS系统在SAP系统内进行查询;

(三)参加公司组织的财务稽核、有关会议和业务培训,研究稽核中发现的问题,按照国家和公司有关规定,对违纪违规行为,提出处理建议;

(四)对拒绝提供证据以及隐瞒、销毁证据的部门或个人,提出追究责任的建议。

第三章 财务稽核的主要内容

第九条 财务管理稽核的主要内容:经济业务是否真实,按照内部控制要求不相容的财务会计岗位(职务)是否分离,业务流程和权限是否得到有效执行。

第十条 预算管理稽核的主要内容:各项财务收支、利润和资金等预算指标的编制依据是否可靠,有关数据的计算是否正确,各项预算指标是否互相衔接;预算指标是否分解落实,预算执行是否严格。

第十一条 资金和往来管理稽核的主要内容:资金指标管理、收支两条线管理、银行账户管理和票据管理是否符合有关规定,是否存在截留、转移收入和私设“小金库”问题;是否存在违规拆借、担保情况,是否定期进行现金盘点、定期核对银行存款并编制余额调节表,定期分析、核实和清理未达账项;应收、应付款项是否按规定进行清查和核对,账龄分析、坏账准备计提的依据是否充分,计算是否准确,清欠或追收工作是否落实,措施是否有效。

第十二条 投资(在建工程)管理稽

核的主要内容:投资项目是否严格按照投资计划执行,项目投资是否超投资计划,有无瞒报或虚报投资完成额的现象,在建工程项目竣工结转手续是否齐全,结转固定资产是否及时。是否存在未经总部审批,擅自对外投资情况,对外投资管理是否到位。

第十三条 固定资产和存货管理稽核的主要内容:是否定期进行资产清查盘点,账实、账表是否一致,固定资产计价、折旧计提的标准是否真实一致,有无少提或多提折旧形成的潜盈或潜亏;盘盈盘亏、毁损报废等资产处置是否符合规定,减值准备计提是否合规。

第十四条 成本费用管理稽核的主要内容:产成品、半成品、副产品等成本的计价、分配、结转,是否保持一贯性原则,生产成本、资本性支出、期间费用、营业外支出、其他业务支出之间的界限是否分清,是否存在随意挤摊的情况,核算和管理是否规范。

第十五条 价格和关联交易管理稽核的主要内容:内部互供、对外销售产品劳务、物资采购、费用支付等价格是否符合相关规定;关联交易结算标准、定价或总额是否符合关联交易管理有关规定,结算手续是否齐全,账务处理是否及时。

第十六条 税收管理稽核的主要内容:税收筹划和核算是否恰当合理、纳税申报和交纳是否及时准确、退税手续是否按规定及时办理、增值税发票的认证是否及时;发票领购、开具、保管是否符合规定,从外部取得的发票是否真实合法。

第十七条 财务会计资料的稽核。

原始凭证稽核的主要内容:经济业务与合同等相关业务资料是否一致,填制日期是否符合要求,签章是否齐全有效,数量与金额是否正确、完整和一致。

记账凭证稽核的主要内容:会计分录及摘要是否正确,凭证编号是否连续,签章是否完整,填制日期是否准确及时,凭证是否按规定打印、装订。

会计账簿稽核的主要内容:会计账簿的设置是否符合制度规定,账实、账证、账账、账表是否相符,账簿是否按规定打印、装订。

会计报表稽核的主要内容:各类会计报表是否符合编制要求、数字是否真实、计算是否准确、内容是否完整、内部往来及交易事项是否抵消;报表之间的有关数字是否衔接;财务情况说明书和会计报表附注内容是否完整、正确和规范。

第四章 财务稽核的方法和要求

第十八条 财务稽核采用现场稽核、非现场稽核两种方式进行。财务稽核人员根据稽核的范围、目的和要求,可采用详查法、抽查法、核对法、审阅法、调查核实法、实地观察法、综合分析法等稽核方法。

第十九条 财务资产部每月对各单位进行日常财务稽核时,应如实填列

《润滑油公司财务稽核记录表》(见附件1),各单位每月进行日常财务稽核时,应如实填列《各单位财务稽核记录表(单月)》(见附件2),需每季度进行的日常财务稽核,应如实填列《各单位财务稽核记录表(季度)》(见附件3),稽核记录要将稽核内容逐条细化到人,稽核人员应与业务操作人员岗位相分离。稽核记录对应的有关文件应标注文件号、计算附表等资料应附于稽核记录后。单月稽核记录应于次月5日前、季度稽核记录应于次月15日前将稽核记录电子版发财务资产部,由财务部门负责人审核签字的第一页传真至财务资产部。有下属管理单位或子公司的,财务稽核工作由管理部门与合并报表单位统一管理,分级负责。稽核记录表根据实际情况不定期进行调整。

第二十条　对ERP系统达标检查中规定的财务模块线上月度检查内容,已作为《各单位财务稽核记录表(单月)》的一部分,由本单位关键用户按月进行复核。公司财务资产部组织对各直属单位的ERP财务模块的月度检查和各单位按照ERP系统达标运行规范进行的月度自查,作为公司财务稽核的一部分。

第二十一条　公司财务资产部在对各单位开展日常财务稽核工作的同时,组织专项稽核。被稽核单位或部门应积极配合稽核工作,准确及时提供稽核所需资料,不得以各种理由拒绝或者拖延。现场专项稽核应依据稽核的真实事项以及完整、准确的记录、账簿、文件、附件等资料,编制财务稽核报告,并将记录发现问题的有关文件,计算附表等资料附在报告后。稽核报告应在稽核结束后7日内完成,稽核报告需报总会计师。

第二十二条　在稽核中发现的问题,被检查人员或单位应立即进行整改,需限时整改的应按时完成,暂不具备整改条件的,被检查单位应列出详细的整改计划和措施,负责稽核的人员应跟踪、监督并在整改完成后5日内编写稽核整改情况。

第五章　财务稽核工作报告和考评

第二十三条　每年年末,公司财务资产部应编写财务稽核工作报告上报总部。各单位如在财务稽核中发现重大事项应及时报告。

第二十四条　财务稽核工作报告的主要内容包括:本年度财务稽核工作的开展情况;稽核机构岗位设置、人员配备及变动情况;稽核发现的主要问题及整改落实情况;其他内外部各种检查查出的有关财务方面问题及整改落实情况;下一步稽核工作的计划和建议等。

第二十五条　财务稽核资料包括日常稽核记录、专项稽核记录、ERP稽核资料、财务稽核报告及整改情况说明等。稽核资料应作为财务档案管理,加装目录,编定页码,按年装订成册。

第二十六条　公司财务资产部不定期对各单位财务稽核的问题进行通报,并跟踪落实整改情况。年末对各单位财务

稽核工作进行考评或考核。

第六章　附　则

第二十七条　本办法由公司财务资产部负责解释。

第二十八条　本办法自发文之日起执行。

《润滑油公司直属单位2009年经营目标考核办法》

（二〇〇九年三月十八日 石化股份润计〔2009〕60号文件）

为确保实现公司2009年度各项生产经营目标、指标，发挥实体绩效考核在生产经营过程中的监督激励机制和考核的导向性，现结合公司的实际情况，特制定本考核办法。本办法适用于公司各直属单位。

一、考核基本原则

1. 2009年公司考核的总体原则仍然延续2008年的基本考核方法，根据今年公司关注的重点经营目标、指标和重点工作，对考核指标和考核权重进行重新设定，以体现考核的导向性。

2. 考核指标的设定，是以公司2009年生产经营目标、指标作为考核依据，目标、指标和重点管理工作仍作为2009年的重点考核内容。效益类指标占年度总体考核权重的60%，管理类考核占年度总体考核权重的40%。

3. 加大对高档油、安全生产和产品质量的考核力度。效益类指标实际完成量考核分数计算，仍以不超过年初设定指标的200%计算。

4. 月度考核结果当月在公司内进行通报，并与直属单位领导班子奖金挂钩；年度考核结果与直属单位的年终兑现奖金挂钩。具体办法见公司有关文件。

二、考核单位类型

延续对直属单位按照生产销售型、生产型和费用型三类划分的方式，分别制定考核指标。

1. 直属单位类型划分

生产销售型（销售型）：重庆分公司、济南分公司、茂名分公司、上海分公司、天津分公司、武汉分公司、郑州分公司、北京销售中心、国际市场部、长城事业部、金属加工液分公司

生产型：北京分公司、天津储运分公司、燕化分公司、荆门分公司

费用型：北京研发中心、上海研发中心

2. 考核指标分类

效益类指标：包括利润（限亏）、费用、销量等。

管理类指标：包括安全环保、产品质

量、基础油配置、生产、工艺、产品调拨、投资、市场管理、集中采购、科研、应收账款等。

3. 考核项目及权重

(1)效益类指标

生产销售型单位,主要突出考核利润和销售量。生产型单位,主要考核模拟利润、费用指标,费用指标作为重点考核指标。中高档油、包装油产量作为生产销售型单位销量的主要考核指标。费用型单位,主要考核利润指标、费用指标、科研项目完成情况。

各单位考核指标权重见附表一。

(2)管理考核指标

管理类指标考核以扣分为主,对管理成绩突出的单位可以提出奖励意见,每个职能部门每年对各直属单位考核奖励分数累计不超过18分。考核标准、指标及分值见附表二。

三、贡献系数的划分

根据各直属单位的年度产销量、利润、费用指标和业务内容情况,以及各直属单位的资产、人员、厂区地理分布情况,对各直属单位设置了管理难度系数,其系数划分为:

系数为1.2的单位:北京分公司、上海分公司、茂名分公司、重庆分公司、天津分公司、武汉分公司、北京销售中心、长城事业部

系数为1.1的单位:郑州分公司、燕化分公司、济南分公司、国际市场部、北京研发中心、上海研发中心

系数为1.0的单位:荆门分公司、天津储运分公司、金属加工液分公司

四、考核与兑现方式

1. 考核部门

效益类指标由公司财务资产部、市场营销部、综合计划部、科技开发部等部门负责考核。

管理类指标由公司机关各职能部门根据管理职责分别制定,并负责考核。

2. 月度考核

效益类指标和管理类指标均按月考核,考核结果体现在月度公司人力资源部对各直属单位领导班子的考核兑现中,月度考核结果不影响各直属单位职工的月度奖金。

3. 年度考核

效益类指标年度考核结果以全年指标完成情况为准,并据此确定各直属单位的年终效益工资总额。

管理类考核指标年度考核结果,以各月考核累计分计算,并在上述年终效益工资总额中按比例扣除。具体兑现办法见人力资源部有关文件。

五、实施流程

1. 经营目标的考核由综合计划部负责组织,公司各职能部门根据所负责考核内容提出考核意见。

2. 各考核单位于每月10日前,将对各直属单位的月度考核结果报综合计划

部。综合计划部将考核结果汇总后，召开考核会讨论、确定考核结果，于每月20日前报人力资源部，并反馈给各直属单位。

3. 公司年度重点工作，年终或阶段性给予考核兑现。

六、其他有关规定

1. 如遇上级政策发生变化，本办法进行相应调整。

2. 本办法由公司综合计划部负责解释。

《润滑油公司招标及询比价管理办法》

（二〇〇九年五月十五日 石化股份润办〔2009〕93号文件）

第一章　总　则

第一条　为加强润滑油公司招标及询比价工作的管理，规范招标及询比价管理活动，促进业务公开，维护国家和公司的利益，根据国家法律、法规及中国石化有关规定，结合润滑油公司的具体情况，制定本办法。

第二条　本办法适用于润滑油公司机关、直属单位及控股子公司。非控股的合资公司参照执行。

本办法适用的业务范围包括工程项目、物资采购、广告宣传、物流运输、维修。

第三条　招标及询比价管理活动应坚持合法、公开、公正、公平、透明的原则。参与投标或询比价的供应商应不少于三家。对招标及询比价过程中涉及的利益关系人，应实行回避制度。任何人不得以任何形式干预招标和询比价的正常进行。

第四条　对于必须进行招标的业务，任何人不得将其进行分拆或以其他方式规避招标。

第五条　招标及询比价的底价是公司的商业秘密，任何人不得随意对外泄露。

第二章　管理职责及权限

第六条　招标、询比价实行归口管理。润滑油公司机关各部门是本部门职责范围内业务的招标及询比价管理部门。

第七条　各招标、询比价管理部门的职责是：

（一）负责与中国石化相关部门的联系，接受其对招标、询比价业务的监督、检查和指导。

（二）办理润滑油公司招标、询比价活动的报审、报批、备案手续。

（三）负责本部门相关业务供应商（服务商）目录及润滑油公司评标（审）专家库的建立。

（四）组织润滑油公司的招标活动，具体包括：

1. 编制招标方案；

2. 制定招标文件；

3. 发出招标公告或招标邀请书，审核参加投标单位的资格，接收投标书；

4. 成立评标委员会，组织开标、评标、定标活动；

5. 签订合同。

(五)组织润滑油公司的询比价活动。

(六)管理直属单位的招标、询比价事务。

第八条　直属单位负责组织直属单位权限范围内相关业务(与直属单位负责人签订合同审批权限一致)的招标及询比价活动。各直属单位应明确相应的职能部门对本单位的招标、询比价工作进行归口管理,其职责参照第七条执行。

第九条　本办法涉及的所有审批事项除有特别规定外,一律按照拟签合同相应的审批权限报相应层级的领导审批。

第三章　招标、询比价范围

第十条　符合下述情况的必须进行招标(下列数额均含本数):

(一)工程建设项目:

1. 工程施工单项合同估算在200万元人民币以上的;

2. 工程勘察、设计、监理、检测等服务单项合同估算在50万元人民币以上的;

3. 单项合同估算虽低于前述标准,但项目总投资在1000万元人民币以上的(以可行性研究报告批准数为准)。

上述工程施工包括地基处理、建筑物、构筑物等建筑工程,以及设备、管道、钢结构、电仪、消防、防腐绝热等安装工程,即所有与工程建设项目有关的施工建设行为。

(二)物资采购(基础油、添加剂除外):

1. 经国家发展改革委员会批准享受国家优惠政策项目所需物资;

2. 商务部《机电产品国际招标投标实施办法》规定的机电产品;

3. 框架采购协议或保护伞采购协议;

4. 竞争无序、价格不透明及价格波动大的;

5. 在一年内首次采购的;

6. 单项合同估算在200万元人民币以上的;

7. 固定资产投资项目所需物资单项合同估算价100万元人民币以上的。

(三)单项合同估算在200万元人民币以上的广告宣传业务。

(四)单项合同估算在50万元人民币以上的物流运输、维修及其他涉及费用支付的业务。

(五)国家法律法规、中国石化有关规定及润滑油公司要求必须招标的其他项目。

第十一条　对于未明确必须招标的项目和业务,应通过询比价来选择交易对象。

第十二条　遇下列情况时,可以不实施招标或询比价:

1. 涉及国家安全和秘密;

2. 涉及专有知识产权,属于独家享有资源,没有其他合适之替代供应商(服务商)的;

3. 经广泛征询,在规定期限内参与竞标报价的供应商(服务商)少于3家的(法律法规另有规定除外);

4. 涉及战略协议的;

5. 遇有不可预见之紧急情况，无法按规定招标或询比价程序适时办理的；

6. 政府主管部门指定供应商（服务商）的；

7. 其他不适宜招标的情形。

基础油、添加剂的采购，物资供应部门可根据具体情况采用招标、询比价或其他议价方式，比质比价，获得优惠采购价格。

不实施招标及询比价的业务，应与供应商进行议价，参与议价的人员不能少于2人。

第四章　招标管理

第十三条　对应实施招标的事项，相关业务部门应组织编制招标方案报相应层级的领导审批。招标方案内容应包括但不限于：项目基本情况、拟招标范围、招标方式、招标组织形式、计划招标时间、拟定的招标底价（在可能情况下）等。

第十四条　招标分为公开招标和邀请招标。公开招标是以招标公告方式邀请不特定的法人或其他组织投标；邀请招标是以投标邀请书方式邀请特定的法人或其他组织投标。

招标方案经批准后，业务部门应根据相关规定，编制招标公告或投标邀请书。招标公告或投标邀请书应载明：招标人的名称、地址、招标事项、招标时间和地点，以及获取招标文件的办法等事项。

对于国家法律法规及中国石化相关制度有特别要求或润滑油公司不具备招标能力的业务，应委托具有相应资质的招标代理机构代理招标。

第十五条　招标部门应根据招标事项、特点和需要，编制招标文件并组织审核，招标文件编制的内容应包括：对投标人资格、投标报价的要求；招标项目的质量、技术要求、所采用的标准和规范；评标标准、方法及定标原则；投标、开标及评标等活动的日程安排；其他实质性要求和条件等；拟签合同的主要条款。招标单位可以按照行业规定要求投标单位提交保证金（投标保证金一般不超过投标总价的百分之一，最高不超过30万元）。招标项目需要划分标段、确定工期（或交付时间）的，招标部门应合理划分并明确。

招标部门应确定投标人编制投标文件所需要的合理时间，招标文件自发出日至投标人提交投标文件截止日，最短不得少于20天。

第十六条　评标方法分为最低评标价法、综合评分法。最低评标价法，即在全部满足招标文件实质性要求前提下，以提出最低报价的投标人作为中标候选人的评标方法。

综合评分法，是指在最大限度地满足招标文件实质性要求前提下，按照招标文件中规定的各项因素进行综合评审后，以评标总得分最高的投标人作为中标候选人的评标方法。综合评分的主要因素是：价格、技术、财务状况、信誉、业绩、服务、对招标文件的响应程度，以及相应的权重等。

其中标准定制商品及通用服务项目

一般应采用最低评标价法。

第十七条　招标部门应认真开展投标资格预审及调查核实工作，向投标报价方索取如下信息，核实情况并填写资格审查表（见附件1）。

需索取的资料应包括：拟投标报价方的工商营业执照（其中包括：经营业务范围、注册地、经营地、法人代表、公司性质、注册资本、最近年检情况等）、资质和等级证书、相关许可证等。必要时应向其索取最近日期经审计确认的资产负债表、损益表和现金流量表等。

需核实的情况可以包括：拟投标报价方的组织结构、股权构成、经营规模、经验与能力（如生产能力、施工能力、保供能力、服务能力等）、性价比、信誉及信用、以往履约情况（以及与他方履约情况）、政府部门或外部评价、相关承诺与保证的可信度、近期业绩，资料来源、相关数据和低于成本报价的真实性，以及投标人是否存在相互串通报价或以不正当手段牟取中标的情况等。

对于工程建设、施工、监理、检测的项目，索取信息与核实情况还应包括：项目负责人与主要技术人员情况，拟用于完成招标项目的机械装备情况，拟将中标项目的部分非主体、非关键性工作进行分包的情况，质量体系认证、HSE体系认证、工程人员素质、工程质量管理、安全管理、现场管理、技术装备、固定资产、财务、资金等情况。

第十八条　组织招标的部门在开标前应成立评标委员会，评标委员会成员从中国石化、润滑油公司相应业务的评委库中挑选，人数要与项目的规模和专业技术复杂程度相适应，一般不应少于5人，其中组织招标的部门的人员不能超过3人。评标委员会成员在中标结果确定前应保密。

第十九条　组织招标的部门邀请所有投标单位和有关部门参加开标会议。由招标单位、投标单位或其推选的代表共同检查投标文件的密封情况；经确认无误后，当众拆封，宣读投标单位名称、投标报价及投标文件和补充函件的主要内容。招标单位应记录开标过程，开标记录应由参加开标会议的人员签字。

第二十条　评标委员会应根据招标文件规定，对投标文件进行资格性和符合性检查，并按招标文件中规定的评标方法和标准，对检查合格的投标文件进行商务和（或）技术评估，进行综合比较与评价并提出书面评标报告。

采用最低评标价法的，评标委员会应将投标单位按投标报价由低到高按顺序排列，并推荐符合招标文件要求的中标候选单位；采用综合评分法的，评标委员会成员应当按照评标方法和中标条件，独立对每个有效投标人的标书进行评价、打分（见附件2），然后汇总每个投标人每项评分因素的得分，由评标委员会将投标单位按评审后得分由高到低顺序排列（见附件3），并推荐符合招标文件要求的中标候选单位。

第二十一条　组织招标的部门应于评标结束后将评标报告、中标候选单位及投标文件报相应层级的领导审批，确定中标单位；非最低价或非最高分中标的应由相应层级的经理办公会审批。

组织招标的部门根据审批结果，向中标单位发出中标通知书，并在中标通知书发出之日起30天内，按照招标文件和中标单位的投标文件，办理招标单位与中标单位合同签订手续。

第二十二条　所收取的投标文件有下列情形之一的，应按废标处理：

1. 明显不符合技术规格、技术标准要求，或存在不能接受条件的；

2. 评标过程中发现投标人以他人名义投标、串通投标、以行贿手段牟取中标或者以其他弄虚作假方式投标的；

3. 投标文件无法定代表人签字，或为授权代表但不能提供有效授权书的；

4. 投标文件没有对招标文件提出的实质性要求和条件做出响应的；

5. 联合体投标但未附联合体各方共同投标协议的；

6. 投标人未提交投标保证金、保证金手续有瑕疵的、投标保函有效期不足、投标保证金形式或出具投标保函的银行不符合招标文件要求的；

7. 投标人提交多份内容不同的投标文件，或在一份投标文件中对同一招标事项有两个以上报价，且未明确哪一个报价为最终报价的（按招标文件规定提交备选投标方案的除外）；

8. 招标文件明确规定可以废标的其他情形。

第五章　询比价管理

第二十三条　询比价的基本原则是：比质、比价、比服务、比信誉，即质量相同比价格，质价相同比服务，依此类推。

第二十四条　业务部门应根据询比价项目或事项，编制询价公告或询价函。询价公告或询价函内容一般应包括：询价人名称、地址和联系方式；询价项目名称；询价项目的质量、数量、技术要求、所采用的标准和规范；交付（完成）时间、运行保障、后期服务要求及其他一切有助于供应商（服务商）报价的信息。

第二十五条　组织询比价的部门应认真开展报价资格预审及调查核实工作（见附件1），向报价方索取的资料并核实的情况与本办法第十七条相同。通过资格预审且报价单对询价公告或询价函中的内容逐一做出实质性响应方为有效报价。

第二十六条　对于合同估算在20万元以上的业务，组织询比价的业务部门应根据业务要求、报价方提供的资料及调查核实的情况、报价单，从有效报价单位中优选三家以上（含三家），成立评审小组对报价方的报价资料进行评审。评审小组成员需从相关业务专家库中挑选，人数不得少于三人，其中组织询比价的部门人员不能超过三分之一，评审方法应参照第二十条规定的方法进行（评审计分表参见附件2），评审小组从报价方中推荐一至两家单位作为议价对象交业务部门进行议价

(评审计分汇总表参见附件3)。

对于合同估算在20万元以下的业务,由业务部门直接从有效报价方中优选一至两家单位作为议价对象进行议价。

第二十七条　组织询比价的业务部门根据议价结果,确定供应商(服务商)报相应层级的领导审批后签订合同。

第六章　档案管理与监督

第二十八条　组织招标及询比价的部门应在工作结束后,对招标项目及20万元以上的询比价业务过程及业务执行情况进行总结。对于在招标、询比价过程中采取不正当手段牟取中标的投标人或报价人,招标及询比价管理部门应将其从供应商(服务商)目录中清除;对于在合同执行过程中违反合同约定,影响公司正常生产经营的供应商(服务商),招标及询比价管理部门应将其不良行为在供应商(服务商)目录中进行记录,视情节轻重,限制或拒绝其投标直至从供应商(服务商)目录中清除。

第二十九条　招标部门应将招标过程中的下列材料存档备查:招标方案、资格审查及情况核实资料、招标文件、投标文件、开标会议记录、评标委员会名单、评分及评分汇总表(原件)、中标通知书、合同、招标工作总结。

询比价部门应将询比价过程中的下列材料存档备查:询价公告或询价函、资格审查及情况核实资料、供应商(服务商)报价单、合同;对于20万元以上的业务,存档材料还应包括评分标准、评分小组成员名单、评分原始记录。

招标及询比价部门应建立招标及20万元以上业务询比价的管理台账,台账内容应包括招标及询比价的业务内容、投标单位名称、评标(分)人员名单、中标单位名称、合同金额、合同期限、合同履行情况等。

第三十条　组织招标及询比价的部门及其工作人员在招标及询比价过程中,如与投标人或报价人恶意串通;开标前泄露已获取的潜在投标人的名称、数量、标底;谋取其他不正当利益;或有其他可能影响公平竞争的行为,一经查实,由纪检监察部门进行处理,构成犯罪的,移交司法机关追究刑事责任。

第七章　附　则

第三十一条　公司审计纪检监察部门负责招标、询比价工作过程及最终执行情况的监督。

第三十二条　本办法未尽事宜,按照国家法律法规及中国石化的规定执行。

第三十三条　本办法自印发之日起执行。原《润滑油公司招标投标、询比价管理办法》(试行)(石化股份润办〔2005〕266号)及与之相关的实施细则,同时废止。

《关于加强职工内部退养管理的实施方案》

（二〇〇九年六月十一日 石化股份润人〔2009〕101 号文件）

为进一步加强职工内部退养管理，更好地落实科学发展观，适应企业发展需要，特制定本方案。

一、对于距法定退休年龄 5 年以内未能竞聘上岗或自愿离岗的职工，可通过内部退养进行照顾性安置。

二、内部退养办理程序

办理内部退养需职工本人提出申请，用人单位签署意见，人力资源部审核，主管领导审批。由人力资源部与内部退养职工签订内部退养协议书，明确内部退养期限、内部退养待遇、社会保险缴纳等事项。

三、适当提高内部退养待遇

内部退养人员内部退养生活费按职工本人正常退休待遇的 100% 执行。

单位和职工个人以生活费为基数缴纳各项社会保险和住房公积金。内部退养初期社会保险和住房公积金实际缴费比以本人内部退养生活费计算缴费高时，高出的差额部分由企业负担。

距法定退休年龄不足 5 年办理内部退养且目前处于内部退养状态的人员按本规定进行调整。

四、内部退养职工不再参加在岗职工工资调整。当退休人员调整养老金和企业补贴时，内部退养职工可按有关规定调整生活费。

五、内部退养人员纳入离退休人员管理。

六、本方案实施前已经办理内部退养的人员不得返岗，今后办理内部退养的人员不得返聘。

七、本方案由人力资源部负责解释。

八、本方案自二〇〇九年三月二十七日起执行。

《中国石化润滑油公司信息分级及信息门户授权规则》

（二〇〇九年七月十三日 石化股份润科〔2009〕114号文件）

第一章 总 则

第一条 为贯彻落实石化股份公司及润滑油公司《内部控制手册》对信息资源管理的要求，完善信息分级使用标准，严格信息访问授权机制，提高信息资源管理、应用水平，确保信息资源合理、快速、安全的使用与共享，更好地为生产经营管理和决策服务，特制定本规则。

第二条 本规则所指信息，是润滑油公司内部有关生产、经营、管理方面的信息和需从外部购入的市场信息、经济信息。管理对象主要是由信息系统形成的信息、使用计算机编制的信息、通过专用系统采集的信息等，包括各类文本、数据库、图形图像和WEB页面信息等。

第二章 信息分级

第三条 根据信息在润滑油公司生产、经营和管理中的重要性，结合有关保密规定，信息分为国家秘密信息、商业秘密信息和一般信息三级。

第四条 国家秘密信息是指原中国石油天然气总公司、中国石油化工总公司、中国海洋石油总公司和国家保密局四单位联合下发的《关于印发石油、石化工业国家秘密及其密级具体范围的规定的通知》（〔1996〕中油办字第193号）中涉及的内容，原则上不再进行细化，且不得上网使用。

第五条 商业秘密信息是指股份公司《关于印发中国石油化工股份有限公司保护商业秘密暂行规定的通知》（石化股份发〔2005〕403号）中涉及的内容。商业秘密信息根据使用范围，依次分为决策层共享、部门内共享和部门间共享3个共享层次。

第六条 决策层共享信息是指仅供决策层使用的涉及公司生产经营决策等方面的重要商业秘密信息；部门内共享信息是指本部门可普遍访问的商业秘密信息；部门间共享信息是指与本部门业务工作相关但需其他部门提供的商业秘密信息。

第七条 一般信息是指除国家秘密信息、商业秘密信息以外的，可以为润滑油公司或所属单位人员共享的信息。外购信息属一般信息范畴，但需根据合同规定的使用范围共享。

第八条　信息访问遵循国家秘密信息不得上网、商业秘密信息授权访问、一般信息普遍共享的原则。

第三章　商业秘密信息

第九条　商业秘密信息依据《中国石油化工股份有限公司保护商业秘密暂行规定》，目前包含科研技术、产品开发，生产经营，发展计划、资本运营，工程建设、物资采购，对外经济贸易，IT 基础设施、信息系统 6 个方面。

第十条　有关科研技术、产品开发方面的商业秘密信息。

（一）年度科研开发专题计划，新产品开发和结构调整计划，重要科研开发项目的选题合同、开题报告、技术查新报告。

（二）自行开发研制、拟开发研制或已通过技术鉴定的，在国内同行业属于领先或独有的新技术、新工艺、新配方、技术诀窍，以及需要保密的技术内容、参数、经济指标等。

（三）技术装备国产化研制的中长期规划及招投标文件、成果技术鉴定文书。

（四）对外合资合作研究项目计划、协议及主要研究资料。

（五）承担保密义务的技术、设备及其改进吸引的技术资料。

第十一条　有关生产经营方面的商业秘密信息。

（一）年度和季度生产、经营计划。

（二）月度经济活动分析会形成的重要意见和决定。

（三）年度基础油配置计划及执行情况。

（四）年度产成品配置计划及执行情况。

（五）销售渠道建设决策及实施方案。

（六）市场调查报告及营销方案。

（七）公司主要产品的生产、销售及库存分布的统计数字，主要技术经济指标。

（八）主要产品的出厂价格、销售网络、客户名单及地域分布。

（九）公司各类综合统计数据及分析。

第十二条　有关发展计划、资本运营方面的商业秘密信息。

（一）各单位中长期发展计划的主要经济技术指标和措施。

（二）重要固定资产投资项目建议书，可行性研究报告，工艺技术来源比选结果，以及经济技术评价报告、招投标文件。

（三）年度效益预测、资金预算及其一般投资计划。

（四）年度固定资产投资项目实施计划。

（五）对外合资合作计划和意向，以及双方达成或签署的协议、合同。

（六）未公开的企业重组、兼并、收购、破产、拍卖、资产划转等产权变动或交易的意向、决议及其他相关内容。

（七）3 ~ 5 年内资本支出计划，赢利及占用资本汇报预测。

（八）未披露的业绩报告，收购、出售合资合作企业股份方案。

（九）土地、资产经营对外谈判方案及内部协调具体方案。

（十）财务预算、决算及其综合分析情况。

（十一）生产经营收入、利润、成本、费用及相关的财务报表。

（十二）资产评估数据、资产处置运营情况。

（十三）安全生产保障基金统计数据。

第十三条　有关工程建设、物资采购方面的商业秘密信息。

（一）工程建设项目招标、投标标底。

（二）对外承包、反承包的底价。

（三）建设项目经济评价模型。

（四）物资采购的底价及合同成交价格。

第十四条　有关对外经济贸易方面的商业秘密信息。

（一）产成品出口计划及执行情况。

（二）生产原料进口品种、数量、价格、国别情况。

（三）合资合作项目的谈判方案及招投标文件。

（四）技术、设备引进项目的意向、内部批复、项目确认文书及招投标文件。

（五）对外投资经营重大经济合同、协议的主要内容。

（六）境外项目建设及经营情况及综合年报。

第十五条　有关IT基础设施、信息系统方面的商业秘密信息

（一）网络安全设施、服务器登录密码、访问规则。

（二）信息系统、数据库登录密码、访问规则。

（三）数据传输加密规则，存储介质保护规则。

（四）项目合作意向、软硬件厂商入围情况、内部批复、项目确认文书及招投标情况。

第十六条　其他应确定为商业秘密信息基本范围的事项。

第十七条　目前暂未列入商业秘密信息的其他重要工作信息，按商业秘密信息管理。

第四章　信息分级管理与执行

第十八条　润滑油公司科技开发部按照保密规定制定信息分级规则，报公司信息化领导小组审批后实行。按照谁主管谁负责的原则，各部门根据实际情况，落实信息分级工作。

第十九条　公司各部门和各直属单位依据本规则对本部门、本单位管理的信息进行分级，并对商业秘密信息确定共享层次，形成《润滑油公司信息分类、密级、授权目录》，经部门、单位负责人确认后，报送科技开发部。科技开发部会同相关部门对各部门、各单位《润滑油公司信息分类、密级、授权目录》进行核对、汇总，作为信息资源管理和信息访问控制的依据。

第二十条　信息分级工作实行动态

管理，各部门、各单位应根据实际工作及时调整商业秘密信息共享层次，修订《润滑油公司信息分类、密级、授权目录》，并及时报送科技开发部备案。

第二十一条　外购信息，各部门、各单位须及时报送科技开发部备案。

第五章　信息门户授权

第二十二条　信息资源通过信息资源管理平台实现接入、整合、管理，通过信息门户实现有序使用，并按信息类别和信息分级的要求统一存储在信息门户资源目录中，在合理授权、确保安全的前提下依托信息门户实行统一授权访问，实现信息的有效使用和充分共享。

第二十三条　公司信息门户用于汇集公司信息资源和应用系统，规范用户访问，提高共享水平，提升资源效用，保证信息安全。

第二十四条　公司信息门户建有公司信息门户、部门信息门户、各直属单位信息门户及相关专业信息门户。公司信息门户在公司领导授权下由党群工作部担任主要管理职能，各部门、各单位信息门户由各部门、各单位管理。信息门户管理包括资源、用户、授权等管理工作。信息发布按照谁发布谁负责的原则。

第二十五条　党群工作部负责公司信息门户的整体规划和优化；负责门户首页信息栏目的管理协调工作。

第二十六条　科技开发部负责对信息栏目的创建与维护；负责对各部门、各单位门户管理员进行分级授权；负责对所有用户的建立和授权；负责系统的技术开发和运行支持，保障信息门户正常运转；负责系统上线后的技术支持，解答用户疑问并进行必要的培训；建立公司信息门户运行维护记录制度。

第二十七条　机关各部门负责本部门门户栏目的管理、用户的管理、用户权限的审核及信息发布的准确性；负责由本部门要求各直属单位上报信息栏目的管理、用户权限的审核。机关各部门须指定专人负责进行统一管理，人员名单报党群工作部和科技开发部备案。

第二十八条　各直属单位负责本单位门户栏目的管理、用户的管理、用户权限的审核及信息发布的准确性。负责由各部门要求本单位上报信息栏目的信息发布的准确性。各直属单位须指定专职部门和负责人，并报党群工作部和科技开发部备案。

第二十九条　信息门户授权采取“分级授权、统一管理”的机制，由上一级门户管理员为下一级门户管理员授予管理范围和管理责任。信息门户原则上设立两级门户管理员，即一级门户管理员和二级门户管理员，分别是公司门户业务管理员、公司门户用户管理员和各部门、各单位门户管理员。

第三十条　公司门户用户管理员由科技开发部信息管理部门专人担任，负责为门户用户、用户组分配授权；公司门户业务管理员由党群工作部指定专人担任，负责门户规划、设计、开发、管理等相关业务；二级系统管理员由各部门、各单位关键用户担任，负责各部门、各单位内具体的管理工作。

第三十一条　各部门、各单位门户管理员负责本部门、本单位信息门户的整体规划；负责本部门、本单位用户管理、核实用户权限的范围及培训工作；负责部门间及部门内信息共享的协调与设置。

第三十二条　各部门、各单位对信息门户进行任何的修改及用户申请、变更，需填写《润滑油公司信息门户系统变更申请单》，并经相关部门审核后，由科技开发部进行用户权限授权。

第三十三条　门户管理员的用户名及密码不得泄露，密码定期更新。门户用户必须采取实名制；如因特定业务需要设立虚拟用户，必须指定专人负责密码管理。门户管理员应及时注销离职用户，并定期进行用户审核。

第三十四条　门户管理员进行栏目增删改应特别注意，避免错误操作。

第三十五条　门户用户自行负责其用户密码安全，保证密码不被他人盗用，并定期更新密码。负责有密级信息的用户，必须定期更新密码。

第三十六条　门户用户要及时下载和管理职责范围内的信息，并按要求共享到相应栏目。

第三十七条　各部门、各单位二级门户管理员依照信息密级目录列表和个人工作职责，制定部门内个人信息授权列表，经部门、单位负责人审查后，由一级门户管理员严格按照各部门、各单位内个人信息授权列表对个人授权。人员调离、岗位变动时要及时变更信息授权。

第三十八条　对各部门、各单位确定的决策层共享、部门间共享的商业秘密信息，按照各部门、各单位的信息密级目录列表，由一级门户管理员完成对相关领导和个人的授权。部门间共享信息若有争议，由公司信息化领导小组确定。

第三十九条　为保证信息安全，门户管理员只具有信息目录管理权限，不能浏览职责范围外的商业秘密信息。

第四十条　一级门户管理员应定期检查二级门户管理员的授权行为，发现错误授权要及时纠正，对违规授权和非法授权的，要及时向主管领导报告，确保信息的安全、合理使用。

第四十一条　门户管理员应定期查看门户系统日志，跟踪、审计信息的授权和使用情况，对比分析，查找安全漏洞，保证信息安全。

第四十二条　技术支持人员应遵循开发环境与生产环境分离的原则，禁止在生产环境做测试，保证生产系统的稳定性。

第四十三条　技术支持人员应避免登录生产系统进行操作，如因解决用户问题确需进入生产系统的，应由一级门户管理员注册临时用户，临时用户也采取实名制，完成后由管理员及时删除。

第六章　附　　则

第四十四条　本规则适用于中国石

化润滑油公司各部门、各直属单位。

第四十五条　本规则由中国石化润滑油公司党群工作部、科技开发部共同负责解释。

第四十六条　本规则自印发之日起执行。

《学术带头人选拔培养实施方案》

（二〇〇九年八月十九日 石化股份润人〔2009〕135号文件）

第一章 总 则

第一条 为巩固公司在主要产品应用领域的研发技术优势，提升公司在行业内外的领导力和影响力，特在主要产品应用技术领域选拔和培养一支高素质的学术带头人队伍。为切实做好学术带头人培养工作，形成学术带头人队伍建设和发展的长效机制，制定本方案。

第二条 学术带头人指在某一产品应用技术领域取得突出成绩，在行业内外具有较强影响力和知名度，具备独立快速处理复杂技术难题的能力，能够带领他人共同成长的研发技术人才。

第二章 目 标

第三条 根据公司发展实际，通过专业培训、学术交流与合作等方式，有计划地培养和锻炼研发人员，打造一支政治素质好、专业水平高、研发能力强、行业影响力广的学术带头人队伍。充分发挥公司专业技术优势，在公司主要产品应用技术领域建立一支“名人”优才团队。

第四条 在未来4~6年内选拔培养8~10名润滑油学术带头人，同时储备8~10名后备人才。

第一阶段2009—2011年，储备8~10名后备人才，从中选拔1~2名学术带头人。

第二阶段2011—2013年，培养3~5名学术带头人，储备8~10名后备人才。

第三阶段2013—2015年，调整充实为8~10名学术带头人，储备8~10名后备人才。

第五条 主要在以下领域开展学术带头人的选拔培养工作：

（一）内燃机润滑油应用研发领域。

（二）工业润滑油应用研发领域。

（三）润滑脂应用研发领域。

（四）金属加工油等特种润滑油应用研发领域。

根据公司发展需要，可对上述领域进行进一步细分、扩展或删减。

第三章 选 拔

第六条 依托公司高级专业技术职务任职资格评审委员会，成立“学术带头人管理领导小组”（以下简称领导小组），指导并实施学术带头人及学术带头人培养对象(以下简称培养对象)的选拔、培养、考评等工作。

第七条　培养对象必须符合以下基本条件:

(一)拥护党的领导,热爱祖国,遵纪守法,具有良好的政治素质。工作态度严谨,有高尚的品德、强烈的责任心和对润滑油事业的奉献精神。

(二)45 周岁以下,具有本科及以上学历。

(三)已获得副高级专业技术职务任职资格两年及以上。

(四)有丰富专业技术工作经验,业绩突出,能独立解决复杂技术问题,承担或参与过公司重要产品应用研发或技术攻关项目。有过两年以上参与市场服务或参与大客户开发的工作经历。

(五)近三年内,每年至少在正式刊物上发表一篇学术论文或专业性文章,其中至少有一篇在非公司内部刊物发表。

第八条　培养对象的选拔以个人申请、单位推荐、人力资源部审核和领导小组评议确定的方式结合进行,形成公司学术带头人后备人才库。

第四章　培　　养

第九条　培养对象培养期为两年,主要任务包括:

(一)提高其对本产品领域产业及技术发展方向的把握能力及产品研发策略分析能力。

(二)提高其运用新理论、新技术、新方法解决客户问题和技术难题的应用创新能力。

(三)提高其在行业内外的知名度和美誉度,强化其在本产品领域对行业内外的影响力。

(四)提高其带领团队完成各项任务和培养后备人员成才的能力。

第十条　培养对象在培养期内需达到以下任务目标:

(一)结合相关领域产业发展方向,撰写本领域应用研发策略分析,对公司在相关领域的产品研发策略提出方向性建议。

(二)每年在核心期刊发表不少于两篇学术论文或专业性文章,其中至少有两篇论文被 SCI 或 EI 检索。

(三)至少取得一项专利成果。

(四)每年至少参加一次国内或国际学术交流会议,并有论文被选入会议论文集。

(五)按照《润滑油公司青年专业技术人才“导师制”管理实施办法》的要求,以一带二或一带多的方式指导具备一定专业技术水平、发展潜力较大的青年专业技术人员,签订培养协议、制订培养计划,承担两名及以上青年专业技术人才的培养任务。

第十一条　各相关单位负责制定和实施培养对象的《培养计划》,将培养期任务目标落实到《培养计划》中。同时负责日常管理工作,对其应用开发和技术研究所需的设备、资金和人员提供支持,督促和协助其及时完成各项成果、专著与论文。

人力资源部负责审核各单位制定的《培养计划》，监督检查《培养计划》落实情况，组织实施培养期考评工作。

第十二条　培养对象获聘为公司学术带头人后，聘期为两年，在聘期内需达到以下任务目标：

（一）结合相关领域产业发展方向，每年撰写一篇本产品领域产业及技术发展规划，提交领导小组，为公司经营决策提供技术保障。

（二）引领、把握公司本产品领域又好又快发展，在公司产品进入相关行业方面取得重大突破。

（三）每年均有重大建议被公司采纳，为公司经营活动提供重要技术支持。

（四）通过论文发表、技术交流、出席会议等方式，在行业内外的知名度和美誉度较上一聘期（培养期）有明显提升。

（五）继续以导师带徒的方式承担两名及以上青年专业技术人才的培养任务。

第五章　考　评

第十三条　人力资源部组织对培养对象在培养期结束前实施综合考评，考评以培养期任务目标为考评指标，以个人自评、所属单位评价、人力资源部审核和领导小组评议相结合的方式进行。

第十四条　公司对培养对象实行动态管理。

（一）对在培养期内未通过考评的，继续下一培养期并参加下一周期考评。

（二）对在培养期内不能完成任务目标的，领导小组提出整改要求与期限，并视整改情况决定是否暂停或撤销培养计划。

（三）对在培养期内发生各种事故，或违反有关法规的，暂停或取消其培养对象资格。

对培养对象实行进补制度，及时发现和推荐符合条件的优秀中青年人才进入后备人才队伍，构筑结构合理、滚动发展的高层次人才梯队。

第十五条　培养对象通过考评可获聘为公司“学术带头人”，形成公司学术带头人人才库。

第十六条　学术带头人作为公司管理的重点人才，同样实行动态管理。公司每两年组织对学术带头人进行综合考评。

（一）学术带头人与同一产品领域培养对象的考评成绩比较，优胜者获聘为公司学术带头人，其余人员作为培养对象转入下一培养期并参加培养期考评。

（二）学术带头人在聘期内不能完成任务目标或考评指标的质量水平较上一周期没有明显提升的，作为培养对象转入下一培养期并参加培养期考评。

（三）对在聘期内发生各种事故，或违反有关法规的，暂停或取消其学术带头人资格。

第六章　激　励

第十七条　优先推荐学术带头人参加国家和集团公司各类专家称号的评选。

第十八条　进一步完善人才培养和激励机制，在工作、学习上为学术带头人进一步提升创造条件和机会，在公司和本单位能力范围内尽可能满足其学习、学术交流和能力提高的合理要求，由人力资源部牵头为每位学术带头人制定个性化年度培训和培养计划，主要包括以下方面：

（一）在完成科研任务前提下，优先安排学术带头人到相关行业重要合作企业开展技术交流、专题讲座、问题咨询等活动，不断提高其解决实际问题和业界影响的能力。

（二）有计划、有重点地选送学术带头人到国内（外）重点院校、企业、科研机构进修学习。

（三）适时安排学术带头人参与一些业务合作项目，在实践中培养、锻炼和提高，鼓励其参与科研课题的竞争立项。

（四）鼓励学术带头人参与各种重要的学术交流会议，并争取现场宣读论文资格，充分发挥其学术带头人的引领与辐射作用。

（五）依托网络，为学术带头人建立对外沟通和展示平台，为其扩大知名度创造条件，依靠多种媒体工具多渠道宣传学术带头人的能力、事迹和成绩。

第十九条　学术带头人享受公司专家津贴，津贴按月随工资发放，各单位所需工资额度由人力资源部统一拨付。

（一）学术带头人津贴标准为 2000 元/月。

（二）学术带头人培养对象津贴标准为 800 元/月。

（三）学术带头人未通过综合考评而作为培养对象转入培养期后，津贴标准按 800 元/月执行。

第二十条　学术带头人及培养对象在履行导师带徒职责期间按照《润滑油公司青年专业技术人才“导师制”管理实施办法》享受相应层次导师津贴。

第二十一条　培养对象须与公司签订培训协议；学术带头人须与公司签订培训协议及竞业限制协议。

第二十二条　公司对各单位落实学术带头人培养、使用、激励和保障措施的状况进行跟踪监督，对培养、使用人才成绩显著的单位给予表彰和奖励。

第七章　附　则

第二十三条　各单位人力资源部门要将本单位学术带头人相关信息及时维护进入 EHR 系统专家信息项。

第二十四条　本方案自公布之日起实施。

《关于表彰“深入群众促和谐、凝心聚力促发展”主题活动先进集体和先进个人的决定》

（二〇〇九年一月九日　石化股份润党〔2009〕1号文件）

2008年，各部门、各单位认真按照集团公司党组以及公司党委的统一部署，扎实开展了“深入群众促和谐、凝心聚力促发展”主题活动。各级领导干部和广大职工群众积极投身于活动之中，以实际行动促和谐、促发展，使活动取得了明显成效，有力地推动了公司持续有效和谐发展。为激励各级领导干部和广大职工群众振奋精神，进一步营造和保持促和谐，促发展的良好局面。经各部门、各单位推荐，公司党委研究决定：授予经理办公室等5个单位为“双促”主题活动先进集体荣誉称号；授予李京等29名同志“双促”主题活动先进个人荣誉称号。

希望受到表彰的集体和个人，珍惜荣誉，戒骄戒躁，发扬成绩，再接再厉，为实现公司又好又快发展不断创造新的业绩。

各单位要积极开展向先进集体、先进个人的学习活动，坚持以邓小平理论和“三个代表”重要思想为指导，全面落实科学发展观，紧紧围绕企业中心工作，进一步巩固“双促”主题活动成果，团结带领广大干部职工，迎难而上，发愤进取，为公司生产经营、改革发展稳定工作作出新的更大贡献。

《润滑油公司开展深入学习实践科学发展观活动的实施方案》

（二〇〇九年三月十六日　石化股份润党〔2009〕7 号文件）

根据中国石化集团公司党组的统一部署和要求，公司从2009 年3 月至6 月开展深入学习实践科学发展观活动（以下简称“学习实践活动”）。为保证学习实践活动扎实推进，取得实效，现提出如下实施方案：

一、重要意义

党的十六大以来，以胡锦涛同志为总书记的党中央立足社会主义初级阶段基本国情，总结我国发展实践，借鉴国外发展经验，适应新的发展要求，提出了科学发展观。科学发展观，是对党的三代中央领导集体关于发展的重要思想的继承和发展，是同马克思列宁主义、毛泽东思想、邓小平理论和“三个代表”重要思想既一脉相承又与时俱进的科学理论，是我国经济社会发展的重要指导方针，是发展中国特色社会主义必须坚持和贯彻的重大战略思想。

在全党开展学习实践活动，是党的十七大作出的战略决策，是用中国特色社会主义理论体系武装全党的重大举措，是继续推进中国特色社会主义伟大事业、推动经济社会又好又快发展、促进社会和谐稳定的迫切需要，是以改革创新精神全面推进党的建设、提高党的执政能力、保持和发展党的先进性的必然要求。公司各级党组织和广大党员、干部要深刻认识开展深入学习实践活动的重要现实意义和深远历史意义，切实把思想和行动统一到集团公司党组对当前形势的判断和一系列决策部署上来，统一到公司生产经营、党的建设等一系列工作目标和要求上来，积极投入到学习实践活动中去，把开展学习实践活动作为应对当前国际金融危机、解决矛盾和问题、统一思想和行动的重大契机和强大动力，推进公司确定的各项工作不断取得新突破，以新的成绩迎接纪念建党 88 周年和新中国成立 60 周年。

二、指导思想

开展学习实践活动,要全面贯彻党的十七大精神,高举中国特色社会主义伟大旗帜,以邓小平理论和"三个代表"重要思想为指导,组织公司全体党员特别是各级领导班子和党员领导干部深入学习实践科学发展观,紧紧围绕党员干部受教育、科学发展上水平、职工群众得实惠,进一步解放思想、实事求是、与时俱进、改革创新,切实增强贯彻落实科学发展观的自觉性和坚定性,着力转变不适应、不符合科学发展要求的思想观念,着力解决影响和制约科学发展的突出问题,着力解决党员干部党性党风党纪方面群众反映强烈的突出问题,着力解决职工群众生产生活中的突出问题,着力构建有利于科学发展的体制机制,不断推进中国石化润滑油事业持续有效和谐发展。

三、目标要求

根据开展学习实践活动要达到"提高思想认识、解决突出问题、创新体制机制、促进科学发展"的总体要求,公司学习实践活动要按照"把中国石化发展成为具有较强国际竞争力的跨国能源化工公司"的战略目标,围绕公司"深入学习实践科学发展观,建设具有较强国际竞争力的专业化润滑油企业"这一主题,努力实现以下四个方面的目标要求:

(一)牢固树立科学发展的理念。加深广大党员、干部特别是党员领导干部对科学发展观的理解,努力把握科学发展的规律,理清科学发展的思路,增强忧患意识、责任意识、发展意识、创新意识和廉洁意识,增强贯彻落实科学发展观的自觉性和坚定性;按照科学发展观要求解放思想,增强党性,改进作风,自觉转变不适应、不符合科学发展要求的思想观念;统一广大党员、干部的思想认识,坚定齐心协力、共同推进公司持续和谐有效发展的信心和决心。

(二)切实解决存在的突出问题。围绕公司建设具有较强国际竞争力的专业化润滑油企业的主题,着力研究解决在推动企业发展中,进一步规范管理、加强科技进步、拓展市场空间、保障安全生产、促进和谐稳定、反腐倡廉建设、推进国际化发展进程、加强和改进党建工作等方面存在的突出问题,完善发展战略、改进发展方式、积极调整优化产品结构,推进技术创新,提高核心竞争力;进一步规范管理,提高科学管理水平,增强风险管控能力;进一步提高应对激烈市场竞争和危机的能力;进一步加强和改进党的建设,充分发挥党组织的政治核心作用;进一步加强和改进领导班子思想政治建设和作风建设,提高领导干部的党性修养,解决党员干部党性党风党纪方面职工群众反映强烈的突出问题,推动广大党员特别是党员领导干部讲党性、重品行、做表率,提高抓班子、带队伍的能力。

(三)建立健全科学发展的体制机制。按照科学发展观要求,公司层面要健全完善符合企业发展规律、体现专业化发展特点、利于企业持续有效和谐发展的规章制度和体制机制，创建有利于促进公司强化集中化管理，又能充分调动各单位积极性和创造性的管理模式和运行机制；各直属单位要进一步健全完善充分依靠公司搭建的专业化平台，发挥自身优势，推进快速发展、实现科学发展的机制以及相应的管理办法。

（四）不断推进科学发展上水平。坚持把务求实效作为开展学习实践活动的出发点和落脚点。通过扎实开展学习实践活动，把科学发展观的要求转化为推进科学发展的坚强意志、谋划科学发展的正确思路、领导科学发展的实际能力、促进科学发展的管理措施，增强党性修养提高思想觉悟的自觉行动，切实推进公司各项工作上台阶、上水平，在推动科学发展上取得新进展、在促进和谐稳定上见到新成效。

四、基本原则

开展学习实践活动要着重把握好、贯彻好、落实好“坚持解放思想、突出实践特色、贯彻群众路线、正面教育为主”的原则。

（一）坚持解放思想。以实事求是为前提，以解放思想为先导，以改革创新为动力，进一步更新发展观念、完善发展思路，破解发展难题、健全体制机制，使思想和行动更加符合解放思想、实事求是、与时俱进的思想路线，使企业发展更加符合科学发展规律，对企业科学发展的重大问题进行再认识、形成新共识。

（二）突出实践特色。紧紧围绕推动公司年初工作会议确定的各项重点工作，坚持把学习实践活动与贯彻落实党的十七大对国有企业改革发展提出的新要求相结合，与深入开展“我要安全”主题活动相结合，与建立“深入群众促和谐，凝心聚力促发展”、“抓源头，促清廉”长效机制相结合，与推进重点领域和关键环节的业务公开相结合，解决党性党风党纪方面存在的突出问题。特别是要把积极应对当前国际金融危机、保持企业平稳发展，不断提高经济效益，作为学习实践活动中要认真对待，着力解决好的重要课题。

（三）贯彻群众路线。充分发扬民主，积极吸收职工群众参与，认真听取职工群众意见建议，虚心向职工群众学习，集中职工群众智慧，凝聚职工群众力量，真诚接受职工群众监督，紧紧依靠职工群众推动企业科学发展，把职工群众满意作为评价活动成效的重要依据。

（四）正面教育为主。坚持理论教育与实践教育相结合，组织广大党员干部特别是各级党员领导干部，按照科学发展观的基本要求，联系思想和工作实际，实事求是地查找存在的问题，深刻分析产生问题的原因，全面总结经验教训，认真开展批评和自我批评，进一步明确努力方向。查找和剖析问题既要严格要求，又不搞人人过关，注意保护党员干部科学发展的积极性、创造性。

五、参加范围

公司的全体党员要积极参加学习实

践活动,以各级领导班子和党员领导干部为重点。欢迎非中共党员领导干部通过适当方式参加学习实践活动。

六、方法步骤

学习实践活动分为学习调研、分析检查、整改落实三个阶段。包括前期准备和总结测评工作总共8个主要环节。

1. 认真做好准备工作(3月20日前)。本环节主要做好思想、组织和工作准备。首先要认真学习中央、集团公司党组以及公司党委的部署和要求,统一思想,提高认识。采取各种有效形式做好调查摸底工作,重点做好流动党员和基层党组织情况调查,收集干部职工对学习实践活动的意见与建议。公司两级党委(总支)召开专题会议研究制定开展学习实践活动实施方案,成立活动领导小组和办事机构,为活动有序开展提供组织保证。要认真做好学习实践活动动员大会的筹备工作,公司学习实践活动动员大会将在3月中旬召开,全面启动学习实践活动的开展。会后各直属单位要召开本单位动员大会,深入再发动。各直属单位召开动员大会的时间和学习实践活动实施方案至少要提前3天上报公司学习实践活动领导小组办公室。要采取多种形式,多种途径,充分发挥各类内部媒体的作用,积极深入做好舆论宣传教育工作,确保学习实践活动在良好氛围中启动和不断深入推进。同时要制订学习制度和计划,明确学习进度、学习内容、学习时间,建立个人学习笔记本和单位(部门)学习记录本。

(一)学习调研阶段(3月15日—4月25日)。

本阶段要重点抓好学习调研和进行“解放思想、科学发展”大讨论两个环节。

2. 学习调研。采取党委(总支)中心组学习会、部门学习会、组织生活会、班组学习会、个人自学、集中培训、集体研讨等多种方式,组织全体党员、干部通读《毛泽东 邓小平 江泽民论科学发展》和《科学发展观重要论述摘编》。处级以上党员领导干部还要通读《深入学习实践科学发展观活动领导干部学习文件选编》,同时,还要认真学习苏树林总经理在集团公司学习实践活动动员大会上的重要讲话等,深入学习领会科学发展观的科学内涵、精神实质和根本要求。要合理安排学习时间,处理好工学关系。在学习实践活动中,党委中心组要切实发挥带头示范作用,推动党员干部的学习。公司将举办学习实践活动培训班。各单位要结合实际,适当进行集中培训工作。

在深入学习的同时,要认真开展调查研究工作。公司层面将重点围绕如何进一步规范管理、加强科技进步、拓展市场空间、加快国际化发展进程、保障安全生产、加强改进党建工作和干部队伍建设、反腐倡廉建设、促进和谐稳定等方面,深入各直属单位、深入市场、深入客户进行调查研究。同时,采用发放《征求意见表》,开展“科学发展先进事例、科学发展群众意愿和不符合科学发展”的现象等“三个征集”活动,广泛征求意见,掌握情况,推进各项工作。各部门、各单位要认真按照要求,组织干部深入基层、采取多种形式搞好调研工作,并适时召开调研成果交流会,推进调研工作深入开展。各级领导班子成员要带头深入基层调研、带头撰写调研报告、带头交流调研成果,发挥好示范作用。

3. 开展“解放思想,科学发展”讨论。按照科学发展观的要求,围绕“什么是科学发展、为什么要科学发展、怎样才算科学发展,如何实现科学发展”等专题,紧密联系工作实际和思想实际,采取多种形式组织全体党员开展讨论。引导广大党员特别是党员领导干部进一步解放思想、开阔思路、增强贯彻落实科学发展观的自觉性和坚定性。

(二)分析检查阶段(4月26日—5月25日)。

本阶段要重点抓好领导班子专题民主生活会和党员专题组织生活会,形成领导班子分析检查报告两个环节。

4. 召开领导班子专题民主生活会和党员专题组织生活会。各级领导班子成员要紧紧围绕公司“深入学习实践科学发展观,建设具有较强国际竞争力的专业化润滑油企业”这一主题,密切联系实际,认真查找存在的突出问题,深刻分析原因,开展批评与自我批评。民主生活会前,班子成员之间要互相进行谈心,沟通思想认识;要认真撰写发言提纲,做好充分准备。专题民主生活会可以和年度民主生活会合并召开,可适当扩大列席人员范围。各直属单位召开专题民主生活会要至少提前3天向公司党委报告,公司党委将派人参加。各基层党支部要组织全体党员召开“以学习实践科学发展观”为主题的专题组织生活会,分析查找自身存在的差距和不足,提高认识,明确努力方向。

5. 形成领导班子分析检查报告。分析检查报告要紧密联系实际,充分运用学习调研、征求意见、开展讨论和专题民主生活会的成果,准确反映本单位贯彻落实科学发展观的实际情况,简明扼要概述取得的成效;全面梳理存在的问题,实事求是地分析存在问题的主客观原因,特别是主观方面的原因;明确进一步做好工作的努力方向、总体思路和主要举措。分析检查报告要突出检查分析问题、理清科学发展思路、明确改进措施这个重点,避免写成工作报告或工作总结。各直属单位党政主要领导要全程主持分析检查报告的起草工作。初稿形成后,要进行充分讨论,并以适当方式广泛听取意见,进行修改完善。分析检查报告形成后,主要通过印发通报、召开座谈会等方式,征求意见,接受群众评议。各直属单位领导班子的分析检查报告要报送公司学习实践活动领导小组。

(三)整改落实阶段(5月26日—6月15日)。

本阶段要重点抓好制定整改落实方案、切实解决突出问题和完善体制机制两个环节 。

6. 制定整改落实方案。整改落实方案要按照科学发展的要求,以分析检查报告为主要依据,注重可操作性。要把分析检查报告中提出的整改措施目标化、具体化、责任化，明确整改落实的目标、方式、时限要求，明确分管领导、分管部门的责任。整改落实方案要采取适当方式向党员、群众公布，做出公开承诺，接受监督。

7. 切实解决突出问题。要按照整改落实方案，突出重点，选准突破口和切入点，集中力量解决一些影响和制约科学发展的问题，特别是进一步规范管理、加强科技进步、拓展市场空间、加快国际化发展过程、保障安全生产、加强改进党建工作和干部队伍建设、反腐倡廉建设、促进和谐稳定等方面的突出问题。要坚持边学边改，能解决的马上解决，一定时间内能够解决的尽快解决，暂时不能解决的要向职工群众做出合理解释并做好思想政治工作。解决问题要坚持实事求是、从实际出发，量力而行、尽力而为。在集中解决突出问题的基础上，积极推进企业体制机制创新和制度建设，解决制度缺失和体制障碍等突出问题，及时制定完善落实整改方案的具体措施，逐步建立和完善贯彻落实科学发展观、推动企业科学发展的长效机制，推动企业又好又快发展。

8. 认真做好总结测评（6月16日—6月20日）。学习实践活动基本完成时，要认真组织职工群众进行满意度测评。测评内容和表格，公司将统一发放。要合理确定参加测评的人员规模和范围，使之既有一定的代表性，又要规模适中，力求测评方式和程序简便易行，测评结果客观真实。之后要对学习实践活动进行全面总结，并及时召开总结大会，认真总结活动中取得的成效和经验，对巩固和扩大学习实践活动成果提出措施。同时，各部门、各单位要将总结报送公司学习实践活动领导小组。

根据集团公司学习实践活动领导小组要求，这次公司学习实践活动不作统一转段要求，各部门、各单位要按照公司学习实践活动实施方案和各个阶段的安排意见，抓紧开展工作。同时坚持进度服从质量，以每个阶段的高质量保证整个活动的好成效。

七、组织领导

根据集团公司党组的要求，公司学习实践活动在公司党委领导下进行，党的关系在地方的，由属地党委协助。为加强对公司学习实践活动的组织领导，公司党委成立学习实践活动领导小组，领导小组下设办公室。各级党组织和各级领导班子要切实加强对学习实践活动的领导和指导，思想上高度重视、工作上落实责任、组织上提供保证，确保学习实践活动各项要求落到实处。

（一）落实领导责任。各直属单位党委（总支）要成立学习实践活动领导小组和办事机构，切实加强对学习实践活动的组织领导。党委（总支）或领导班子要全面负责本单位的学习实践活动，党政一把手要认真履行第一责任人的职责，分管领导要认真履行直接责任人的职责。领导班子成员特别是党政一把手要发挥表率作用，带头深入学习，带头调查研究，带头解放思想，带头分析检查，带头整改落实。要建立领导班子成员联系点制度，努力把联系点建设成学习实践活动的示范点。

（二）加强分类指导。在坚持学习实践活动总体要求的同时，要根据本部门、本单位的不同特点，针对党员领导干部、普通党员等不同层面，分别提出学习实践活动的具体要求，分层分类进行指导，增强活动的针对性和实效性。活动期间，党员实际在什么部门或单位工作，就随所在工作的部门或单位参加学习实践活动，并要与党组织关系所在的单位党组织保持联系并报告有关情况。公司派到海外或合资企业工作的党员干部特别是党员领导干部，按照所在党组织的要求参加学习实践活动。出国、出差团组成员中党员超过3人，时间超过一周以上时，要组成临时党支部或党小组，指定或选出党支部书记或党小组长，负责组织开展学习实践活动。要从实际出发，采取灵活多样的方式组织好离退休职工中的党员参加学习实践活动。对已经离开企业，但其党组织关系仍留在原单位的党员，原则上由原单位党组织负责组织他们学习。整个活动中，要做到全覆盖、不遗漏。

（三）鼓励探索创新。各单位党委（总支）既要高标准完成“规定动作”，也要结合实际抓好“自选动作”，积极探索、创新载体，搭建平台，因地制宜地采取座谈会、讨论会、成果交流会、现场会等多种形式，进一步增强活动的感染力和吸引力。要充分发挥基层党组织的作用，及时总结和推广基层党组织的好做法。要充分发挥工会、共青团组织的作用，吸收职工群众积极参与。学习实践活动要讲成本、重实效，防止铺张浪费，不搞文山会海，杜绝形式主义。

（四）做好宣传工作。公司将开设学习实践活动网页（网页地址：http://10.168.3.3：82/2009/admin/index.asp）、创办学习实践活动简报，并在《长城润滑油报》开辟专栏，在电视新闻开辟专题，大力宣传科学发展观的科学内涵、精神实质和根本要求，宣传开展学习实践活动的重大意义，宣传学习实践科学发展观的先进典型，宣传学习实践活动的部署、要求、做法、经验和成效，做好舆论引导工作。各级党组织要高度重视学习实践活动的宣传工作，充分发挥各类宣传阵地的作用，突出宣传工作的政治性、政策性和导向性，注重掌握节奏、注重效果，努力营造开展学习实践活动的良好氛围，引导学习实践活动健康发展，不断深入 。

（五）坚持两手抓、两不误、两促进。要把学习实践活动当做推动工作的重要机遇和强大动力，把学习实践活动同积极应对国际金融危机、保持生产经营平稳较快发展、维护企业和谐稳定，同推动广大党员特别是党员领导干部讲党性、重品行、作表率相结合，同“我要安全”主题活动等各项工作有机结合起来，统筹兼顾、合理安排，扎实推进。通过学习实践活动促进各项工作，用各项工作的实际成果来衡量和检验学习实践活动的成效。

各单位学习实践活动领导小组及办公室要加强与公司学习实践活动领导小组及办公室的联系与沟通，学习实践活动的有关重要情况要及时报告。

《润滑油公司开展进一步加强领导干部党性修养、树立和弘扬良好作风活动的安排》

（二〇〇九年四月九日 石化股份润党〔2009〕11号文件）

根据集团公司党组《关于进一步加强领导干部党性修养、树立和弘扬良好作风的意见》（中国石化党组〔2009〕14号）的有关要求，结合深入学习实践科学发展观活动和润滑油公司实际，就开展进一步加强领导干部党性修养、树立和弘扬良好作风活动做出如下安排：

一、活动目标

通过学习培训和制度建设，使各级领导干部充分认识加强领导干部党性修养、树立和弘扬良好作风的重要性和紧迫性，引导领导干部进一步增强政治意识、大局意识、忧患意识和责任意识，转变作风，切实提高驾驭工作全局、领导科学发展、解决复杂矛盾、开展群众工作等方面的能力，正确认识和把握企业面临的形势任务，树立正确的政绩观和利益观，艰苦奋斗，真抓实干，推动企业又好又快发展。

二、参加人员范围

公司各级领导干部。

三、活动时间及内容

本次活动从2009年4月10日开始，至2009年12月31日结束。活动分为两个阶段，第一阶段为4月10日至8月31日，主要内容是开展学习调研和分析检查。第二阶段为9月1日至12月31日，主要内容是整改落实，进行总结测评。

四、活动安排

（一）第一阶段

统一思想，提高认识，找出存在的突出问题。同时，活动安排要与学习实践活动紧密结合，统筹考虑，尽可能纳入学习实践活动统一实施。

1. 学习培训

（1）各单位要采取集中培训的方式组织各级领导干部学习胡锦涛同志在十七

届中央纪委三次全会上的讲话和集团公司党组《关于进一步加强领导干部党性修养树立和弘扬良好作风的意见》，观看《石化反腐警示录（第三部）》和中纪委的有关警示教育片。

（2）以进一步加强领导干部党性修养树立和弘扬良好作风为主题，采用视频会议的形式给各级领导人员上一次党课。

（3）拟组织公司管理的领导干部到延安（或井冈山）接受革命传统教育。

（4）各级领导干部要加强自学，努力提高思想政治素质。要做好学习笔记，写出学习心得。

2. 调研梳理

针对领导班子和各级领导干部在党性党风党纪方面存在的问题，采取多种形式听取职工群众意见，对提出的问题进行认真梳理分析，并将有关问题向被涉及的领导干部及时进行反馈，形成调研报告。

3. 查找问题

各级领导班子成员要认真查找在党性党风党纪方面存在的突出问题，深刻分析原因，开展批评与自我批评，提高认识，明确努力方向。各级领导干部要在民主生活会材料中进行专题汇报，并作为民主生活会的重要内容。领导班子形成分析检查报告，实事求是地分析存在问题的主客观原因，特别是主观方面的原因，明确进一步做好工作的总体思路和主要举措。

（二）第二阶段

制定整改措施并实施整改，切实解决一些突出问题，建立完善长效机制，提高职工群众满意度。

1. 制定措施，落实整改

对查找出的突出问题积极进行整改，领导班子和领导个人制定整改计划和整改措施，并认真实施。领导班子的整改措施要明确责任，能马上解决的，一定要尽快进行整改。

2. 完善制度，健全机制

根据总部有关制度规定和第一阶段查找出的突出问题，建立完善《润滑油公司领导班子和领导人员管理暂行规定》、《后备领导人员管理办法》、《党风廉政建设责任制》、《责任追究制度》等管理制度。探索建立具有润滑油公司特色的领导班子及成员综合考核评价办法，引导领导干部以正确业绩观落实科学发展观。

加大各级领导干部选拔任用情况监督检查力度，营造风清气正的用人环境。完善领导干部接待日、基层联系点、日常探访、结对帮扶等制度，使各级领导干部在为职工群众办实事、解难事、做好事的过程中增强群众观念、培养群众感情、改进工作作风。

各单位要根据自身实际情况，细化相关管理要求，切实解决问题，取得实效。

3. 认真做好总结测评

拟在第二阶段后期，对领导班子和领导干部进行民主测评。公司将统一确定参加测评的人员范围，统一测评内容和表格。

各单位要对活动情况进行认真总结，包括活动中取得的成效和经验，为巩固和扩大活动成果制定的措施，形成总结报公司。

五、加强组织人事部门建设

根据党组文件要求，要把组织人事部门建设作为活动的重要内容。公司将继续深化开展“讲党性、重品行、作表率”活动，主要做好以下工作：

1. 严格执行“十严禁”纪律要求，建立健全组织人事干部加强党性修养、作风建设的制度规范，使“十严禁”内化于心、外显于行，成为组织人事工作者的行为准则和自觉追求。

2. 举办一期组织人事干部培训班，进行党性党风党纪教育和宗旨观念、优良传统、道德品行、廉洁自律教育，探讨组织人事工作如何服务科学发展和自身如何科学发展两大课题。

3. 各级组织人事部门和组织人事干部要积极参加学习实践科学发展观活动，认真查找在党性党风党纪方面存在的突出问题，制订加强自身建设工作计划，并认真加以落实。

4. 进行总结测评。各级组织人事部门和组织人事干部要对活动情况进行认真总结，形成书面上报材料。

公司拟在对领导班子和领导干部进行民主测评的同时，对组织人事部门进行满意度测评。公司将统一测评内容和表格。

六、组织领导

公司成立开展进一步加强领导干部党性修养、树立和弘扬良好作风活动工作小组，主要负责落实活动安排，跟踪活动过程，收集上报材料，向公司党委汇报活动开展情况。

工作小组成员名单

组　长：苟连杰　党委副书记　纪委书记　工会主席

副组长：何一先　工会副主席　党群工作部主任

刘新建　纪委副书记　审计纪检监察部主任

组　员：张云燕　人力资源部主任

张　武　党群工作部副主任

陈永红　审计纪检监察部副主任

梁　湘　人力资源部

七、有关要求

1. 各单位党委和领导班子对此次活动要给予高度重视，统筹兼顾、合理安排，认真按要求做好各项工作，取得实效。

2. 两级纪检监察机构要认真履行监督职责，加强巡视和检查力度，推动活动的开展。

3. 公司有关部门将利用到直属单位工作、调研等机会，对活动开展情况进行检查，对领导班子成员尤其是党政“一把手”民主集中制执行情况进行检查，坚决纠正违反民主集中制的现象。

4. 加强领导干部党性修养、树立和弘扬良好作风是一项长期任务，各单位在开展活动的同时，更要做好日常管理工作。

要认真落实公司年初工作会上提出的各项要求，严格执行领导干部报告个人有关事项、述学述职述廉等制度，引导领导干部加强自我约束，筑牢拒腐防变的思想道德防线。各级领导干部要严格遵守党的政治纪律、组织纪律、经济工作纪律和群众工作纪律，形成民主团结、相互促进、奋发向上的组织氛围。

5. 各单位要加强对组织人事部门和组织人事干部的培养、考核与管理，努力使组织人事部门成为围绕中心、服务大局的模范，从严治部、从严律己的模范，干部人事制度改革的模范，发扬党内民主的模范，使组织人事干部队伍成为党性坚强、政治过硬的队伍，学习刻苦、能力过硬的队伍，公道正派、作风过硬的队伍。

6. 各单位要明确此次活动的责任部门，并于4月15日之前将责任部门和联系人报公司活动工作小组。各单位此项活动的责任部门要加强与公司工作小组的联系与沟通，活动中的有关重要情况要及时报告。

《关于认真学习贯彻党的十七届四中全会精神的通知》

（二〇〇九年十月九日　石化股份润党〔2009〕25号文件）

党的十七届四中全会已胜利闭幕，这是在我们党成立88年、执政60年、领导改革开放30年之际召开的一次十分重要的会议。贯彻落实好这次全会精神，是当前和今后一个时期各级党组织的重大政治任务。根据集团公司党组的部署和要求，结合公司实际，现将认真学习贯彻党的十七届四中全会精神有关事项通知如下：

一、认真学习领会，把握精神实质，把党员干部的思想和行动统一到全会精神上来

胡锦涛总书记在全会上作的重要讲话，科学总结了党的十七届三中全会以来的工作，全面分析了当前的形势和任务，对贯彻落实全会精神和做好当前工作做出了重要部署，为推进党的建设新的伟大工程、推进全面建设小康社会进程、坚持和发展中国特色社会主义指明了方向。《中共中央关于加强和改进新形势下党的建设若干重大问题的决定》（以下简称《决定》）按照党的十七大关于党的建设总体部署，进一步明确提出加强和改进新形势下党的建设的总体要求、目标任务、重要举措，是指导当前和今后一个时期党的建设的纲领性文件。各级党组织和广大党员干部要以强烈的政治责任感和历史使命感，认真学习贯彻全会精神，重点组织学习好、贯彻好胡锦涛总书记的重要讲话和《决定》，切实把思想和行动统一到中央的部署要求上来。

要引导党员干部深刻理解“三个历史性转变”（实现半殖民地半封建社会到民族独立当家做主的历史性转变；从新民主主义革命到社会主义革命和建设的历史性转变；从计划经济到市场经济、从封闭到全方位开放的历史性转变）、“两个没有变”（我国仍处于并将长期处于社会主义初级阶段的基本国情没有变，人民日益增长的物质文化需要同落后的社会生产之间的矛盾这一社会主要矛盾没有变）、“四个不等于”

(党的先进性和党的执政地位都不是一劳永逸、一成不变的,过去先进不等于现在先进,现在先进不等于永远先进;过去拥有不等于现在拥有,现在拥有不等于永远拥有)和"四大考验"(党面临的执政考验、改革开放考验、市场经济考验、外部环境考验)等精辟论述,不断增强忧患意识,常怀忧党之心,恪尽兴党之责,为党的建设不断做出新贡献。

要引导党员干部深刻理解我们党作为马克思主义执政党在长期执政实践中探索形成"六个坚持"(坚持把思想理论建设放在首位,提高全党马克思主义理论水平;坚持把推进党的建设伟大工程同推进党领导的伟大事业紧密结合起来,保证党始终成为社会主义事业的坚强领导核心;坚持以执政能力建设和先进性建设为主线,保证党始终走在时代前列;坚持立党为公、执政为民,保持党同人民群众的血肉联系;坚持改革创新,增强党的生机活力;坚持党要管党、从严治党,提高管党治党水平)的基本经验,必须作为加强和改进新形势下党的建设的重要指导原则长期坚持,不断认识和把握共产党执政规律、社会主义建设规律、人类社会发展规律,不断加强党的执政能力建设的自觉性和坚定性。

要引导党员干部深刻理解"四个着眼于"(着眼于继续解放思想、坚持改革开放、推动科学发展、促进社会和谐,着眼于提高党的执政能力、保持和发展党的先进性,着眼于增强全党为党和人民事业不懈奋斗的使命感和责任感,着眼于保持党同人民群众的血肉联系)的总体要求,全面推进党的思想建设、组织建设、作风建设、制度建设和反腐倡廉建设,深入推进党的建设科学化、制度化、规范化,为把党建设成为立党为公、执政为民,求真务实、改革创新,艰苦奋斗、清正廉洁,富有活力、团结和谐的马克思主义执政党而努力奋斗。

要引导党员干部深刻理解大兴"四风"(大兴密切联系群众之风,大兴求真务实之风,大兴艰苦奋斗之风,大兴批评和自我批评之风)的基本内容,始终保持谦虚谨慎、艰苦奋斗的优良作风,不断密切党群、干群关系,以优良党风促政风带民风,形成凝聚推进公司改革发展的强大力量。

要引导党员干部深刻理解建设马克思主义学习型政党的主要任务,深刻理解建设高素质干部队伍和加强基层党组织建设的具体要求,努力建设学习型党组织和学习型领导班子,争当学习型党员、学习型干部,不断提高推动科学发展、促进企业、社会和谐的能力。

要引导党员干部深刻理解惩治和预防腐败体系建设的各项任务,常修为政之德,常思贪欲之害,常怀律己之心,常戒非分之想,莫伸多余之手,切实做到为民、务实、清廉。

要引导党员干部准确领会加强和改进新形势下党的建设的重点任务,按照中央的决策部署,以执政能力建设和先进性建设为主线,开拓创新,扎实进取,突出重点,突破难点,使党的执政方略更加完善,执政体制更加健全,执政方式更加科学,执政基础更加巩固。

二、以学习贯彻党的十七届四中全会精神为动力,全面推进当前各项工作

学习贯彻党的十七届四中全会精神,必须大力弘扬理论联系实际的学风,学以致用,指导实践,并以学习贯彻党的十七届四中全会精神为动力,扎实推进改革发展稳定各项工作。

1. 适应形势发展需要,突出重点和关键,着力加强领导班子和干部队伍建设。要按照建设马克思主义学习型政党的要求,进一步加强领导干部思想政治建设,强化党委中心组制度建设和制度执行,持续不懈地抓好理论武装和党的路线方针政策教育,努力使各级领导干部系统地掌握中国特色社会主义理论体系;深入开展党性党风教育,引导领导干部牢固树立共产党人的核心价值观,忠诚于党的事业、忠诚于石化大业,忠诚于润滑油事业。坚持德才兼备、以德为先的标准,讲政治、重业绩、看品行、用能人,把握正确的用人导向,把忠诚润滑油事业、具有国际化发展眼光和战略思维能力、勇于改革创新、善于经营管理、得到职工群众信任的优秀人才选拔上来。坚持党管干部的原则,坚持民主公开竞争择优方针,深化干部人事制度改革,健全完善选拔任用机制,进一步提高选人用人公信度。着眼于建设具有较强国际竞争力的润滑油事业,推进国际化领导人才队伍建设,加大年轻干部的选拔使用力度。着力加强领导班子和干部队伍能力建设,切实提高战略决策能力、把握市场能力、开拓创新能力、应对危机能力和抓班子带队伍能力。坚持和完善民主集中制,进一步健全党组织有效参与决策的体制机制,明确党组织参与决策的内容,完善议事规则和决策程序,对“三重一大”等事项进行细化、量化,从制度上保证党组织参与决策,提高领导班子科学决策、民主决策水平,发挥班子整体功能。建立完善领导班子和领导干部管理制度,进一步健全领导干部教育和管理机制,增强干部队伍活力。

2. 围绕中心,服务大局,不断推进基层党建工作迈上新台阶。严格落实基层党建工作责任制,形成高度重视、大力加强基层党建工作的局面。牢固树立“重心在基层、创新在基层、活力在基层”的工作理念,创新基层党组织活动内容方式,找准开展活动、发挥作用的着力点,扩大党员参与面、提高实效性。不断优化基层党组织设置,与保证业务工作开展到哪里,党的组织就设置到哪里,党的工作就延伸到哪里,实现党的组织和党的工作全覆盖。要积极探索与战略合作大客户之间开展党建共建活动,发挥国有企业政治优势,推进合作不断深化,客情关系的不断密切,合作领域不断拓展。要按照“围绕

发展抓党建、抓好党建促发展”的思路，继续深入开展“四好”领导班子创建活动、“五好党支部”创建活动、党员责任区活动，不断增强党组织的凝聚力、战斗力和创造力，为企业改革发展稳定提供更加有力的保障。认真做好党员教育培训工作，不断提高党员队伍整体素质。加强党员动态管理，完善党员服务体系，健全党内激励、关怀、帮扶机制。坚持民主基础上的集中和集中指导下的民主相结合，以保障党员民主权利为根本，以加强党内基层民主建设为基础，切实推进党内民主，广泛凝聚党员意愿和主张，充分发挥各级党组织和广大党员的积极性、主动性、创造性。通过各方面努力，不断把党的思想政治优势、组织优势和群众工作优势，转化为企业的创新优势、竞争优势和发展优势。

3. 坚定信心，毫不松懈，扎实完成好年初确定的各项重点工作和各项任务。当前，尽管公司整体生产经营形势和效益状况好于预期，但国内市场竞争更加激烈，生产经营压力仍然很大，我们不能有丝毫的松懈。一是始终坚持落实品牌化、国际化发展之路，深入贯彻落实技术领先、产品领先的发展战略，严格按照年初工作会议和年中经济活动分析会暨下半年重点工作通报会的部署，咬定目标不放松，采取更加积极的措施，确保全年各项重点工作和各项任务的圆满完成。二是继续加大市场开拓力度。要牢记我们的优势在市场，实现快速发展的瓶颈制约也在市场的意识，强化“以顾客为中心”的理念，加大润滑油脂产品特别是高档油脂市场开发和推广力度，加快谋划未来重点开发的行业思路和策略，积极探索新的营销体制下的管理模式和管理办法，大力拓展市场发展空间，提高市场占有份额，不断增强市场竞争力和影响力。公司领导将继续深入市场前沿，走访重点客户，进一步推动拓展市场各项措施的完善和落实。三是继续加大挖潜增效力度。要牢固树立过紧日子的思想，进一步推进精细管理、厉行节约，落实好增产增效、优化增效、降本增效各项措施，努力创造良好的经济效益。四是认真筹划明年的工作和发展思路。在做好当前工作的同时，着眼长远发展，立即着手筹划明年发展思路和重点工作，为明年工作起好步、开好局打下良好的基础。公司领导班子从10月初开始，将分别听取机关各部门和相关单位的专题汇报，择机召开务虚会，研讨公司明年和今后几年的发展战略、发展目标、发展举措，不断提升中国石化润滑油事业核心竞争力和可持续发展能力。

4. 坚持源头治理，推进制度创新，更加有效地预防腐败。要认真学习贯彻中共十七届中央纪委四次全会精神和贺国强同志代表中央纪委常委会所作的《认真贯彻落实党的十七届四中全会精神，深入推进党风廉政建设和反腐败斗争》的报告以及在全国纪委书记座谈会上的讲话，认真落实《建立健全惩治和预防腐败体系2008—2012年工作规划》，严格执行党风廉政建设责任制，不断增强廉洁从业的制度约束力，努力确保国有资产保值增值和人力资本保值增值。认真执行集团公司党组巡视制度的有关规定，强化对贯彻落实公司决策部署、选人用人、干部作风、廉洁自律等方面的监督检查，不断推进各级领导班子建设。要按照“决策民主、操作公开、过程受控、全程在案、永久追溯”的要求，积极推进公司业务公开的步伐，力保今年年底前将实现主要对外经营业务上线公开，使业务公开成为强化权力运行监督和制约的有效方式，不断完善从源头上防治腐败的措施，使重要经济活动始终处于受控状态。

5. 求真务实，真抓实干，切实加强党员干部队伍作风建设。执政党的党风，关系党的形象，关系党和人民事业成败。各级党组织必须在广大党员干部中大力弘扬理论联系实际、密切联系群众、批评和自我批评的作风，始终谦虚谨慎、艰苦奋斗，以思想教育、完善制度、集中整顿、严肃纪律为抓手，下大力气解决突出问题，以优良的党风促政风带民风，形成凝聚党心民心的强大力量，以坚强党性保证党员干部作风建设。一是要大兴密切联系群众之风。认真总结“深入群众促和谐、凝心聚力促发展”主题活动的好经验、好做法，建立完善相关规章制度，形成长效机制，不断解决党员干部作风建设方面存在的突出问题。领导干部要关心职工群众，密切干群关系，及时做好职工群众的思想工作，力所能及为他们多办实事，真心实意为他们排忧解难。二是大兴求真务实作风。研究制定制度规定和改革措施要充分考虑实际情况和承受能力，根据不同情况，区别对待，保持制度规定和改革措施的连续性。机关各部门、各直属单位要加强沟通，增强工作的协调性、计划性。要加大抓落实的力度，做到问题不解决绝不放过，坚决防止和克服以会议落实会议、以文件落实文件、抓工作浮光掠影、满足于一般号召等现象。要精简会议文件，改进会风文风，控制数量，压缩规模，提高效率，节约开支。三是大兴艰苦奋斗之风。各级党员干部特别是党员领导干部要继承和发扬勤俭节约、艰苦奋斗的优良传统，牢固树立过紧日子的思想，坚决反对大手大脚、铺张浪费。四是大兴批评和自我批评之风。批评与自我批评是开展党内生活、调整党内关系、解决党内矛盾的一大法宝，本着对党、对组织、对同志、对自己负责的态度，做到“自我批评要诚恳，相互批评要中肯”。同时，要坚持实事求是的原则和“惩前毖后、治病救人”的方针，力争通过批评和自我批评，有效抵制各种不良风气对党员干部的侵蚀，及时纠正党员干部的缺点和错误，永葆党员的先进性，真正实现统一思想、增进团结、互帮互助、共同提高、推动工作、促进发展的目标。

6. 高度重视，落实责任，切实抓好安全稳定工作。切实加强思想和法制教育，引导全体党员、干部和职工深刻认识到企业只有安全稳定才能健康发展。要严格落实稳定工作责任制，深入开展矛盾纠纷排查化解工作，完善突发事件应急处置机制，努力把矛盾化解在基层、解决在萌芽状态，防止各类矛盾叠加升级，确保做到“五个不发生”。要严格落实安全生产责任制，进一步加大对关键装置、要害部位的巡检保运力度，采取切实有效措施，确保不发生重大安全、环保和质量事故。特别要加强厂区的治安保卫工作，加强重点部位、重要装置等生产储运设施的安全保卫工作，严防不法分子破坏和恐怖袭击。同时，要高度重视职工饮食安全和甲型H1N1流感等重大传染性疾病的预防和救治工作。

三、精心部署，认真组织好党的十七届四中全会精神的传达学习和贯彻落实工作

各级党组织要切实加强学习贯彻党的十七届四中全会精神的组织领导，把学习贯彻全会精神与深化学习实践科学发展观活动结合起来，与做好当前各项工作结合起来，采取有效措施，迅速掀起学习宣传贯彻的热潮。

公司党委理论中心组已经组织了党的十七届四中全会精神的传达学习，对深入学习贯彻党的十七届四中全会精神做出安排和提出要求。各级党组织要结合实际，制定具体的学习贯彻意见，明确任务，严格要求，确保学习时间、人员、内容的落实。要采取党委中心组学习、党员组织生活会、集中学习培训、举行报告会等多种形式，分专题组织广大党员、干部进行系统学习研讨。各级领导干部要把集中学习与个人自学结合起来，把握精髓，领会实质，以自己的表率作用带动广大党员干部的学习。要充分发挥报刊、网络等各类媒体的作用，开设专栏、专题，着力宣传党的十七届四中全会的重大意义，着力宣传《决定》的新论断、新观点，着力宣传贯彻落实全会精神的新做法、新成效，积极营造学习贯彻全会精神的浓厚氛围。公司将通过《长城润滑油报》（内部版）、公司信息门户等媒体及时宣传、交流各单位的先进典型和先进经验。要加强督促检查，坚持一级抓一级，层层抓落实，不断把学习贯彻活动引向深入，进一步巩固和扩大学习实践科学发展观活动成果，以改革创新的精神推进企业党的建设，加快建设具有较强国际竞争力的润滑油事业，为中国石化乃至国家经济平稳较快发展做出新的更大贡献。

各部门、各单位要将学习贯彻情况，及时报公司党委。

大事记

1月

1月9日下午,公司召开了"深入群众促和谐,凝心聚力促发展"和"抓源头、促清廉"两个主题活动总结表彰大会。党委书记郑立新主持并讲话,党委副书记荀连杰代表公司党委做了"双促"、"抓促"主题活动总结报告。公司总经理宋云昌宣读了公司表彰"双促"、"抓促"主题活动的先进集体和先进个人的决定。公司领导为先进集体和先进个人代表颁发了荣誉证书。

1月15—16日,公司召开2009年度工作会议。会议认真贯彻落实中国石化工作会议精神,全面总结公司2008年的工作,表彰2007—2008年度先进集体和先进工作者,分析面临的形势,部署2009年的任务,动员全体干部职工团结一致,扎实工作,稳步推进中国石化润滑油事业的发展。公司领导、机关各部门负责人和各直属单位党政主要负责人、分管销售工作的副经理及合资公司和驻京各单位负责人出席了会议。公司总经理宋云昌作了题为《坚定信心,迎难而上,扎实稳步推进中国润滑油业务的发展》的报告。公司党委书记郑立新作了《深入学习实践科学发展观,加强党的建设,推进企业发展,服务职工群众》的工作报告。公司副总经理李亮耀、赵江、蒋蕴德分别作了《积极开拓,扩大份额,进一步提升长城润滑油市场地位》、《科技奠基,质量护航,促进市场竞争力提升》、《强化管理,精打细算,做好生产运营保障》专题报告。

1月19日,中国石化集团公司党组成员、股份公司总裁王天普,到润滑油公司北京海淀职工宿舍区,亲切看望了老红军、离休干部邵经聪同志。中国石化集团公司离退休工作部副主任李存济,指导处处长赵彬以及润滑油公司总经理宋云昌、党委书记郑立新、总经理助理赵安定等同志陪同看望。

1月20日,公司在教培中心多功能厅举行以"同心齐奋进 共赢促发展"为主题的2009年春节团拜会。公司领导与干部职工共度新春。

2月

2月1日,公司组织召开了《内部控制实施细则》修订工作启动、培训会。公司总会计师刘力智、各部门主要负责人、ERP关键用户40余人参加。

2月5日,公司召开信息门户及办公自动化建设项目正式启动视频会。公司副总经理赵江主持会议并对项目建设提出要求。机关、直属单位主要负责人及关键用户参加了会议。

2月12日，在福田汽车怀柔欧曼工厂，北汽福田与中国石化、中国铁建联合召开战略合作新闻发布会，三方签署了战略合作框架协议。北京市副市长苟仲文、北汽控股公司董事长徐和宜、中国石化股份公司高级总裁章建华、中国铁路股份公司副董事长丁原臣等领导出席了签字仪式。章建华在会上讲话。中国石化润滑油公司总经理宋云昌代表中国石化在战略合作协议上签字。

2月17—18日，润滑油公司召开2009年安全环保工作会议暨“我要安全”主题活动动员大会。会议由公司党委书记郑立新主持。总经理宋云昌讲话。副总经理蒋蕴德作《夯实基础、强化监督、促进安全环保工作再上新台阶》的报告。副总经理李亮耀宣读《关于开展“我要安全”主题活动的通知》。党委副书记苟连杰宣读了《关于表彰荣获集团公司2008年度安全生产先进职工及环境保护先进工作者的通知》。

2月24日，公司党委召开扩大会议，传达学习集团公司党组《关于认真做好开展深入学习实践科学发展观活动准备工作的通知》(中国石化党组〔2009〕11号)精神。会议决定成立领导小组，下设办公室。

2月24—25日，公司召开2009年物流商工作会议。大会主题是“合作双赢，携手共进，促进润滑油产业链的发展”。公司副总经理蒋蕴德出席会议并讲话。

3月

3月13日，公司召开深入学习实践科学发展观活动动员大会，集团公司学习实践活动指导检查组第11组组长党军，成员杨乃义、赵稳勇到会指导。公司总经理宋云昌主持会议，党委书记郑立新作动员讲话，党军讲话。

3月16日—19日，公司举办了学习实践科学发展观活动培训班。党委书记郑立新作开班动员和培训总结讲话。

4月

4月2日，中国石化股份公司总裁王天普与比亚迪高层领导会谈，力争使更多的中国石化润滑油产品应用到比亚迪汽车上。

4月2日，集团公司高级顾问刘根元与东风汽车集团高层会谈，商谈在润滑油方面的合作。

4月8日，公司与《航天员》杂志社共同在重庆举行大型体验式航天科普公益活动——“长城润滑油·中国航天员体验营”招募新闻发布会。

4月10日，中国石化股份公司高级副总裁王志刚拜访了一汽集团，双方就润滑油供应达成了新的合作意向。

4月11日，在全国节能减排优秀成果交流会上，中国石化润滑油公司荣获“2008中国节能减排贡献企业”荣誉称号。

4 月 14 日,中国石化集团公司党组书记、总经理苏树林前往济南中国重汽集团总部,与中国重汽集团党委书记、董事长马纯济亲切会晤,并参观了重卡展厅和生产线。公司总经理宋云昌陪同出访。

4 月 16 日,集团公司副总经理曹耀峰到重庆长安汽车集团总部,参观了汽车总装线,与长安汽车股份公司总经理张宝林座谈,就塑料、橡胶、润滑油等产品在汽车上的使用以及加强双方的合作达成共识。

4 月 17 日,中国石化股份公司高级副总裁蔡希有拜访太钢集团公司。蔡希有与太钢高层领导会谈,推介润滑油等石化产品。

4 月 23 日,公司与《航天员》杂志社在广州召开"航天科技,载梦飞翔——长城润滑油 2009 年中国航天员体验营"1 + 1 活动启动仪式发布会。公司副经理李亮耀出席并致辞。

4 月 24 日,公司总经理宋云昌一行到北京现代汽车有限公司与北京现代汽车常务副经理李峰就进一步合作进行沟通,并交流了开展学习实践科学发展观的体会。

5 月

5 月 4 日,公司召开首届 MBA 班出国培训成果汇报会。25 位赴美国培训归来的学员作了汇报。公司总经理宋云昌听取了汇报并讲话,党委副书记苟连杰主持了汇报会。

5 月 27 日,公司召开领导班子贯彻落实科学发展观分析检查报告群众评议会。集团公司学习实践活动第 11 指导检查组组长党军到会指导。

5 月 26—27 日,由中国石化咨询公司组织的《中国石化润滑油分公司新加坡 8 万吨/项目可行性研究报告》评估会议在北京举行。中国石化股份公司发展计划部、炼油事业部、工程建设部、科技开发部、炼化工程公司、油品销售事业部、石油化工科学研究院、润滑油公司、中国石化集团宁波工程有限公司等单位负责人及专家参加了会议。与会专家对项目建设的必要性给予了肯定,对项目的可行性存在的问题提出了建议。

6 月

6 月 16 日,世界品牌实验室在京发布 2009 年《中国 500 最具价值品牌排行榜》。通过权威认可,SINOPEC/长城润滑油品牌价值增长 14.66 亿元,达到 127.34 亿元,位列排行榜第 54 位,比 2008 年提升 5 位。

6 月 16 日,中国石化股份有限公司在京举行了"中国石化汽车行业技术合作中心"成立揭牌仪式,这是中国第一个能源化工产业与汽车业的技术合作平台。中国石化股份公司高级副总裁章建华、中国汽车工业协会常务副会长董扬、中国汽车工程学会副秘书长张宁,来自中国第一汽车集团公司、中国重汽集团、重庆长安汽车股份有限公司等近40余家合作汽车厂商出席。公司总经理宋云昌在揭牌仪式上讲话。

6月25日，在中国石化总部隆重举行了中国石化与中国重汽战略合作协议签订仪式。中国石化集团公司党组书记、总经理、股份公司董事长苏树林，中国重型汽车集团有限公司董事长、党委书记马纯济出席了签约仪式并作重要讲话，公司总经理宋云昌介绍了双方合作情况。

6月29—30日，为庆祝中国共产党成立88周年和中华人民共和国成立60周年，润滑油公司举办了以“长城明天更美好”为主题的第三届职工文艺汇演。

6月30日，润滑油公司召开深入学习实践科学发展观活动总结视频大会。公司党委书记郑立新作了公司开展学习实践活动的总结报告，集团公司学习实践活动第11指导检查组组长党军到会并讲话。

7月

7月1日，公司纪念中国共产党成立88周年暨先进表彰大会隆重举行。公司党委书记郑立新主持会议，公司总经理宋云昌讲话。

7月6日，公司与新加坡兴隆贸易(私营)有限公司就船用油供应达成协议，长城船用油首次进入VLCC货轮。

7月8日，集团公司总经理苏树林带队走访了徐工集团，加强交流合作，促进互利发展。公司总经理宋云昌陪同走访。

7月10日下午，“长城润滑油·2009中国航天员体验营”在北京航天城正式开营。公司党委副书记苟连杰出席开营仪式并致辞。

7月15—17日，公司召开2009年上半年经济活动分析暨下半年重点工作通报会。会议总结上半生产经营情况，分析企业面临的形势，安排部署下半年工作任务。

7月7—10日，公司组织举办了客户服务人员培训班。

7月10日，中国石油学会石油炼制分会第七届油品应用与开发专业委员会换届会议暨学术交流活动在北京召开。公司总经理宋云昌再次当选该委员会的主任。

8月

8月7日，中国石化与中远、中海、招商局、中外运长航四大航运集团在京签署长期战略合作协议。中国石化股份公司副董事长、总裁王天普与中远集团、中海集团、招商局集团、中外运长航集团的领导在签字仪式上分别致辞。公司总经理宋云昌分别与四大航运集团签署《运输长期合作协议》、《运输长期合作协议修订备忘录》及《润滑油合作协议》。

8月10日，公司以视频形式召开深入学习实践发展观活动群众满意度测评会，公司领导班子成员、集团公司学习实践活动第11指导检查组全体成员出席测评会。公司党委书记、学习实践活动领导小组组长郑立新主持了大会。

8月11日，公司在京召开“2009年投资情况通会暨2010年投资计划对接会”，通报公司1—7月份投资计划完成情况，部署下半年投资建设工作，并对接2010年的投资计划。公司副总经理蒋蕴德、总经理助理叶元凯出席会议。

8月14日，中国石化汽车行业技术合作中心召开首次研讨会，会议围绕运作机制的建立、中国石化可应用于汽车的产品及竞争优势和发展前景进行了研讨。中国石化股份公司科技开发部、炼油事业部、化工事业部、汽车行业技术合作中心负责同志，公司总经理宋云昌，汽车行业技术合作中心副主任、化工销售分公司副总经理赵起超等出席了研讨会。

8月27日，北京市安全生产监督管理局一行17人对公司“迎国庆”安全生产“护航”行动落实情况进行了检查。公司副总经理李亮耀及相关部门负责人陪同检查。

9月

9月2日上午，公司在海淀地区教培中心以视频会议方式召开“质量月动员、内审总结暨客户信息分析会议”。公司副总经理赵江、副总工程师张华参加了会议。

9月2日下午，中国石化与兴隆贸易公司船用润滑油合作签字仪式在新加坡举行。公司总经理宋云昌参加了签字仪式。此次签约仪式的成功举行，标志着双方在船用润滑油领域合作的正式开始，也标志着中国石化船用润滑油产品走向国际，成功应用于VLCC船舶。

9月9日，公司总经理宋云昌一行到北京研发中心听取科研工作汇报并对科研工作提出要求。

9月9日，集团公司党组成员、副总经理李春光，在办公厅副主任李新建、离退休工作部主任张建军，公司总经理宋云昌的陪同下，到北京海淀区职工宿舍看望了92岁高龄的老红军、离休干部邵经聪。

9月11日，中国石化集团公司总经理、党组书记苏树林率领总部有关部门和燕山石化、润滑油公司等负责同志走访北汽控股有限责任公司，进一步推动中国石化与汽车行业深度合作。公司总经理宋云昌在交流会上讲话，回顾了近年来双方在润滑油、燃油等方面合作的情况，以及今后合作的设想。

9月18日，公司总经理宋云昌到润滑油上海研发中心进行现场调研，听取了科研重点项目进展情况。宋云昌对上海研发中心近年来的工作给予了充分肯定并提出了要求。

9月18日，中国石化润滑油公司获得上海通用汽车公司2009年度汽车配件优秀供应商称号。

9月，SINOPEC油品正式进入澳洲矿

业领域。

10 月

10月12日,中国石化与时风集团在京宣布缔结为战略合作伙伴,中国石化集团公司党组成员、中国石化股份有限公司高级副总裁戴厚良出席会议,公司总经理宋云昌致辞。

10月15日,公司总经理宋云昌率综合计划部、市场营销部、党群工作部、北京研发中心等部门、单位负责人到润滑油郑州分公司进行工作调研。

10月13—11月3日,公司全面开展HSE及ISO/TS16949统一管理体系换证审核工作。

10月22日,首批SINOPEC船用润滑油运往上海外高桥造船厂,正式向新加坡兴隆贸易公司超级油轮(VLCC)供油,标志着中国石化船用润滑油产品向国际化又迈出了坚实的一步。

10月22日,公司总经理宋云昌到重庆分公司扩能改造项目规划现场调研指导,了解项目前期准备情况。

10月22日,中国石化汽车技术合作中心主任、公司总经理宋云昌一行走访长安汽车股份公司,与长安汽车董事长徐留平进行交流,双方就建立战略合作关系达成共识。

10月28—30日,主题为"精诚合作,共赢未来"的2009年中国石化润滑油国际经销商大会在京举行,来自世界各地30余个国家和地区的110余名经销商代表与会。中国石化股份公司高级副总裁章建华出席主题大会,并代表中国石化致辞。公司总经理宋云昌在主题大会上讲话。大会举办了产品技术培训。

10月29日,润滑油公司与日本COSMO石油润滑油公司共同举行了保密协议签字仪式,公司副总经理赵江和COSMO石油润滑油公司鸟越俊介社长共同签署协议,并就进一步加强在各个领域的合作进行了磋商。

10月26—11月1日,公司举办了为期6天的组织人事干部培训班,来自公司15家直属单位的30名组织人事干部参加了培训。

11 月

11月6日,公司召开了四季度安全工作视频会议。公司副总经理蒋蕴德出席会议并讲话。

11月6—7日,公司与中海燃供、中海发展股份有限公司油轮分公司联合召开"中国石化——中海油运船舶润滑油技术交流会"。润滑油公司副总经理赵江、中海燃供及中海油运高层领导、润滑油上海分公司及中海燃供、中海油运下属企业代表近40余人出席了会议。

11月12日,公司召开业务公开系统上线启动大会,全面推进业务公开工作。公司党委副书记、纪委书记、业务公开工作领导小组副组长兼工作小组组长苟连杰出席会议并作动员报告。

11 月 11—12 日，公司总经理宋云昌陪同股份公司总裁王天普走访了厦门工程机械股份公司，与客户面对面交流。

11 月 19—21 日，公司在武汉召开了2009 年度党建工作研讨会。会上传达学习党的十七届四中全会、全国国有企业党建工作会议精神和中国石化集团公司干部工作会议精神，并就进一步加强和改进公司党建、思想政治工作进行了研讨。公司领导宋云昌、苟连杰、何一先等出席会议。

11 月 22 日，润滑油公司被评为 2009 年度中国重汽优秀供应商。

11 月 25—28 日，公司被评为“2009 年度中国石化股份公司综合生产统计报表先进单位”。

11 月 22—24 日，公司 2009 年度财务决算布置会议在上海召开。会议总结了公司在会计基础和财务管理方面的工作，对2009 年财务决算工作进行了部署和安排。

11 月 22 日，公司参加了中国重汽2010 年润滑油装车油采购招标会议，获得中国重汽装车用柴机油、车辆齿轮油份额50%，成为本次招标中获得份额最大的品牌。

12 月

12 月 1 日，公司总经理宋云昌到上海研发金属加工液公司生产现场、上海分公司分析中心和 35 万吨润滑油装置现场考察，听取上海分公司 1—11 月份生产经营工作汇报，并与销售人员进行了座谈。

12 月 1 日，公司总经理宋云昌到金属加工液分公司调合厂进行考察，对金属加工液分公司今年以来所取得的成绩给予了肯定，对今后的发展提出了要求。

12 月 10 日，“2009 年中国汽车年度服务品牌、年度服务产品供应商暨金扳手奖、金手指奖评选”在北京举行颁奖典礼，长城润滑油一举摘得“2009 年中国汽车服务金手指奖”之年度最佳润滑油供应商大奖。

12 月 16 日，润滑油公司信息门户及办公自动化系统项目顺利通过股份公司组织的验收。

12 月 17 日，集团公司思想政治工作部主任、直属党委副书记张殿国一行，到润滑油公司调研企业党建工作。公司领导宋云昌、苟连杰陪同调研。

人 物

2009年先进集体和个人名录

2009年12月经集团公司总部批准，有四人获得集团公司及以上级别专家称号：

集团公司有突出贡献的科技和管理专家 北京研发中心 水琳

闵恩泽青年科技人才奖获得者 重庆分公司 陈美名 茂名分公司 李绍松 北京研发中心 隋秀华

根据集团公司“我要安全”主题活动通知精神，公司2009年8月4—7日组织了叉车驾驶员技能竞赛，有13家单位的320名叉车驾驶员参加了初赛选拔，有31名选手参加了公司决赛，北京分公司王庆波、郑州分公司陈军虎、重庆分公司蔡春分别获得第1名、第2名、第3名。

2008—2009年度公司先进党委、先进党支部

一、先进党委(3个)

重庆分公司党委

茂名分公司党委

武汉分公司党委

二、先进党支部(19个)

公司机关第五党支部

北京分公司油品调合厂党支部、制桶灌装厂党支部

重庆分公司矿物润滑油脂厂党支部、机动厂党支部

济南分公司营销中心党支部

荆门分公司机关党支部

茂名分公司党群工作部党支部、调合车间党支部

上海分公司调合三厂党支部、分析化验中心党支部

天津分公司技术中心党支部、润滑脂一车间党支部

武汉分公司管理党支部

燕化分公司综合办公室党支部、检验中心党支部

郑州分公司第二党支部

上海研发中心第三党支部

长城事业部润发公司党支部

三、先进党员责任区(21个)

北京分公司油品调合厂调合组党员责任区、合成油脂厂成品组党员责任区

重庆分公司安全生产部党员责任区、研究中心科样理化性能检测组党员责任区

济南分公司大调合党员责任区

荆门分公司生产中心调油班党员责任区

茂名分公司润滑脂车间润滑脂三班党员责任区、检测中心应用分析组党员责任区

上海分公司调合二厂收发组党员责任区、营销部变压器油销售岗党员责任区

天津分公司市场管理部第一党员责任区、安全生产技术部计算机室党员责任区

天津储运分公司质量控制中心党员责任区

武汉分公司供应计划党员责任区

燕化分公司储运中心库工一班党员责任区

郑州分公司安全生产技术部调合工序党员责任区

北京研发中心分析检测室党员责任区

上海研发中心安全生产部党员责任区

北京销售中心客户关系部党员责任区

长城事业部连锁经营部党员责任区

天津金属包装分公司安全生产技术部维修组党员责任区

四、优秀共产党员(38 名)

张国伟　李向阳　钱志勇　张俊湖
李　韫　梁小松　马克勤　卢　义
李显君　谭英明　兰小林　毕　弘
李振雄　孔宇国　邓柱光　陈育明
张洪斌　曾辉颖　徐秀祥　刘庆贺
冯玉保　师家博　王力伟　王文新
刘　伟　卢　丰　万　涛　张立均
张广实　孙军燕　申宝武　周干堂
周勤祖　刘玉华　范春凯　田丰卉
冯　江　赵明明

五、优秀党务工作者(16 名)

宋卫红　信怀志　杜大为　郭宗训
陈　捷　彭星星　许林海　后瑞军
王德新　孟祥兰　赵　臣　袁　方
刘　沙　何嘉良　夏　榕　王德起

六、优秀党员领导干部(11 名)

裴文军　徐　建　付晓先　莫　悚
韦　华　盛祖红　魏传良　王东晖
田晓文　李万英　申文利

2009 年公司领导名录

中国石化润滑油公司经理、党委副书记　宋云昌

中国石化润滑油公司副经理　李亮耀

中国石化润滑油公司副经理　赵　江

中国石化润滑油公司副经理　蒋蕴德

中国石化润滑油公司党委副书记、纪委书记、工会主席　荀连杰

中国石化润滑油公司总会计师　刘力智

中国石化润滑油公司经理助理、资产公司长润办事处主任　赵安定

中国石化润滑油公司纪委副书记　刘新建

中国石化润滑油公司工会副主席　何一先

(11 月 30 日,退居二线)

中国石化润滑油公司经理助理

于小桥

中国石化润滑油公司副总工程师

张　华

2009年公司职能部室负责人名录

经理办公室

主任:刘学勤　副主任:张秀甜

综合计划部

主任:裴文军　副主任:秦为民

高级主管　贾庆月

科技开发部

主任:张春辉　副主任:王　平　张连英

高级主管　侯仲白　李树芳

财务资产部

主任:张桂霞　副主任:陈　悦

市场营销部

主任:徐　建　副主任:孙海成

高级主管　苏光华

物资供应部

主任:贺建华　副主任:周龙恩

人力资源部

主任:张云燕　副主任:董培骄

审计纪检监察部

主任:刘新建　副主任:杨惠玲

党群工作部

主任:何一先

(11月30日退居二线张武主持工作)

副主任:张　武　李友海

安全生产部

主任:付晓先　副主任:刘继勇

2009年公司直属单位负责人名录

北京分公司　经理:莫　悚

副经理:夏　榕　甘炜

重庆分公司　经理:刘连达

党委书记、纪委书记、工会主席:韦　华

副经理:陈家祥　冯有朝　宗　明　冯庆川

济南分公司　经理、党委书记:张立伟

副经理:申湘明

荆门分公司　经理:胡志安

党委书记、纪委书记、工会主席:唐　斌

副经理:程为荣

高级主管　徐云华

茂名分公司　经理:许保权

副经理:谢贞文

副经理、工会主席:杨　敏

副经理:乔　中

上海分公司　经理:盛祖红

党委书记、纪委书记、工会主席:张灵发

副经理:杜伟跃　徐　昀

天津分公司　党委书记、纪委书记、工会主席、副经理:程书田

党委副书记、副经理:王晏昌

副经理:刘庆廉　杜景怀

滨海分公司　经理、党委书记:朱培林

党委副书记、纪委书记:

张建生

副经理：曾志安、骆学勇

武汉分公司　经理、党委书记：魏传良

副经理、纪委书记、工会主席：许德保

副经理：瞿兆明　杜春萍

燕化分公司　经理、党委书记：王东晖

副经理：陈永红　郑　光

郑州分公司　经理、党总支书记：田晓文

副经理、纪委委员　工会主席：田京生

副经理：李　浩

北京研发中心　主任、党支部书记：李万英

副主任：郭剑锋

上海研发中心　主任：俞巧珍

党委书记、纪委书记、工会主席：程利民

副主任：严丽珍

北京销售中心　经理：孙海成

副经理：申文利

副经理、党支部副书记：谷永军

高级主管　刑纪芝　于莲凤

国际市场部　副主任：毛红

润发公司　负责人：刘学勤

2009年获得中高级专业技术职称资格人员名录

高级专业技术职称获得者（按姓氏笔划排列）

一、教授级高级工程师

王平、张春辉、宗明、赵江、俞巧珍

二、教授级高级经济师

李亮耀

高级工程师：（按姓氏笔划排列）

于小桥　马　光　马家全　王以胜
王向阳　王克华　王明江　王晏昌
王铁军　王爱玲　王雪梅　韦　华
水　琳　毛　红　甘　炜　石克发
卢　义　卢现菊　叶元凯　申湘明
田忠利　田京生　田晓文　付晓先
冯玉保　冯庆川　冯洁泳　邢纪芝
吕文继　朱和菊　朱海英　朱祥顶
刘　红　刘在均　刘成祥　刘庆廉
刘连达　刘枫林　刘金池　刘建芳
刘振国　刘继勇　刘菲菲　刘禄祥
汤　涛　许建敏　许保权　孙海伟
阴　亭　严丽珍　苏光华　李　萍
李　谨　李　霞　李万英　李义广
李长龙　李玉平　李绍松　李春秀
杨　榕　杨一兵　杨永红　杨羽为
杨清雄　杨慧青　吴志华　吴宝杰
吴晓弘　何　刚　何万忠　何晓瑛
何清玉　宋云昌　宋文仲　张　华
张　旭　张　君　张　敏　张　瑜
张　燕　张立伟　张兰英　张志龙
张连英　张凯蛟　张金芳　张素桦
张铁网　陆雨丽　陆美玉　陈美名
陈惠卿　苟连杰　范洪伯　林楚喜
罗玉兰　金承华　周　霞　周干堂
周志伟　赵玉贞　赵安定　赵维鹏

胡志安　侯仲淼　施东学　袁春祥
莫　悚　贾庆月　夏　鹏　夏　榕
徐云华　徐志钢　栾红卫　高艳青
高慧云　郭　志　郭忠颖　益建国
益梅蓉　涂劲松　黄超荣　黄慧敏
梅凤德　曹　凯　曹　毅　曹玉发
曹敏芬　龚益懋　盛祖红　崔海鸥
梁小松　梁百强　梁伯强　梁国军
梁福才　隋秀华　彭建彬　蒋蕴德
程为荣　傅少华　傅继瑜　谢　捷
谢贞文　蒲嘉平　裴文军　潘稼钢
魏文红　魏传良　魏淑云　魏燕燕

高级会计师：

王　雪　王维国　卢秀玲　刘力智
池文彬　冷　毅　张桂霞　陈　悦
程书田　曾志安　翟秀民

高级经济师：

王　倩　皮天福　杨湘琼　张云燕
张秀甜　陈泽姝　赵　昊　赵　巍
贺建华　袁永春　徐　建　诸葛荣
梁　湘　焦传斌

高级政工师：

刘　芳　刘凤玲　许培胜　李友海
李宏达　钱志勇

中级技术职称（按姓氏笔划排列）

丁付丽　丁立建　丁莉文　丁娟红
丁雪梅　刁树满　于丽杰　于莲凤
万　涛　万　娟　卫建国　马　超
马　颖　马生然　马立忠　马永生
马永革　马爱民　马淑芬　马强国
王　力　王　旭　王　军　王　驰
王　芳　王　俊　王　勇　王　敏
王　琪　王　富　王　慧　王　巍
王广银　王元培　王友军　王文斌
王东晖　王占甫　王立全　王兰春
王亚萍　王成勇　王先会　王红丽
王红宾　王远贵　王宏伟　王劲松
王若鹰　王京城　王宝霞　王建东
王春广　王春胜　王春莲　王秋丽
王胜民　王洪卫　王勇强　王起龙
王桂枝　王清华　王琳琳　王越媚
王惠菊　王勤勇　王慧杰　韦安柱
尤瑞军　车远文　牛忆清　毛　俊
毛仲书　勾践昊　文云进　方超凡
尹　明　尹绍春　尹燕芳　孔吉霞
孔祥利　邓　琳　邓子华　邓金平
左新建　石　霞　石卫军　石国辉
龙　岩　龙　茵　龙　楠　卢宏远
叶　丽　叶剑光　申宝武　田　林
田宁宁　田建军　田晨溪　史辰龙
付志刚　付朝玉　代杏梅　代春霞
白慧霞　冯　彪　冯　强　冯有朝
兰小林　边　江　邢荣艳　巩志梅
曲玉清　曲忠东　吕汉波　吕淑萍
朱　江　朱　明　朱元琪　朱国华
朱建芬　朱洪生　朱晓峰　朱容晖
朱歆皞　朱黎峰　仲翠英　任　玉
向德君　后瑞军　全学武　庄举山
刘　方　刘　可　刘　阳　刘　芳
刘　沙　刘　松　刘　岩　刘　波
刘　艳　刘　斌　刘　静　刘　操
刘千华　刘元和　刘少坤　刘月皞
刘玉华　刘仕政　刘兰军　刘汉卿
刘亚春　刘会波　刘旭英　刘江涌

刘红波 刘志平 刘志颖 刘来洪
刘利英 刘秀蜀 刘希庆 刘沅东
刘宏慧 刘启勇 刘明亮 刘金霞
刘建伟 刘建国 刘建忠 刘帮建
刘剑平 刘洁云 刘艳慈 刘晓波
刘海波 刘悦民 刘常军 刘智勇
刘温静 刘新义 刘新建 刘福来
刘翠苹 刘鹤超 齐艳领 羊丽君
关敬琦 米春花 江文凡 江柳云
江桂英 汤 浩 安铁廷 安桂凤
祁京彤 许 莹 许方明 许伟明
许连柱 许林海 许剑明 许鹤龄
孙 劲 孙 玲 孙 铁 孙 洪
孙 涛 孙 琴 孙 强 孙 磊
孙月萍 孙文华 孙立英 孙宏峰
孙凯祥 孙德庆 牟静敏 牟德新
麦晓辉 严承涛 苏玉兰 苏建和
苏秋念 杜大为 杜大勇 杜伟跃
杜景怀 杜新珠 李 月 李 平
李 立 李 冰 李 姝 李 勇
李 素 李 莉 李 晖 李 健
李 萌 李 梅 李 韫 李 楠
李 德 李 燕 李大军 李小龙
李广然 李友华 李水平 李月斌
李方岩 李世银 李立国 李召轩
李光赋 李向阳 李会云 李庆辉
李杏涛 李连营 李启茹 李奇华
李欣利 李学刚 李宝芝 李建军
李建国 李树芳 李香仁 李俊芳
李振雄 李桂云 李爱平 李雪红
李雪琴 李晨明 李景海 李湘平
李增茹 李燕秀 杨 宁 杨 奕

杨 敏 杨 静 杨小振 杨同荣
杨访懿 杨英丽 杨金满 杨建军
杨春英 杨晓慧 杨恩祥 杨爱萍
杨继业 杨惠君 杨惠玲 励 毅
轩维生 肖兴祥 肖继国 吴 铭
吴 铮 吴 霞 吴飞鸿 吴凤华
吴世勇 吴旭东 吴鸣华 吴泽澄
吴建飞 吴春艳 吴雪梅 岑 玲
邱文军 邱永俊 邱孝培 邱志清
何 凡 何 健 何一先 何平德
何秀亭 何纹波 何国成 何学军
何俊霞 何嘉良 佟 杰 余 波
余亚洲 余安兵 余昭海 谷永军
谷林惠 谷欣欣 谷校英 邸朝霞
邹 琳 邹 璇 邹凤英 邹迎春
邹恭建 邹葵阳 辛 虎 汪 洋
汪 湧 沈永富 沈铁军 沈培玲
宋 伟 宋 峻 宋卫红 宋文慧
宋方影 宋双和 宋国平 张 文
张 武 张 贤 张 岩 张 庚
张 波 张 哲 张 莉 张 莹
张 烨 张 琴 张 瑛 张 锋
张 焱 张 路 张 颖 张 瑾
张 燕 张小明 张小娟 张广辽
张广金 张广实 张功名 张可理
张东旺 张永晟 张向英 张志东
张志田 张志杰 张甫君 张辰刚
张宏图 张灵发 张国伟 张国茹
张明涛 张咏梅 张金辉 张练文
张俊芹 张俊湖 张彦华 张素婷
张晓静 张海升 张雪梅 张彩云
张焕敏 张敬荣 张静彬 张慧英

张燕来　陆为民　陆国飞　陈　丹
陈　军　陈　庞　陈　洋　陈　勇
陈　捷　陈　颖　陈　群　陈　璐
陈　鹰　陈士华　陈士香　陈之敏
陈芝茂　陈光荣　陈华英　陈华蛟
陈江雷　陈军波　陈志勇　陈利军
陈秀建　陈阜娟　陈育明　陈洪波
陈桂财　陈桢铭　陈健余　陈家祥
陈梅露　陈雪松　陈德刚　邵　衍
邵云明　邵晓涛　邵蓉瓯　武振民
苗世荔　范　欣　范　雪　范文光
林江利　林国华　林树兰　欧　瑛
欧阳秋　尚　颖　国玉涛　罗　明
罗　萍　罗旭清　罗茂生　罗贤春
罗舜才　罗德勇　金文娟　金作为
金莉萍　周　伟　周　航　周　琴
周玉波　周龙恩　周红卫　周绍尉
周斌辉　周勤祖　鱼　蓉　郑　光
郑　宇　郑　昱　郑玉霞　郑良全
郑敬涛　宗伯华　宗新芳　宓建伟
房登红　孟祥兰　孟震英　孟繁艳
赵　伟　赵　兴　赵　霖　赵小艳
赵永冬　赵丽萍　赵彦军　赵洪源
赵艳凤　赵偲涵　赵智军　赵新文
郝　青　郝建新　胡　帆　胡　刚
胡　利　胡　坤　胡　涛　胡若梅
胡金玉　胡宗生　胡建男　胡彦伶
胡彦斌　胡培丽　胡尊生　柯云祥
钟永海　钟崇良　钟新立　钮晓东
段旭升　侯仲白　俞　力　施　娟
施英强　姜　鹏　姜玲玲　宫传云
宫继波　姚宏娟　姚建国　姚琼宗

姚震宇　骆利燕　骆学勇　秦为民
秦雪珍　秦康义　袁　方　袁再祥
袁林涛　袁振勇　袁敬波　都　颖
聂时春　莫永梅　贾庆国　贾林贵
夏　彦　夏丽也　夏致宏　钱　炜
钱亚红　徐　宏　徐　昀　徐　娇
徐　辉　徐　靖　徐　慧　徐　魏
徐　鑫　徐卫东　徐圣洁　徐秀祥
徐建平　徐建芳　徐保和　徐健亮
徐海晓　徐培成　殷　玲　凌为霞
凌燕波　高　露　高卫东　高思嘉
高祖奎　高爱民　郭　敏　郭丽红
郭国进　郭宝茹　郭宗训　郭剑峰
郭振俊　郭朝瑞　唐　凯　唐　勇
唐　斌　唐远平　唐建高　诸　伟
陶　兵　陶世民　桑　超　黄　夏
黄少雄　黄亚春　黄寿其　黄良恩
黄建成　黄健龙　黄彩虹　梅　莉
曹全松　曹春兰　曹福丽　龚　鸣
龚秀荣　龚思英　盛有为　常　彬
鄂红军　崔双梅　崔东滨　崔立群
崔志强　崔建军　符碧波　康　军
康　健　康杰辉　康海娥　章　晶
章竹成　梁　明　梁　起　梁　群
梁立群　梁卓锐　扈　颖　彭级合
彭星星　彭海菲　彭鹏程　董　玲
董建华　董培骄　董禄虎　蒋与勤
蒋国柱　韩燕飞　覃义平　程　春
程　霓　程大庆　程仕立　程利民
傅芦伟　曾　竞　曾一兵　曾坤平
曾坤莉　曾海英　曾海春　曾辉颖
曾影娜　温　华　温贤勇　谢　宇

谢　红　谢贤英　靳　卫　赖　军
雷　凌　詹　涛　裔复荆　窦　智
蔡利春　蔡英明　蔡国建　蔡倩娆
谭海港　熊　枫　樊　平　黎少霞
黎家铭　滕梅志　颜自力　潘　德
潘正华　潘宇红　薛玉苓　融占良
穆　林　穆安正　戴　盾　戴桂章
魏　堃　魏九新　魏丽娜　魏国英
魏建平　濮尚斌　瞿　萍　瞿兆明
瞿毅坚

2009 年获得高级技师资格人员名录

一、海淀地区
郭中良
二、茂名分公司
高 云　黎叔东
三、上海研发中心
张志辉

2009 年获得技师及以上职业资格人员名单（按姓氏笔划排列）

一、海淀地区
王　铮　冯立彬　李雪红　杨　兵
张春光　陈　旭　姜保秋　彭　丰
二、重庆分公司
邓廷伟　苏　渝　陈小红　彭学杰
曾令波　谭英明
三、天津分公司
王刚田　冯立功　刘克斌　刘国强
刘洪忠　刘洪敏　刘洪喜　苏金合
李立生　吴贵富　佟守山　张秀泽
邵华英　赵建新　郭术海　郭志强
四、茂名分公司
王献伦　张成天　张宗全　张祝萍
陈　勇　胡静波　曾昭平　雷　雳
梁中强
五、上海分公司
沈　浩　周瑞璋　胡鹏程
六、上海研发中心
王源洲　潘志荣

直属单位

北京分公司

【概述】 北京分公司坐落在北京市海淀区安宁庄西路六号,其前身是长城分公司。润滑油公司2002年5月成立,2003年进行管理体制改革。原长城分公司后更名北京分公司。2009年以来北京分公司紧紧围绕安全生产、产品质量稳定以及节能创新等重点工作,积极开展各项工作和活动,取得较好成绩。

北京分公司截至2009年12月31日,员工总数为559人,其中正式员工291人(不包括内退职工);劳务派遣员工268人。领导班子成员3人;党员92人。分公司中层干部14人,其中35岁以下1人,本科学历6人,硕士研究生学历2人,博士1人。北京分公司行政组织机构由一个机关、一个中心、五个厂组成。其中,一个中心为储运中心,五个厂分别是合成油脂厂、动力厂、油品调合厂、制桶灌装厂、包材厂。北京分公司领导班子由莫悚、甘炜组成。莫悚负责公司全面工作,主要负责储运中心、制桶灌装厂、动力厂、计量等工作。甘炜负责合成油脂厂、油品调合厂、包材厂、生产调度、设备、体系、技改技措投资项目工作。

2009年,北京分公司共生产润滑油脂产品个数为680个,年产量为19.20万吨。从产品结构上划分,北京分公司共生产润滑油16万吨,润滑脂0.48万吨,合成油8.47吨,防冻液2.73万吨 。从产品档次上划分,北京分公司共生产中高档油19.15万吨,生产高档油10.99万吨。从产品包装形式上划分,北京分公司共生产包装油18.02万吨,其中:200L包装产品3.61万吨,20L及以下包装产品14.41万吨。2009年全年共发运油品21536次,发运总量30.95万吨。

2009年各分厂生产情况,油品调合厂调合润滑油15.50万吨,调合防冻液2.82万吨,灌装润滑油2.03万吨,灌装防冻液2.74万吨,为其他分公司提供OCP 0.52万吨;制桶灌装厂灌装润滑油13.48万吨,生产4L铁桶容器515.48万只;合成油脂厂生产合成油脂8.47吨;塑料容器厂生产塑料桶2068.23万只,共35种桶形;包装材料厂共生产天板567.65万个、地板574.8万个;动力厂生产蒸汽5.75万吨,生产软化水1.32万吨,生产压缩空气402.06万立方。

北京分公司2009年销售产品19万吨,超计划9.5个百分点。2009年利润总额-2544万元,完全费用1.45亿元(完全费用严格按照润滑油公司下达指标控制)。应收款项年底余额247万元,较年初增加14万元。

北京分公司油品调合厂2009年1月

被评为润滑油公司2007—2008年度先进基层单位，2009年6月被评为润滑油公司先进党员责任区。2009年6月油品调合厂党支部被评为润滑油公司先进党支部。

【润滑油生产与管理】一、积极解决顶线油积压问题。2009年初，在对顶线油产生和回调两个环节进行充分调研、细化分析的基础上，给两个车间提出了具体的目标指标，包括：制灌厂每月非正常产生顶线油量小于5吨；调合厂加入顶线油批次占应加入批次的比例大于85%。制定的改进措施包括：改变球扫线方向、提高回调油加入比例、增加加入回调油的油品品种、合理缩减顶线量等。两个车间目标指标的完成情况于每月月初的调度会上进行通报，表扬先进，鞭策后进。经过一年的工作，顶线油积压有了明显改善，月末库存从最初的56.8吨，逐步下降到10吨以下，并一直维持在较低水平。11月末，北京分公司顶线油库存为零，顶线油积压问题已完全解决。

二、开展效能监察工作，降低配方成本。为降低配方成本，每月月初召开生产副经理、调合厂、生产调度、工艺专业和计划专业参加的基础油使用协调会，根据当月生产任务，综合分析基础油价格变动、产品指标数据情况，在保证产品各项指标满足内控要求的前提下，对产量大、级别高的产品（非OEM产品）所用基础油进行筛选、优化，确定当月最经济的基础油使用方案。经过细致的工作，北京分公司生产的重点产品的配方成本自年初开始，首先经历了一个逐步下降的阶段，在达到较低水平后，一直在较低水平上窄幅平稳波动，配方成本得到有效控制。北京分公司CF-4、85齿等主要产品的成本在润滑油公司范围内处于或较低水平。

三、防冻液调合工艺优化，灌装产能调整。针对500吨罐调合防冻液产能较低的问题，制定了以“软化水、乙二醇、溶解好的添加剂同时输送”，为主要内容的优化方案。经试生产验证，调合周期可由30小时缩短为20小时以内。另外，分离出一条管线作为有机防冻液灌装管线，并增加一条无机防冻液灌装线，调整完成后，在不降低无机防冻液灌装产能的情况下，适当增加了有机防冻液的灌装产能。

四、根据生产工艺变化，调整工艺条件。气动脉冲调合项目完成后，351罐出现调合不均匀的情况，随后对该集气盘进行维修后，此后调合不均匀的现象未再次发生。局部加热器安装完毕，启用后，首先制定了夏季试用方案，后根据气候变化及试用效果，对试用方案进行了多次调整，试用过程中，曾发生因密封垫损坏造成油品渗漏的情况，经与供应商沟通，重新选择密封垫材质，更换后正在试用。

五、积压添加剂处置。2009年北京分公司已自主消耗积压添加剂6种，调拨至其他分公司积压添加剂4种，总量超过30吨，剩余积压添加剂与物资供应部沟通进行调拨、外售处理。

六、润滑脂装置停车。按照润滑油公司统一部署，11月中旬，包材厂润滑脂装置停车，与综合计划、物资供应等部门沟通剩余物料调拨事宜，至12月11日，完成包括基础油、添加剂、包装物在内的所有剩余物料的实物调拨及账务处理工作，并会同自控、设备专业对《停车方案》的落实情况进行了现场检查，包材厂润滑脂装置停车工作圆满完成。

七、防冻液配方切换顺利完成。针对研发中心变更防冻液配方的信息，一方面提前统计新配方不再使用的添加剂的库存量，以库存最多的添加剂为基准，将其他添加剂补足，避免造成浪费；另一方面与研发中心沟通，论证新配方的使用对工艺条件变更的需求。10月中旬开始全面切换至新配方，试生产顺利完成，未产生不合格。

八、发表论文和申报专利。发表科技论文1篇《高清洁度润滑油品灌装工艺研究》，参与申报专利2项（发明专利和实用新型各1项）。

【“学习实践”及“我要安全”主题活动】
3月润滑油公司开展深入学习实践科学发展观活动，北京分公司制定了《北京公司学习实践活动具体安排》。结合“三个征集”活动，深入基层实地调查研究，收集科学发展先进事迹8条、科学发展群众意愿12条、不符合科学发展的现象31条。在分析检查阶段召开领导班子专题民主生活会，撰写领导班子分析检查报告，组织群众进行评议，深入分析问题产生的根源，提出行之有效的解决办法，形成促进科学发展的整体思路。提高整改落实方案质量，将进展情况主动向职工群众公布。8月组织北京分公司各部门开展满意度测评，44名人员认真填写了测评表，其中满意38张，占86.4%；比较满意6张，占13.6%，综合满意率100%，参评人员提出意见和建议9条。

2009年根据集团公司精神对“我要安全”主题活动全面部署并实施，签订了2009年度权益员工安全生产责任书、节假日安全责任书及全员安全承诺卡并进行了安全基本常识和安全应知应会的闭卷考试，合格率达到了100%。此外面向基层下发了《外出人员安全须知》小册子、《主题活动简报》和《2008年集团公司事故案例》教育片，协助制作了安全宣传DV短片，还开展了电工技术实操竞赛活动和叉车驾驶技能竞赛活动。此外，北京分公司积极参加公司组织的“我要安全”主题宣讲活动中取得第一名。迎接了HSE管理体系的外审，并通过了HSE管理体系审核。对新入厂的20名学生、106名外包劳务人员和83名施工人员进行了安全教育。主要针对电气火灾开展分公司级消防应急演练，参演和观摩人数约100人。

【安全监督与环保管理】 2009年北京分公司对各单位的清洁生产的职责进行了划分，并明确了相应的职责。北京分公司分两批共有56人次参加清洁生产培训并取得证书,1492人参加了知识问答,征集稿件34篇,板报展示18面、组织13人次参加国家节能新技术展览会。清洁生产方案的实施效果十分显著,通过两轮清洁生产的开展,北京分公司环比各项清洁生产指标均有明显改善,2009年与2008年相比,单位产品综合能耗从24.68千克标油/吨,下降到23.57千克标油/吨,加工损失率从0.55%降至0.29%,危险废弃物的排放下降了0.58吨。削减SO_2排放3.08吨。清洁生产方案的实施效果显著。主要有以下几个方面:

◆ 动力厂180A空压机变频节能改造项目:实施改造后,在同等情况下,空压机的单耗比,从改造前的月均0.34度/立方米降低到0.19度/立方米。年可节电11.9万度。

◆ 制桶灌装厂优化生产线的过滤系统,减少废弃物项目:每年可减少水、电、煤油等资源,减少排放废煤油206.7千克、废水排放6.36吨、过滤用滤芯98个,一年节约费用7.9万元。4升码垛机提速改造项目:通过对现有码垛机的自行改造,其生产速度由原来的481箱/小时提升到810箱/小时,使码垛效率提高了68.4%。生产线班产由2009年的8087桶/班提高到2010年的9416桶/班,班产提高了16%。

◆ 油品调合厂油品储罐快速加热改造项目:通过改变油品输送加热方式,年可节约蒸汽407吨,折合人民币10.6万元。节省检测费14万元,除蒸汽消耗减少外,还不产生新的排放和二次污染,共节约费用24.6万/年。

◆ 计量偏差的控制:在出厂定量包装产品净含量控制中,通过应用统计技术分析和QC项目的实施,减少计量误差和产品破损,2009年比2008年减少计量正偏差损失78吨,产生经济效益约78万元。

2009年北京分公司充分落实《润滑油公司基层单位“三基”工作基本要求》,共承办班组长培训班二期,培训班组长73人。培养了一批懂技术、懂管理的优秀班组长人才队伍。

合成油脂厂建立两套自动调油装置,取代手工调油装置。新型装置的使用,温度控制准确、避免油品洒落及用电安全事故发生。建立新型氟醚氟化装置,热效率提高20%~30%左右,因采用了新型保温材料,杜绝了石棉材料对人体及环境的污染,改善了生产环境质量。

【设备管理】 2009年,北京分公司设备管理工作紧紧围绕年初润滑油公司安全生产部下达的指标和年度重点工作而展开,广泛开展关键设备的预防性维修工作,在此基础上辅之以计划性维修和日常维修,保证了生产活动的安全平稳运行。

在3月份,组织专业管理人员及车间设备员对各生产车间设备情况进行了互检,对于检查出的问题进行了整改。北京分公司充分发挥自身在润滑油公司内的设备技术及人才优势,组织开展了设备及相关系统的技术创新工作，相继完成了管线自动清扫系统、新一代同步计量调合控制系统(DCS)以及灌装自重式称重机的设计与开发，加快了润滑油调合装备技术领域的国产化进程，有力地推动了北京分公司在润滑油设备技术方面的提升。

按照润滑油公司下达的计划，北京分公司2009年完成固定资产投资270万元，其中更新4L灌装线1套；更新生产用电梯1部；更新了部分生产用配套设备。截止到2009年底，北京分公司固定资产情况为：年末固定资产原值50310.55万元，净值20049.49万元。主要设备有20L灌装线3条，200L灌装线3条(含高清洁度灌装线1条)，6L以下灌装线8条，防冻液灌装线5条；储罐136个，总容量为44930m^3，调合釜9座。

【科技进步与科研管理】 北京分公司在2009年主持申报专利11项(包括发明专利1项、使用新型专利10项)，其中2项(包括发明专利1项、使用新型专利1项)已完成润滑油公司、总公司审核、备案手续，国家知识产权局已经受理；剩余9项正在办理润滑油公司、总公司审核、备案手续。

【质量管理】 2009年质量专业工作本着立足现场管理，以生产为核心，积极协调生产过程中出现的问题，为生产服务为宗旨，以北京分公司年初工作重点为主线，以TS16949质量管理体系有效运行为保障，积极开展工作。

保证三级文件的有效性：2009年修改三级文件29次，新增三级文件3个。组织对二级文件和三级文件的培训。组织产品审核和过程审核：按计划组织2009年北京分公司产品审核、过程审核，按2009年产品审核计划和过程审核计划，组织实施了－45℃发动机冷却液奇瑞汽车、SL 5W/30汽机油一汽奔腾、SL 10W-30汽机油东风日产售后、SM/GF-4 5W/20汽机油北奔戴克的产品审核和2009年过程审核。对产品审核、过程审核发现的不合格，进行了整改。

组织北京分公司2009年的管理评审工作、迎接TS16949内审、2009年度外审。北京分公司负责、参与的18个过程进行了评审，对部分过程提出了改进建议。

2009年持续改进工作方面北京分公司共注册17项持续改进，在年初进行了持续改进注册登记工作，9月份对各车间持续改进工作的进展情况进行了跟踪，12月份组织了北京分公司2009年QC成果的发表工作。2009年初组织了QC小组活动程序的培训。12月再次组织了QC小组活动程序及整理QC成果报告的培训，使一些初次参加QC活动的人员，尽快掌握QC工具。

2009年北京分公司共有OEM产品74种。对于部分产量较大的OEM产品，已实行专罐专用，确保油品质量。抓源头管理：基础油入厂取样在第一批到达的车中随机抽取或相应增加抽样数量；为避免混串,实行卸车品种分开,卸完一种再卸一种,有效地保证了基础油品质,生产过程重点控制机杂和水分,坚持“静置半小时”制度。

2009 年共接受接收客服传递的投诉单 38 件,投诉中机杂、沉淀类投诉数量较大,虽然最终确定为内部原因的有 2 件,包装质量类、服务类投诉分别为 9 件。

【信息化建设与管理】 年初润滑油公司信息门户及 OA 系统项目开始实施,北京分公司参与了系统项目实施的全过程。在系统项目正式上线前,北京分公司进行了门户及 OA 系统最终用户的培训,培训范围涉及各部门、专业的管理人员,并对培训结果进行了考试,确保上线前业务人员的正常使用。还专门从各部门选出 1 ~ 2 名人员作为部门联系人,进行了专门培训,以便部门内部有急需解决的问题能及时解决。

北京分公司生产管理信息系统是基于 ERP 系统建立的辅助信息系统,其基本数据来源是 ERP 中已经存在的数据,并通过对生产现场产品数据的收集,将所有产品的信息再反馈给 ERP 系统;ERP 提供的基础信息有:物料主数据、生产任务单和外向交货单;信息系统反馈给 ERP 的信息有:产品入库、出库信息。随着北京分公司生产管理信息系统的应用,实现了产品从生产;入库;出库的全过程记录,并且为 ERP 的准确发货过账提供依据,使 ERP 系统得到更深入的应用。

【财务资产管理】 积极开展财务预测,完善预算管理,加强预算控制。利用 ERP 系统中 TR 费用控制功能,选择 21 项费用逐项实施费用预算的线上控制。

强化财务基础工作,规范财务核算与管理。严格按照润滑油分公司财务资产部下发的新的付款申请、资金支付、费用报销、费用计提、费用预提等一系列表单、账簿,规范了财务分析模式和分析重点等。在建立健全财务管理制度方面,严格执行润滑油分公司财务资产部下发的《会计档案管理办法》、《银行卡(折)结算公务支出报销办法》、《稽核管理办法》、《账销案存管理办法》、《资产清查与处置若干规定》、《差旅费报销规定》、《费用预提管理规定》、《会计科目使用规范》等文件。

执行资金集中管理,压缩资金占用。2009 年 ERP 财企直联系统顺利上线,改变了以往的付款方式,大大降低了资金风险。北京分公司严格执行润滑油公司月度资金占用指标,年平均资金压缩在 300 万元以下。

【基建技措与管理】 主要技措、技改项目:完善国产化球扫线系统,并通过北京分公司的验收。积极调整防冻液产能,包括进行 500 吨罐工艺优化和有机防冻液产能扩充,确保 2009 年防冻液生产正常进行。

完成了基础油罐局部加热器的安装调试,并进行实用数据积累,摸索脉冲调合装置、局部加热装置的工艺参数。将

SV250稀胶引入特油，满足特油高档油生产和向其他分公司调拨的需要。同时进行高清洁度油的试生产，完善操作规程。对8号液力传动液过滤器的调整，降低过滤芯的消耗成本。

完成防冻液包装管线的调整，延长3号线连接2405—2408罐，增设一条灌装线连接1号线和2135、2136两罐，2号线独立为有机防冻液的灌装线。已生产有机防冻液1264吨，比2008年增长387%。

重庆分公司

【概述】 中国石化润滑油重庆分公司（简称重庆分公司）是中国石化润滑油公司的直属生产企业，总部位于重庆市高新区石桥铺工业园区。其前身是中国石化一坪化工厂，始建于1964年，当初建厂的宗旨是为国防军工部门配套研制、生产特种合成润滑油脂。1996年，重组为中国石化重庆一坪高级润滑油公司。1999年，按照中国石化集团公司整体重组改制的要求，原中国石化重庆一坪高级润滑油公司实行主辅分离，组成中国石油化工股份有限公司重庆一坪润滑油分公司（上市部分）和中国石化集团重庆一坪高级润滑油公司（非上市部分），并于2000年1月开始独立运行。2002年5月，中国石化股份公司实行润滑油专业化重组，组建中国石化润滑油公司。至此，重庆一坪润滑油分公司整体纳入中国石化润滑油公司管理，成为中国石化润滑油公司直属单位——中国石化润滑油重庆分公司。

重庆分公司现设有综合办公室、党群工作部、财务部、安全生产部、技术质量部五个机关管理部门和销售公司、合成润滑油脂厂、矿物润滑油脂厂、研究（检测）中心、储运中心、塑料制品厂、机动厂七个基层单位。截至2009年12月末，共有在岗正式职工581人。

重庆分公司是重庆市首批命名的高新技术企业，分布在重庆市三个地区，生产和工作区域占地面积约300亩。机关管理部门和科研机构在九龙坡区石桥铺高新工业园区（约40亩），合成润滑油脂厂在巴南区桥口坝（约160亩），矿物润滑油脂厂在沙坪坝区梨树湾（约100亩）。

重庆分公司是我国合成润滑油脂科研、生产和分析测试的重要基地，是中国石化唯一定点西南地区的中高档润滑油专业生产厂。40多年来，先后完成了国家下达的科研课题100多项，有101项成果荣获国家、省部级科技进步奖，其中两项成果获国家二等发明奖。11项技术获国家专利。由于在“两弹一机一星”、“神舟”系列飞船、“嫦娥”探月工程等国防军工配套任务和国家重点科研课题研究中成绩突出，多次受到党中央、国务院和中央军委的通电嘉奖，多次得到国家科技部、原国防科工委及中国人民解放军总装备部的表彰。

重庆分公司主要生产经营“长城牌”合成航空润滑油脂、合成工业润滑油脂、合成制动液、防冻液、高级内燃机油、齿轮油、液压油等21大类近2000个规格牌号的产品，广泛用于航空航天、冶金机械、石油化工、纺织印染、交通运输、电子电力等各行业。其中有30多个产品分别获国家质量银奖、新产品“金龙奖”、军转民品金奖、银奖和省(市)优质产品奖，40多个产品替代了160多个牌号的外国油品应用在引进装置上，为中国引进装置用润滑油脂国产化作出了贡献。从“两弹一星”、“神五”、“神六”、“神七”到“嫦娥一号”、国庆大阅兵，都有长城润滑油做润滑保障。在重庆，长城润滑油为重钢、川维、西南铝、长安、庆铃、川汽、力帆、建设、宗申等企业提供配套润滑油品。由于在国庆60周年阅兵装备润滑保障工作中成绩突出，受到国务院国资委和中国人民解放军总后军代局的表彰。企业继续保持“重庆市文明单位”称号，连续三年入选重庆工业企业50强和重庆企业100强，2009年列重庆工业企业50强第41位，重庆企业100强第75位。

【生产经营】　2009年，重庆分公司累计生产润滑油脂产品1434种，产量113211吨，比上年增加18460吨，增长19.5%。累计销售产品117018吨，销售收入135941万元，分别比上年增长15656吨、12024万元，增幅分别为15.4%和9.7%。实现利润7500万元，比上年增加8623万元。其中，销售合成油脂15013吨，销售收入31602万元，分别比上年增长2146吨、1959万元，增幅分别为16.68%和6.61%。扣除内部调拨部分(按市场营销部统计口径)，重庆分公司自己销售10.55万吨，销售收入12.44亿元，分别比上年增长15.6%和10.2%。其中销售包装油10.17万吨，同比增长14.3%；销售20L以下小包装产品5.6万吨，同比增长10.7%；销售中高档油10.32万吨，同比增长13.5%；销售高档产品3.6万吨，同比增长19.1%；销售制动液3833吨，同比增长21.1%。

【高档机油推广】　2009年初，重庆分公司经理带队到茂名、广州学习广东市场高柴推广经验，同时对重庆周边区县及四川达州、南充等市场进行走访调研，进一步完善高柴市场开拓方案。全年新增一级高柴经销商4家，二级经销商69家，终端客户683家。开展“抢滩登陆”活动，借助尊龙春秋两季促销，传递长城品牌奥运身份及航天品质。加大物流车队等集团用户的开发，新增集团用户60家。通过石油公司传递高柴经营理念，以“轻润”组合模式，加大云贵区内石油公司对长城尊龙王系列产品的推广。借助“人车在线”栏目与航天体验营活动的品牌宣传契机，利用高汽“积分送礼”促销活动，加强线上宣传与线下推广，促进长城高端汽油机油的销售，全年新增高汽终端218家。2009年，高柴、高汽销量分别比上年增长28.8%和26.0%。

【科研与服务】　2009年，重庆分公司在研科研项目37个,其中2008年A类延续项目10个,B类延续项目5个;2009年新开A类项目3个,B类项目10个,标准化课题9个。全年科研项目完成率92.6%。民航用油方面,在对比评价AS 5780标准的基础上,建立航空润滑油氧化稳定性试验方法,合成新结构的5cst航滑基础油,完成了外送评价样品的工业化放大生产。10月20日,由中国民航组织对外送样品及评价报告进行评审,同意把SINOPEC Turbo Oil 1样品送国外SAE E-34组织认可实验室评价。大飞机项目,按照润滑油公司的要求,重庆分公司一直在关注大飞机润滑油项目的进展情况。3月,配合大飞机公司向国防科工局申请大飞机的一系列材料立项,编制《大型飞机材料研制与应用研究项目任务总要求》,于12月通过评审,为进一步配套我国大型民用飞机研制争取项目打下了良好的基础。全年对上汽通用五菱和长安集团两大重要OEM客户分别进行了3次高层拜访和中国石化平台的技术交流,同时对长安福特进行了高层拜访,与力帆汽车和长安发动机研究所开展多次有针对性的专题技术交流,推动B发动机用油国产化研究。完成了力帆OEM配套油品技术准入、长安铃木用油升级技术准入、长安制动液技术准入和奇瑞制动液OTS提交。参与油膜轴承油行业标准的编制,与太原重工油膜轴承分公司共同打造油膜轴承与配套用油行业标准。积极推进石化行业系统内用油开发,4513-1等产品成功进入荆门石化、九江石化、仪征化纤、广州石化、燕山石化。

【OEM认证】 根据润滑油公司下达的OEM认证工作任务,重庆分公司认真细化分解任务指标,明确项目责任人,并与项目负责人签订责任书,重点推进合成油脂的OEM认证,加强与现有汽车OEM的深度开发和产品升级换代。2009年完成国际认证3项,国内认证1项,写入用户产品说明书6项,取得技术认可书5项,超额完成了润滑油公司下达的OEM认证指标。

【搬迁扩能改造项目】 2009年10月26日,重庆分公司搬迁扩能改造项目可行性研究报告和配套征地申请分别获得股份公司和集团公司的批复。股份公司在可研报告批复中明确,同意将沙坪坝区梨树湾厂整体搬迁至大渡口区建桥工业园B区,扩能改造(一期)后形成20万吨/年总生产能力的润滑油脂生产基地,项目新增投资3.02亿元;集团公司在征地批复中明确,由重庆办事处利用三线退税专用款9000万元在大渡口区建桥工业园B区征地350亩,作为重庆分公司搬迁扩能项目用地。12月30日,重庆分公司、重庆办事处分别与大渡口区政府及建桥工业园区签订项目合作协议、项目合作合同和征地合同,标志着项目征地工作正式启动。

【企业管理与经营】 2009年,根据润滑油公司《关于开展经营管理规范性检查的通知》要求，成立以分公司经理为组长，分管副经理具体负责抓落实的工作小组，认真抓好自查整改。5 月份集中时间、集中力量对三地进行了为期近一个月全面、深入、彻底的“细化管理降风险”专项检查。6 月份针对交通车、服务车、叉车部分驾驶人员存在的服务态度、行为规范、工作作风等问题，开展了驾驶人员行为规范及作风建设专项整治活动。深化“三基”工作，开展“三基”工作示范班组创建活动，打造一支团结协作、执行有力、按章操作的团队。企业管理得到进一步规范，经营风险得到有效控制。

【维稳工作】 认真贯彻落实中国石化集团和润滑油公司维护稳定工作会议精神，做好原子弟校退休教师、协解人员、内退返聘人员、退休老单身等各类群体诉求的信访接待和思想疏导工作，实时排查不稳定因素，及时化解矛盾。关心离退休职工生活，将润滑油公司离退休职工慰问金及时发放到手中，让他们共享企业发展成果；召开部分离退休老领导、老职工座谈会，并组织到生产现场和大项目选址参观，亲身感受企业的快速发展；与地方有关部门联系沟通，协助 42 名“五・七”退休职工办理了超龄人员养老保险手续，使这一历史遗留问题得到妥善解决。

济南分公司

【概述】 中国石化润滑油济南分公司成立于 1992 年 11 月，原名济南兴华股份有限公司。企业性质为股份制，资金来源于济南炼油厂职工集资，在济南兴华股份有限公司期间，创建发展了山东省知名的润滑油品牌——“环球”牌小包装。济南兴华股份有限公司以经营“环球”牌小包装润滑油产品为主，销售区域主要集中在山东与山西两省区。1998 年 4 月重组更名为山东环球润滑油股份有限公司。

山东环球润滑油股份有限公司在济南兴华股份有限公司的基础上，于 1998 年 4 月 1 日重组成立，7 月 1 日正式交接，完成资产重组及股权更替。重组后的山东环球润滑油股份有限公司包括原兴华公司、济南炼油厂运销处高润公司、济南炼油厂调合车间等。资产重组为山东环球润滑油股份有限公司提供了广阔的发展空间，多种“环球”牌润滑油产品荣获省、部级优质奖，其中 CD 级柴油机油荣获国家银质奖和国家科技进步奖。

2004 年 12 月 8 日中国石化润滑油公司召开了中国石化润滑油济南分公司更名揭牌暨长城牌产品正式下线仪式，至此彻底完成了整合，山东环球润滑油股份有限公司正式更名为中国石化润滑油济南分公司，环球牌润滑油正式更名为长城牌润滑油。

济南分公司现设有综合办公室、安全生产技术部、财务部 3 个机关管理部门和营销中心、生产中心、储运中心、分析化验中心 4 个基层单位。截至 2009 年 12 月末，共有在岗正式职工 130 人，派遣员工

164人。

公司依托中国石化济南炼油厂资源优势，矢志技术更新，通过持续的技术改造，润滑油调合产能已达15万吨/年，灌装能力12万吨/年。拥有10条国内技术领先的润滑油灌装线，可以灌装两个大类上百个品种的润滑油产品。仓储面积1.1万平方米，油品储存能力4万立方米。市场开拓范围不断扩大，市场网络日益完善，产品辐射山东、河南、山西、河北、内蒙古、江苏、安徽、浙江、东北三省等十几个省区，拥有中国重汽、潍柴动力、济南轻骑、东营胜动等大客户，长期直供装车及服务用油。

分公司先后通过国际权威机构德国莱茵公司TS/16949质量体系认证，以及HSE、职业健康安全、环境管理体系认证，始终按照先进的管理模式和质量管理体系运行，在生产、销售、财务、企业管理等方面全面实现了规范化管理。

【生产经营】 2009年，济南分公司完成销售总量5.35万吨，其中包装油3.82万吨、OEM大客户销量1.84吨；专项产品摩托车油销售1.1吨，自销产品比例达到65%。全年润滑油生产总量7.45万吨。其中中高档油4.68万吨，高档油1.87万吨；包装油生产总量4.28万吨；20L以下小包装产品2.59万吨。全年累计实现营业收入8.02亿元，在消化年初4000多万元的潜亏因素的基础上，实现利润165万元。

【专业化营销】 2009年济南分公司主要销售业务转为摩托车油专项产品，全年累计召开摩托车油市场推介会100多个场次，建立一级摩油经销商49家，二级经销商700家；创新、细化专业化销售模式，摩托车油销售实现三大突破：一是销售量的增长；二是销售区域的扩展；三是初步形成了摩托车油的专业化销售网络。

【OEM销售】 2009年，重汽产品销售取得了重大突破。在销售过程中，充分借助地域优势，针对重汽的实际需求，采取了增加散装油发货、通过三方物流方式使重汽方面实现了产品零库存以及介入对方ERP系统，大大缩短发货周期并为重汽专用油提供直接发货的服务，在提高销售量、增加销售利润的同时，降低了重汽方面的费用，实现了帮助客户建立赢利模式的目标，确保和增加了销售份额；利用在技术、宣传、人员等方面的优势，深入重汽产品的营销渠道，做好维护拓展工作，深化技术服务，加强技术培训，开展产品推广宣传活动，有力地挤压竞争对手市场空间，加大产品市场推广力度；在全运会限行期间，保质保量地完成了产品保供工作；与重汽卡车公司开展“支部共建”活动，为双方之间的沟通交流创建平台，为销售工作创造了有利的条件，取得了良好的效果。2009年销售总量16000吨，11月22日在重汽投标中获得一标，供货份额达到50%，成为重汽最大的润滑油供应商。

【特种工业油销售】 自2008年2月份起,先后完成了十几个特种油品的市场调研工作,并且在北京研发、上海研发等兄弟单位的大力协助下,挑选出了可以消耗济南分公司基础油的导热油、气柜密封油、导轨油等几个产品进行重点开发,2009年特种油市场得到进一步开发,2009年全年销售特种油3700吨。

【现场改造升级】 2009年分公司先后完成生产办公楼安全隐患治理;库房通风隐患治理;侧向搅拌改气动脉冲调合项目;球扫线、DCS控制等调和系统技术改造项目。生产设施和现场办公条件得到了很大改善,提高了一次调油合格率,缩短了油品调和时间,提高了油品质量工艺控制能力,改善了成品油库存条件,库存产品周转能力得到了提高。

【规范企业管理】 实行过程归口管理,明确过程管理责任,监控过程运行。做好体系保持和持续改进,顺利通过莱因公司年度的换证审核;对ERP各模块最终用户轮流进行培训,提高操作技能,保证ERP平稳运行,顺利通过股份公司ERP达标测评;内控制度深入运行,各岗位人员已逐渐熟悉内控制度规范的业务流程,各项工作自觉按照规范做,工作明显协调顺畅。加强安全管理重视员工培训教育。年初与部门负责人签订了安生产责任书,落实安全生产责任制,保证安全生产可控、在控、能控。不断完善考核制度,形成了较为有效的责任追究机制和激励机制。围绕生产实际进行规范化岗位适应性培训和技术等级培训,开展技术比武,评选技术能手等,进一步激发广大干部员工学知识、比技术的热情,推动公司的健康发展。

【落实维稳工作】 认真贯彻落实中国石化集团和润滑油公司维护稳定工作会议精神,做好协解人员、内退人员、退休职工等各类群体诉求的信访接待和思想疏导工作,实时排查不稳定因素,及时化解矛盾。关心离退休职工生活,2009年节日期间累计帮扶困难职工10人。在全运会期间,分公司采取特殊的措施,从政治高度切实做好安全稳定工作,从务实角度抓好措施落实。严格执行《济南分公司防范恐怖袭击应急预案》和《济南分公司维护稳定工作应急预案》,密切关注有关人员的情绪反应、思想动态和言行举止,切实维护安全与稳定。

荆门分公司

【概述】 中国石油化工股份有限公司润滑油荆门分公司(以下简称荆门分公司)是中国石油化工股份有限公司润滑油公司(以下简称润滑油公司)的直属单位,组建于2002年7月18日。它原是中国石油化工股份有限公司荆门分公司润滑油生产系统的一部分,于1988年建成投产,按照中国石油化工股份有限公司专业重组的统一部署,将润滑油调合生产及销售从中国石油化工股份有限公司荆门分公司分离出来，成为润滑油公司分公司。已由初期散油生产模式转变为以包装油为主的生产模式，目前包装油生产能力达到10万吨/年，基础油接收量达到20万吨/年。

分公司位于湖北省荆门市，它南襟荆沙逼粤桂，北望襄樊达中原，西挽宜昌接巴蜀，东连武汉下淞沪。分公司拥有专用铁路线与“焦柳”、“荆沙”铁路相连，公路、铁路和水路交通均十分便利。

分公司现设安全生产技术部、财务部、综合办公室三个机关管理部门，下设生产中心、储运中心和分析评定中心三个基层单位。

分公司现有职工135人(女职工43人)。其中管理和专业技术人员64人；技能操作人员71人。公司职工平均年龄36岁。其中，21~30岁占4.47%，31~40岁占67.91%，41以上只占27.62%。

【生产经营】 2009年，荆门分公司共接收基础油11.32万吨，同比增长24%。其中，MVI150 2.9万吨，MVI 500 2.3万吨，HVIⅡ类10号5.92万吨，HVIⅡ类26号0.2万吨。共生产包装油34184吨，同比增长18%。其中200升包装油生产量为26815吨，占包装油总量的78.4%，

【装置改造】 2009年，荆门8万吨包装油生产系统完善改造项目建设完成，整个生产调油过程实现了DCS控制。这也是继新大门、化验综合楼建成正式投用和6600平方米包装油生产厂房库房、物流通道正式建成投用后的固定资产投资项目，为做大包装油创造条件。此举基本改变了过去生产工艺落后、场地狭窄、直接作业环节安全形势严峻的不利形势。通过建设，荆门分公司对外形象有了一定提升。

【降本压费】 2009年，在总部指导下，荆门分公司合理安排采购时间，控制均衡到货，降低物资采购成本，认认真真把年初总部工作会议精神落到实处。全年降低添加剂采购成本77.23万元，降低包装物成本384.79万元。生产部门认真落实勤巡检、精细操作的岗位职责要求，定期分析单耗增减变动的因素所在，查到细枝末梢，杜绝“跑、冒、滴、漏”，切实降低生产能耗。2009年动力消耗为111.84万元，扣除施工单位耗用的水、电，扣除生产系统改造部分管线拆除和储罐移位、清理(达到施工动火条件)等吹扫所消耗的蒸汽和氮气，生产实际消耗动力为94.80万元，比考核指标降低5.20万元，降幅为5.20%。比上年降低13%。

【维稳工作】 党委始终把维护稳定工作放在突出的位置。2009年，在荆门石化部分协解人员聚集上访事件中，荆门分公司主动站在荆门石化大社区的角度，落实稳定工作责任制，细化维稳工作职责，坚持正面引导，做好在职职工家庭协解人员排查，传达维稳形势情况通报会，宣讲维稳工作宣传提纲，畅通信访渠道，化解群体利益矛盾，坚持现场值守，努力做好息诉

息访工作。抽调专人成立荆门分公司维稳巡逻小分队，每晚在罐区、库房等生产区域进行巡逻布控，有效震慑各类危害事故的发生，确保新中国成立60周年平安。完善节前、住房改革等敏感时期的不稳定因素排查机制，做好政策出台前的风险评估。

茂名分公司

【概述】 中国石化润滑油茂名分公司(简称茂名分公司)是中国石化润滑油公司的直属生产企业，位于广东省茂名市西北部，成立于1986年，当时属中国石化茂名石油化工公司下属润滑油、润滑脂、石蜡产销一体的专业公司。2002年6月，按照润滑油专业重组的战略部署，茂名分公司除润滑油调合及润滑脂之外，其余业务划回茂名石化，并在当年6月28日正式挂牌成立中国石化润滑油茂名分公司。目前茂名分公司下设综合办公室、党群工作部、安全生产技术部、财务部四个机关部门，及销售中心、储运中心、质量检测中心、调合车间、润滑脂车间五个基层单位。截至2009年12月末，茂名分公司共有在册正式职工286人。

茂名分公司紧靠全国最大的茂石化炼油厂，水、电、风、汽等动力供给得到充分保证，基础油从炼厂通过管道输送，茂石化企业铁路直达装置，运输安全快捷。茂名分公司于1996年1月通过ISO9002质量体系认证，2001年8月通过了德国莱茵公司的QS9000质量体系认证，2006年通过ISO/TS16949质量体系认证。公司现有固定资产原值1.6亿元，200L桶生产线9条，润滑油中小包装自动灌装线10条，产品及基础油罐容6.3万吨，润滑油生产能力35万吨/年，润滑脂生产能力1万吨/年，生产、销售润滑油、润滑脂28个系列，品种牌号达400多个，所生产的“长城”牌润滑油脂在汽车、机械、电力、冶金、矿山、轻工及交通运输行业中得到广泛应用。

茂名分公司是广东省纳税信用“A级纳税人”单位、茂名市文明服务示范单位，先后获得广东省先进基层党组织、集团公司先进集体、集团公司“三基”工作优秀基层单位等荣誉称号。

2009年，茂名分公司坚持“保增长、控成本、谋发展、强党建、勇争先”的“十五字”方针，扎实推进生产经营和各项管理工作，经受住了油价大幅震荡和国际金融危机对生产经营的巨大影响，克服了设备故障频发、生产任务不均衡、技术改造与生产同步进行以及安全稳定形势严峻等内部困难，在安全生产、市场开拓、降本增效、企业管理、党建等方面取得了显著进步，较好地完成了各项工作任务。全年生产润滑油、脂20.21万吨，其中：润滑脂1.03万吨，包装产品15.3万吨，中高档产品16.23万吨，高档产品5.23万吨。销售润滑油脂19.51万吨，同比增长12.4%。其中：包装产品14.39万吨，同比增长5.8%；中高档产品15.58万吨，同比增长

6.2%；高档产品4.83万吨，同比增长27.1%；利润总额从2008年的亏损7502.75万元到2009年赢利8100万元，实现了大幅增长。

【产品销量】 努力健全高柴网络建设，新增8家有实力经销商，形成了46家一级商、180多家重点分销和零售点，超过2500家终端网点的营销网络；开发了深圳东部公交公司、海口巴士股份有限公司、日产4S店等一批有影响力的客户；开展春季、秋季促销、“抢滩登陆”等重点推广活动，召开推介会、技术交流会152场。全年高柴销量10610吨，同比增长49.5%。在加强OEM客户维护和开发的基础上，深入推进产品深度开发，成功开发了龙工、海马售后服务用油及东南汽车、日野重卡装填用油。全年OEM销量同比增长25.3%。专项产品创新营销思路，实行了润滑脂分产品系列经营、船用油“带船开户”、摩油产品系列整合、制动液和防冻液“以强带新”策略，全年润滑脂、船用油、摩托车油同比增长分别达18.3%、16.4%和40.6%。工业油完成四省行业调查，在冶金、电力、建材行业成功开发一批大客户，并在变压器油销售上取得40.5%的增长。全年润滑油脂销量同比增长12.4%，其中，总量、高档油、润滑脂、OEM产品、船用油、CF-4以上柴油机油等9项指标提前完成年度任务。

【产品产量】 在强化HSE体系管理，确保全年安全环保无事故的基础上，进一步强化生产调度指挥中心，优化了两级调度系统，理顺各环节与调度指挥的关系，从组织结构上为优化生产打好基础。进一步加强产销协调，均衡订单，提高了生产保供的工作效率。克服了边生产边技术改造的困难，实施了中小包装灌装线搬迁、小包装灌装设备改造、管调同步计量调合、增设加氢基础油管线等项目，进一步提高了生产效率。不断优化排产，创造了润滑油4月份至6月份月产量连续超过1.5万吨的纪录。通过上下密切配合以及一线职工的辛勤劳动，全年生产润滑油脂20.21万吨，同比增长13.14%。

【销售利润】 一是不断优化产品结构，全年中高档油、高档油分别占销售总量的79.8%和24.7%，提高了产品的盈利能力。二是严控生产成本。公司抓住国际油价持续走低的时机，完成了高成本基础油的置换，并抓好库存量的监督，极大地降低了库存成本；抓好添加剂、包装物、化工原材料等物资采购，实施桶装剂改散装剂采购，节省各类采购成本703.36万元；充分挖掘生产中的效益点，通过用罐底油调全损耗油，用冲管线油回调中档油等措施，节约大量生产成本；抓好了生产过程各环节监控和细化管理，全年一次调成率提升4.2%，综合能耗下降16%。三是深入开展降本压费活动，公司在承受巨大潜亏压力的情况下，全年实现利润8100万元，同比增长208%，继2007年以来，利润再次突破 8000 万元大关，实现了历史性增长。

【产品质量】 深入贯彻"大质量"思想，以质量体系为指导，加强生产过程监控，及时跟踪基础油的质量变化，适时增加调前分析，提高油品一次调成率；做好润滑脂的中控分析对比，确保分析的准确性。不断加强工艺管理，完善了工艺操作规程及流程作业票制；努力优化生产工艺，在最佳脉冲调合时间控制、提高变压器油合格率、不同牌号润滑脂生产等方面逐步做到精细化；解决了 MP-3 脂的外观质量等技术问题。加强了产品的全过程服务，做好了新产品开发、技术服务及投诉的处理。加强了 QC 课题的跟踪，14 个改进项目已全部完成，其中 3 项获得润滑油公司优秀持续改进成果二、三等奖。

【精细化管理】 一是细化设备管理，加强了日常养护，推进了技术管理升级，实现了记录网络化，编制了设备计量管理系统，做好设备运行的实时监控；严格执行备品备件清单，推进"6S"管理、看板管理，抓好设备的专项检查、维护、维修，全年设备完好率 98.61%、关键设备完好率 98.58%。二是强化供应管理，将质量管理体系不断向供应商延伸，加大了管理和考核力度，促进包装物在质量稳定性和交付率上有效提升；加强了内部及外部的协调，在规范 OEM 产品的包装管理以及添加剂、化工原材料的供应上收得成效。三是优化仓储物流管理。因地制宜优化产品堆放场地及广州大羽库、天骄库的仓储管理，合理安排厂内槽车和液袋灌装，提高了仓储、物流配送效率；做好仓储台账的动态管理和仓储管理系统的编制与实施，同时包装物管理向零库存过渡，继大桶实现零库存之后，中桶和纸箱已经接近零库存，4L 以下罐库存正在大幅减少，大力提升了仓储管理水平；规范运输商管理，在安全、服务、面貌等方面进步明显。四是持续推进标准化管理。通过了 HSE、ISO/TS16949 两体系复审；完成了管理体系整合；HSE 体系、内控体系、ERP、LIMES、TBM 等系统在公司的生产经营中得到越来越完善和规范的运用，发挥了重要作用。

【技措技改】 完成了中小包装生产线的重新布局，淘汰部分残旧、生产效率低的罐装生产线，调入北京 1L 灌装机生产线，进行了实验仪器的更新零购，完成了表面张力仪等 6 台仪器的投用及自动倾点测定仪等 15 台仪器的维修，使生产、检测自动化程度和生产效率明显提升。完成了反－1、反－2 的技术改进和大修，做好了预防性维护。实施了电力系统隐患整改，供配电可靠性进一步加强。完成了普调同步计量、1 号调合罐区增设加氢油管线等项目的施工，有效提升了装置的生产能力和现代化水平。此外，检测中心大楼修缮工程、改扩建项目的前期工作正有条不紊地开展，将为分公司未来发展打下良好的“硬件”基础。

【队伍建设】 结合分公司实际，优化销售、调度、润滑脂车间等内部组织结构，及时做好人员招聘、补充和调配，实现多元用工，满足生产经营的需要。同时加强全员培训力度，全年组织内外部培训148场，参加人次2675人次；岗位资格考试44人次，通过率达100%；劳务工技能鉴定通过率由55%提高到83%，员工素质和技能得到提升，队伍战斗力逐步增强，涌现出一批受到上级表彰的先进典型，其中李绍松被评为“集团公司青年岗位能手”，并获“闵恩泽青年科技人才奖”；曾宜辉被评为集团公司安全生产先进职工；陈育明被评为润滑油公司唯一的中国石化集团公司“销售标兵”、龙正文获得“中国石化集团公司‘销售能手’”光荣称号、梁卓锐被润滑油公司评为“营销能手”，赵虎被润滑油公司授予“十佳安全卫士”荣誉称号。与此同时，广大职工发扬能打硬仗的工作作风，在五六月份订单量大、交货时间紧的情况下，加班加点，连续奋战，出色完成了生产任务。

【党建工作】 深入开展学习实践科学发展观活动，紧密围绕“深入学习实践科学发展观，建设华南地区最好润滑油企业”的主题，开展“解放思想，科学发展”大讨论和“三个征集”，收到科学发展事例90条，不符合科学发展现象67条，科学发展群众意愿100条，意见和建议54条；开展“我为公司科学发展献一计”活动，评出优秀项目15项并抓好落实。大力开展“发展与责任”主题教育，编写教育材料16期，编发工作信息47期。开展2008年“十件大事”评选，举办“我与企业”主题征文和演讲，提升了员工关注企业发展的积极性。开展了“我与祖国共成长”主题征文，举办新中国成立60周年成就图片展和知识问答。深入开展“四好班子”建设，开展“五好党支部”创建，制定并实施《“五好党支部”量化考核细则》。积极创新党课内容和形式，深入开展“双向培养”和“学技术学业务”活动，全年新增骨干培养成党员结对9对，党员培养成骨干结对2对，发展党员12名。扎实开展《营销费用及促销品管理》、《检测中心办公楼修缮》等效能监察项目，节约金额43.95万元。分公司党委被评为润滑油公司先进党委，分公司党群工作部被评为集团公司廉洁文化“六进”工程先进集体。

【群众工作】 工会组织开展了叉车和润滑脂岗位技能竞赛活动，以赛促练，促进了操作技能的提升；积极开展清洁生产和叉车安全合理化建议征集活动，收到建议500条，表彰了18条，并狠抓落实；组队参加集团公司、润滑油公司文艺汇演，并获得集团公司综艺类铜奖和润滑油公司一等奖、三等奖；举办春节团拜会、“祖国在心中”群众性歌咏大赛等形式多样的文体活动，营造喜庆祥和的节日气氛；组织职工全面体检，慰问内退、退休困难职工58人，发放慰问金25400元。共青团组织切实抓好团员青年的教育引导，对已递交入党申请书团员青年的进行思想跟踪，2名团员经团组织推优加入中国共产党；开展“与企业同发展共奋进”主题团日活动，结合“我要安全”活动做好安全宣讲，两名团员青年先后获得“集团公司青年岗位能手”和“茂名市优秀团干”光荣称号。

天津分公司

【概述】 中国石化润滑油天津分公司(简称天津分公司)是中国石化润滑油公司的直属企业，坐落于渤海之滨的天津滨海新区汉沽境内。创立于1949年9月，是中国石化润滑脂的主要生产基地。

1949年9月，中国人民解放军华北军区后勤部在北京西城区孟端胡同建立华北军区生产合作社，此为企业初创。1950年3月，企业迁至天津市佟楼三合里73号，更名为兴华炼油厂，隶属华北军区后勤部。1952年6月，更名为天津市植物油厂第六分厂，隶属天津市公营工业管理局。1953年12月，企业划归天津市重工业局，更名为天津市油脂厂。1958年12月，更名为天津市石油化学厂，并于1959年9月迁建到汉沽营城。1960年5月，更名为汉沽石油化学厂，隶属唐山行署轻化工业局。1963年6月，更名为河北省汉沽石油化学厂，隶属河北省化学工业厅。1973年1月，更名为天津汉沽石油化学厂，隶属廊坊轻化工业局。1996年12月，企业以资产兼并方式并入中国石化北京燕山石油化工有限公司，并于1998年9月改制，更名为燕化集团天津润滑油脂有限公司(简称津脂公司)。2004年4月，企业并入中国石油化工股份有限公司润滑油分公司，并于同年7月更名为中国石油化工股份有限公司润滑油天津分公司。

天津分公司现有润滑脂生产装置24套，采用了先进的计算机集散控制系统，可完全满足润滑脂的不同生产工艺的要求。生产润滑脂255个品种、547个牌号，润滑脂品种结构及质量水平达到国内领先水平。润滑脂市场份额约占全国润滑脂协会成员企业总量的20%。市场分布于全国各省区，广泛服务于航天、汽车、冶金、轴承、铁路、军工、工程机械、矿山等各行业，并远销东南亚及其他国家和地区，在国内和国外享有很高的声誉，特别为神舟系列飞船上天及地下设备提供了润滑产品。

天津分公司设有综合办公室、党群工作部、财务部、安全生产技术部、市场管理部五个机关部门和润滑脂一车间、润滑脂二车间、制桶车间、储运中心、技术中心、动力车间等六个基层单位。

2009年，天津分公司全面落实公司工作要求，实施重点行业追随策略，加快国产化进度，实现销量稳步增长；坚持科技创新，加大新行业、新产品的研究与开发，提高产品市场竞争能力；进一步规范内部管理，扎实工作，努力克服金融危机带来的影响，在生产经营、管理及党建等方面均取得较好成效。

2009年，天津分公司实现销售收入7.77亿元(不含天津日石，下同)，同比增长8.5%；实现经营利润6522万元，同比增加132%。累计生产润滑脂4.98万吨，同比增加20%；累计销售润滑脂44240吨(不含调出7290吨)，同比增加12.7%；累计销售润滑油2283吨，同比增加5%；累计生产包装桶609.9万只，同比增长3.31%。

【润滑脂生产与管理】 解决二苯胺、防老剂甲由于存放时间较长出现板结；茂名150BS代替进口150BS基础油的生产使用；长城JZEPD润滑脂2T号产品生产过程中的控制。

2009年7月份，组织军工产品生产，保证军队需求。新车间对DCS系统设备进行调试，完成新车间管线等设备的清洗及试车。2009年11月份，解决T361A粒度问题，稳定生产使用；2009年11月10日开始军用多功能脂生产。

【润滑脂销售与服务】 2009年，在复杂多变的市场形势下，认真进行市场分析，积极应对困难，把握机遇，在维护市场稳定的同时，寻求新的增长点。

一是加大客户关系管理，努力维护市场稳定。制定了领导班子市场拜访计划，加大对冶金、汽车、轴承、铁路、军工等重点行业大客户的拜访，了解信息，加强沟通，面对困难合作共赢，共渡难关。与宝钢资材备件采购部签订党建共建协议，建立起高层互访机制。同时加强与客户的技术交流，制定润滑方案，解决润滑难题。

二是开展进口产品替代和产品升级工作。MCR-A润滑脂在沙钢替代道达尔产品；济钢新项目、承钢1780热轧项目、酒钢CSP项目成功替代美孚产品。与宝钢合作开展润滑脂归并，通过努力成功替代美孚、壳牌、BP的产品。同时对平朔、准能露天煤矿等客户的产品完成了升级工作。

三是加强新行业、新项目开发及新产品的推广。针对国内汽车行业的快速发展，以及零部件国产化程度稳步提高的市场情况，成立汽车脂销售部，实施专业化市场营销。上海纳铁福传动轴项目实现突破，成功供货。与万向钱潮、海马汽车公司签订了合作协议，而且实现了产品销售。在新市场及产品上，沙钢500万吨新项目全线使用长城产品；MCR-A润滑脂在唐钢冷轧厂试用成功；在煤炭行业，成功开发大唐锡林浩特露天矿新客户；套管螺纹防护脂成功应用于天津钢管公司；新开发的重卡专用产品TBL-A润滑脂，通过东风试车场的路试，并实现销售。

四是经销市场按润滑油公司整体规划和要求，调整经营思路，加快市场网络建设。上半年针对市场需求萎缩的状况，以扩大销量为主导，下半年则是以提高自营率为核心，拓展市场。加大地级市网点建设,在22个地市新增了一级经销商,密布了网络,促进销量的增长。

【安全与环保管理】 2009年天津分公司润滑脂扩能改造项目进入关键的施工阶段,各种工种、机械在同一区域交叉作业,同时,边施工边生产,进一步增大了安全管理的难度。

强化新入厂人员安全教育,2009年1—12月,累计安全教育1100人次。抓安全检查,督促问题整改。2009年1月—12月,累计检查249次,查出问题600个,全部整改。完善施工安全管理规定。认真推进“我要安全”主题活动。开展“我要安全”签名等一系列活动,提高了员工的安全意识。2009年6月,开展“安全生产月”活动。2009年10月,开展“百日安全无事故”活动。

【节能降耗】 1—12月份,天津分公司共耗电13589919千瓦小时,水87403吨,蒸汽37823吨,天然气820985立方米。采取了节电、节水、节汽等一系列措施,保证了全年能耗在合理范围内。同时,推进清洁生产活动,查找生产过程中存在的不合理消耗,并进行了整改,进一步降低了不合理消耗。

【设备管理】 2009年全年生产非常紧张,设备管理的主要任务是保证设备正常运转。2009年共安排预防性维修8次,检修设备412台次,有效地保证了生产。利用生产停产空隙进行系统检修更换,彻底修复,确保装置正常运行。加强员工培训,每月进行班组内技术练兵,提高操作技能水平和异常问题处理的能力。

【科研管理】2009年,天津分公司科技开发工作始终秉承技术领先、行业领先的理念,坚持短期目标和长远目标相结合的技术发展规划,按照润滑油脂行业发展要求以及服务对象,重点做好市场调研、新产品开发与应用、技术服务等工作。

2009年,天津分公司共承担了25项课题,均按照时间进度完成,并取得了较好的效果。

2009年,技术中心鼎力支持第二批中国石化企业标准制定工作,所负责编制的产品标准于1月份全部通过审核。

成功开发环保型城市快轨交通系统系列润滑脂并在北京地铁批量推广使用。本项目包含环保型铁路轮轨润滑脂和闸瓦调节器用润滑脂两项子课题。水泥行业用辊压机润滑脂在天津冀东水泥有限公司成功替代了进口倍可专用辊压机润滑脂,并取得了应用报告。同时将产品又推广到西山水泥试用。石油钢管专用储存脂的研制及推广,填补了国产石油钢管专用储存脂的空白。宝钢的技术推介工作取得显著成效。新配方的JZEP D润滑脂成功替代了美孚HTM;在宝钢不锈钢分公司推荐长城MEP润滑脂替代壳牌爱万利EP,获得对方认可;在宝钢特殊钢分公司推荐EMLUBE-L替代BERUTOX

M21KN,已经完成技术认可。炮用润滑脂的研发取得了阶段性的成效。课题组完成了保持能力、防护性能等新的实验方法的建立,新原料的联系和考察,已经开发出满足行业标准要求的产品配方并进行了中试生产。出口通用锂基润滑脂的原材料、配方方案的研究取得一定进展。长寿命电机轴承润滑脂及神舟系列润滑脂开发,2009年5月26日通过中国石化股份公司的A类课题鉴定。

【知识产权】 2009年6月份,天津分公司提前完成专利申报两项,分别是一种新型润滑脂及制备方法和一种极压型润滑脂及制备方法。完成国际OEM认证1项,国内OEM认证6项。

【质量管理】 按照上级公司要求编制了质量月活动计划,组织计划落实。组织质量风险识别,制定和完善了纠正预防措施及控制计划,对稳定产品质量,提高产品合格率,起到了一定的保障作用。在承运商的管理方面制定具体措施,严格执行运输商例会和季度评审相结合,加强运输商内部的管理,建立交货异常机制(包括安全交货期和应急交货期)。迎接质量体系第三方审核。推进持续改进项目。2009年共注册了10个QC项目,上报公司10个。5月17日,上海纳铁福传动轴有限公司对分公司进行了现场审核,成为SDS的供应商。7月15日,东风日产现场审核,并正式供货。

【人力资源开发与管理】 在用工指标控制上,本年度应控制人数755人,其中正式工689人,劳务工66人。2009年末,天津分公司正式工676人,劳务工66人。

2009年,天津分公司专业技术人员聘任工作中,共聘任高级工程师15名,高级会计师1名,中级职称人员83名,初级职称人员58名。员工培训管理:2009年分公司培训计划共29项,其中资格性培训10项,完成10项,完成率100%;适应性培训19项,完成17项,完成率89%,培训计划总体完成率为93%。

【党群工作】 2009年,按照公司党委的统一部署和要求,天津分公司主要以开展学习实践科学发展观为主线,深入落实党建、纪检监察及工会共青团的工作的各项要求,服务中心工作。

一、深入开展学习实践科学发展观活动,圆满完成了各个阶段的活动内容,达到了提高思想认识、解决突出问题、创新体制机制、促进科学发展的目标。

二、加强和改进企业党建工作。根据公司组织机构变化,及时调整支部设置;开展"四好班子"、"五好党支部"和党员责任区活动,促进两级领导班子、党支部和党员作用的发挥。

三、加强宣传和思想工作。紧密围绕企业中心工作,利用各种载体,开展多种形式的形势任务教育和企业先进人物事迹宣传,增强干部职工发展企业的信心和责任感;组织开展了庆祝建党 88 周年、新中国成立 60 周年为主题的系列宣传教育活动。

四、开展党建共建活动。天津分公司党委与宝钢股份资材备件采购部党委举行党建共建协议签字仪式。

天津储运分公司

【概述】 天津储运分公司隶属于中国石化股份有限公司润滑油公司。坐落于天津滨海新区,北倚京津塘高速公路,南临海河,东靠天津经济技术开发区和天津港,铁路专用线经京山线与全国铁路网连接,西距天津滨海国际机场 15 公里。具备多功能的交通便利条件,物流基础设施条件优越。主要经营润滑油品生产、加工,基础油、添加剂仓储、中转等。

天津储运分公司油库建于 1952 年。1999 年 3 月中国石化集团公司进行资产重组时,将原中国石化销售华北公司下属润滑油系统有关部门、人员、设施一并划转至长城润滑油公司,包括 5 个单位 110 人。2000 年 11 月在天津市工商局注册为中国石化长城润滑油天津分公司,2003 年 5 月更名为中国石化润滑油天津分公司,2004 年 7 月更名为中国石化润滑油天津储运分公司。

天津储运分公司现设有综合办公室、财务部、安全生产技术部 3 个机关管理部门和调拨中心、分析化验中心、生产部和储运中心 4 个基层单位。截至 2009 年 12 月末,分公司共有在岗正式职工 110 人。其中在岗职工人数 36 人,派遣员工 74 人。职工中,大学专科以上学历占总人数的 30%。

分公司现有润滑油装卸码头一座,面积 620 平方米,长度 124 米,吃水深度 6.9 米,可停泊 5000 吨以下油轮作业,全年通航。码头属国家海关二类监管码头,具备接卸外轮资格。

铁路专用线一条,润滑油栈桥长度 48 米,有鹤管 16 只,库外专用铁路线与塘沽车站连接,全长 6.5 公里。有润滑油输转泵房两座,输油泵 36 台,各类储罐一次存储能力 59000 立方米。润滑油调合罐 10 个,一次油品调合能力 660 吨,油品灌装生产线 5 条,其中 200L 灌装生产线 2 条,4L 和 18L 灌装生产线各 1 条。年油品生产能力 3 万吨。

分公司具备较完善的监测装置及配套环保装置。

目前,分公司已通过多家专业机构资格认证,生产经营实现专业化管理。产品质量、安全生产、节能降耗方面逐步得到规范。2002 年分公司按照 ISO 9001:2001 标准建立的质量管理体系通过 SGS 瑞士通标标准公司认证;2006 年 6 月,分公司纳入润滑油公司统一质量管理体系认证,2006 年 12 月润滑油公司及下属十几家分公司顺利通 16949 管理体系集团认证,取得认证证书。

2004 年分公司按照 GB/T 28001－2001、GB/T 24001－1996～ISO 14001－1996、

ISO/CD14690建立的HSE管理体系通过青岛阳光认证公司资格认证；2007年7月，分公司纳入润滑油公司统一HSE管理体系认证，并通过认证审核。

2005年分公司按照《天津市计量管理条例》、GB/T19022－2003(idt ISO10012－2003)建立的计量管理体系和按照《定量包装商品生产企业计量保证能力评估规定》、《定量包装商品生产企业计量保证能力评价规范》建立的C标志认证通过国家技术监督局的认可。

分公司于2004年按照《港口设施保安规则》和国际海事组织《国际船舶和港口设施保安规则》标准建立港口设施保安体系，并取得中华人民共和国交通部颁发的《中华人民共和国港口设施保安符合证书》。

【生产经营】 2009年润滑油天津储运分公司实现生产润滑油产品3.63万吨，完成年度计划的146.4%；完成基础油调入任务18.20万吨，为年度计划的168.8%；完成基础油调出任务14.89万吨，为年度计划的214.8%。生产经营均创历史同期最好水平。

【生产和物流】 根据润滑油公司的统一部署，2009年分公司新增“长城”20L包装规格的船用油产品任务。接到任务后，分公司积极协调，研究落实相关配套保障措施，并圆满完成了新增包装形式的润滑油产品的顺利下线。

同时作为润滑油公司的仓储基地，2009年分公司调拨任务相当繁重。10月份为天津响螺湾水域实施封航期间，为保障各兄弟单位的基础油供应，分公司优化储罐使用，并实行24小时全天候物流服务，坚持车到装车，货到卸货，有效保证了油品生产、接卸和发运任务的完成，将封航对公司的各种影响降到最低，充分发挥好分公司“蓄水池”的作用。

【安全管理】 自“我要安全”主题活动开展以来，得到分公司职工和相关方的大力支持，分公司职工的安全意识和自我防护能力不断提高，基本形成了从“要我安全”到“我要安全”的转变，安全管理工作再上新台阶。分公司以HSE管理体系实施为抓手，加强安全自查、互查、巡查工作，定期开展体系内审和管理评审，持续提高企业绩效，安全管理工作稳步提高。

【产品质量管理】 分公司认真落实“大质量”工作要求，坚持质量第一的理念，一切从细节入手，按照润滑油公司的质量管理“抓两头、稳中间”的思路，严把产品质量关。一是加强采购和入厂检验，严把基础油、添加剂入口关；二是采取各种创新措施、规范工艺管理，加强产品质量中间控制；三是改善库存环境，做好油品仓储保管。这些措施的实施，分公司质量管理做到了横向到边，纵向到底，全年未发生公司级质量事故，质量管理工作再上新台阶。

【节能降耗,降本压费】 2009 年是天津储运分公司的“成本控制年”。为做好费用控制,分公司领导深入基层,探讨节约可控费用空间,并制定降本压费的相关措施。同时将此项工作与清洁生产工作相结合,淘汰高耗能产品,倡导低碳生活。这一系列措施的执行,职工的节能减排意识大大提高,良好的节约习惯逐渐养成,降本压费工作取得成效。

【学习实践科学发展观活动】 按照润滑油公司党委的统一部署,2009 年 3 月开始,分公司全体领导干部和党员以饱满的政治热情和良好的精神状态参加了学习实践科学发展观活动,活动参与率达到100%。分公司较好地完成了准备动员、学习调研、分析检查、整改落实 4 个阶段的各项“规定动作”,达到了党员干部受教育、科学发展上水平、职工群众得实惠的总要求,取得了较好的效果。

【主题教育活动】 按照分公司党总支的统一部署,自 2009 年 9 月 22 日起,分公司正式开展“爱国、爱厂、爱岗”主题教育活动。这也是分公司自 1999 年重组以来,独立开展的一项主题教育活动。活动中,通过宣传教育、开办网络摄影展、征集分公司重组 10 周年发展变化以及一些文体活动,统一职工思想,统一认识,团结一致,爱岗敬业,克服困难,为圆满完成润滑油公司下达的各项工作任务提供了思想保证。

【工会、共青团工作】 分公司认真开展工会工作,发挥职工代表参政、议政、监督、检查的作用。除每年定期召开两次职工代表大会审议分公司工作报告外,凡属关系到职工切身利益的政策,关系到企业发展的决策,均通过职工代表会议审议通过。分公司积极组织职工参加文体活动,每年组织进行一次体检,并按规定按时将防暑降温费、取暖费发放到职工手中。通过分公司的努力和工会的工作,及时把党的温暖、企业的关怀传递到每一个职工心里,受到广大职工群众的好评。

分公司注重年轻团员的培养教育,引导团员发挥先锋模范作用,干一行,爱一行,积极向党组织靠拢,为党组织注入新鲜的血液。

上海分公司

【概述】 上海分公司坐落在上海市浦东江心沙路 3 号。成立于 2002 年 8 月 30 日,系以中国石化高桥分公司炼油厂润滑油部分为基础组建的。现有生产能力 38.7 万吨,拥有 200 升包装桶生产线 13 条,20 升包装桶生产线 4 条,4 升包装桶生产线 2 条。

截至 2009 年 12 月 31 日,员工总数为 427 人,其中正式员工 291 人(包括内退职工 23 人,病休 6 人,海润公司 25 人,在岗正式员工 266 人);劳务派遣员工 136 人。

领导班子成员4人,党委委员6人,纪委委员3人;党员94人。分公司中层干部33人,其中35岁以下5人,本科学历16人,研究生学历4人。上海分公司行政组织机构由一个机关、三个中心、两个厂组成。其中,机关由综合办公室、党群工作部、安全生产技术部、财务部四个部门组成;三个中心分别为:销售中心、分析中心、储运中心,其中销售中心下设市场营销部、销售业务部、技术服务中心;两个厂分别是调合二厂、调合三厂。上海海润添加剂有限公司是集团公司与润英联的合资企业,由润滑油公司委托上海分公司代管。

2009年上海分公司全年完成利润1.58亿元,为年计划指标的112.8%;发生费用2.06亿元,为年度指标的96.8%。全年完成销售总量27.6万吨,完成计划的114%。其中,包装油完成23万吨,完成计划的104.7%;小包装油完成6.2万吨,完成计划的123.6%;中高档油完成25万吨,完成计划的112.8%;高档油完成4.6万吨,完成计划的89.7%。全年完成生产总量28.7万吨,完成计划的106%。其中,包装油24万吨,完成计划的98%;中高档油26万吨,完成计划的106%;高档油4.7万吨,完成计划的95%。

安全、质量、环保工作正常,综合能耗控制在范围内,职工队伍保持稳定。

虽然销售总量完成全年进度,但高档油销量欠进度,自主销量占销售总量比例不够,有些专项产品未能全面完成总部下达的指标,同时在分析和总结油品使用案例上做得不够。基础管理薄弱,标准不高,现场"脏、乱、差"现象依然存在。改造项目产能与35万吨/年设计值存在差距,还未充分发挥,调合二厂预计产量为17万吨,只达到设计能力的一半。客户投诉、检验用油质量较多,在投诉处理和产品质量控制上还需加强。

队伍建设有待加强,职工素质和技能有待提高。员工队伍年龄偏大。

【润滑油生产与管理】 一、抓好资源供应,满足市场需求。在基础油接收和调拨方面,由于受金融风暴的影响,加上炼厂加氢基础油装置运行不稳定,导致资源供应不足,分公司及时和高桥分公司炼油事业部的生产、市场部门进行沟通协调,衔接月度计划,解决后续资源保障问题,并根据资源的情况进行安排调拨,同时加强和总部相关职能部门的沟通,以及和省市石油公司的联系,对市场供货及时进行测算,在生产安排时提前做好资源的准备。2009年,分公司接收基础油合计365453吨,其中一类基础油接收238035吨,加氢基础油接收127417吨。

二、抓好出口产品。2009年,公司将上海分公司作为出口产品基地,派出专家组到分公司进行现场指导,就建立和完善出口产品的质量预防保障体系提出了29条建设性的意见和建议。分公司已对此29条改进建议项全部整改完毕,同时梳理了出口产品业务流程，对生产计划、原材料保证、设备设施、技术支持、生产布局、仓储管理、体系保障等各个环节，明确了各部门的职责和权限，成立了《润滑油出口产品质量保障体系的建立和有效运行》项目小组。经过5个多月的实际运作，分公司出口产品生产的条件已基本具备，质量预防保障体系的建立和完善工作也取得一定成效。另外，分公司采取优化工艺流程、调整采样和发运方式等确保专项产品市场供应。

三、优化生产布局，提高高档油产能。结合35万吨/年改造项目投产和调合一厂的体制转变，分公司对生产布局以及产品结构进行合理安排。主要以调合二厂改造后的生产设施为重点，安排高档油的生产，全年累计产量15万吨左右，同比增长36.3%，占生产总量55.9%。在产品生产组织过程中，对资源的使用进行优化，使重质基础油的使用最大化，有效保障了市场供应。

【润滑油销售与服务】 2009年，上海分公司认真落实公司价格策略、营销策略、品牌经营策略，积极开展长城润滑油营销工作。

一、开展绩效考核。2009年，上海分公司首次实施绩效考核制度，将销售的各项指标分解到组，销售压力也平摊到每个人身上。因此，部门内业务人员的工作作风已经有所转变。同时，不断加大考核力度，对一些勇于在岗位上主动创新、优化工作效率的员工进行表扬，对ERP订单未及时关闭、周报信息、月结工作等未按时提交的情况也进行了相应的考核。

二、努力提高大客户销量。2009年，上海分公司在大客户的维护和开发工作过程中，走访客户60多次，了解客户润滑用油动态和状况，并开展有效沟通，改善客情关系，扩大与客户合作的范围，力争扩大长城润滑油的使用份额。新增有效客户的完成率超过了100%。2009年，从中国石化集团公司领导到润滑油公司领导都带头亲自走访市场、拜访大客户，有效稳定了市场和客户，为分公司巩固和提高大客户市场份额创造了非常好的外部环境。全年实现大客户销量1.2万吨；OEM销量3.4万吨，完成年度计划111%。徐工集团、宝钢集团供货量大幅度增长，上海通用等大客户服务进一步加强。

在公司的高度重视下，中标徐州工程机械集团有限公司，长城润滑油获得了70%的份额。根据徐工集团各下属公司的生产计划，安排油品生产和合理库存，实施24小时配送服务制度，任何时间，徐工集团都能在计划时间收到需要的油品。全年供应徐工集团8776吨，比2008年同期增长55.2%。

宝钢集团累计销量2887吨，同比增长289.7%。从2009年5月起，在宝钢分公司、不锈钢分公司、特殊钢分公司、中厚板分公司开始将长城油替代进口油品。

三、加大专项产品和重点产品营销力

度，分公司变压器油首次生产的超高压变压器油运行实验成功：长城25号变压器油（特殊）在正泰电气股份有限公司制造的ODFSZ—250000/500单相自耦电力变压器进行试验运行，于2009年10月27日—12月31日，经国家级行业检测中心——电力工业电气设备质量检验测试中心的例行试验、型式试验、特殊试验，绝缘油试验（绝缘油试验和油中溶解气体色谱分析）检测，完全符合变压器油（特殊）要求。此次运行试验的成功，对中国石化润滑油公司开拓变压器油高端市场，挤占长期由壳牌、尼纳斯等国内品牌占有的市场，打下了良好的基础。2009年上海分公司变压器油累计完成35654吨，完成年度计划的102%。并首次实现了40号变压器油的销售。

12月1日，润滑油公司总经理宋云昌带领综合计划部、市场营销部和经理办公室相关领导到上海检查指导工作，分别考察了金属加工液分公司生产现场、上海分公司分析中心和35万吨/年润滑油装置现场，听取了上海分公司1—11月份生产经营工作汇报，并与分公司销售人员进行了座谈，重点了解变压器油、船用油、尊龙产品等专项产品销售情况以及独立营销的情况，指出，上海分公司2009年各项指标完成得较好，尤其是在变压器油市场开拓方面取得重大突破，不仅为上海高桥分公司解决了资源后路问题，也为分公司重新找到未来局部细分市场取得优势机会的产品和全新系统领域，进一步证明了公司在产品开发、产品管理方面选择走专业化道路的方向是正确的。

2009年船用油销量得到增长，船用汽缸油、船用系统油、船用中速机油等全年销量达1.06万吨，同比增长25.2%。江南、沪东、中华等大型造船企业冲洗用油已全面使用长城油。加大航运企业市场开发力度，其中宁波海运市场占有率达到2/3；中海货运上海42艘船舶中有14艘使用长城润滑油，同时与中海货运上海分公司合作开展汽缸油TBN（总碱值）与燃料S%（硫含量）适应性研究；在长航凤凰上海的市场占有率达到50%。2009年1月份首航的92500吨级散货轮“和邦”轮所使用的润滑油由SHELL改为长城。“和邦”轮是使用长城润滑油的最大吨位散货轮。11月20日，沪东重机决定选用长城船用系统油3008作为其低速机试车用系统油。为做好沪东重机系统油升级替代工作，12月15日专门邀请其技术中心制造技术室的工程师到分公司生产现场了解1吨箱的生产和管理，润滑油上海分公司的现场管理得到用户的好评。12月17日已经接到第一批产品订单。

四、努力提高尊龙系列销售力度。2009年，上海分公司对尊龙系列产品进行市场推广，共签订了51家三方协议，华东地区高档柴机油累计销量达到11229吨，同比增长1401吨。其中，CI产品销量131.8吨。在2008年的基础上，不断完善营销网络，目前一级经销商达到44家，二级经销商达到400多家。

2009年9月1日—11月15日尊龙秋季促销，总计销售尊龙系列产品105171件，其中CF-4级别产品102081件，CH-4/CI-4级别产品3090件；与上年同期同比分别增长了431%、439%、251%。为了配合秋季促销活动，于9月、10月在无锡、合肥、宿州、金华、衢州、蚌埠、阜阳、嘉兴、台州、上海等10地展开了12场尊龙系列产品推广订货会。在7—9月间分别在江浙沪皖召开了长城高档柴机油终端用户交流会。

五提高服务意识，减少投诉。2009年，分公司利用每月客户信息分析会，反馈交流市场信息和物流运输仓储等环节中碰到的问题，明确销售是投诉的第一责任人，技术和销售人员联合开展上门主动服务，及时协调落实解决问题。弘扬"以客户为中心"的理念，对客户发来的每一笔订单、提出的每一次现场服务要求、涉及的每一次技术问题，都逐一在第一时间做出了业务反应，并快速形成闭环，真正做到认真对待、积极处理。另外，还积极主动做好维权打假工作，联合当地执法部门、利用专业打假机构以及新闻媒体等有效的打假方式，做好长城润滑油维权工作，避免客户受到损失。据统计，2009年共计主动上门服务近200人次；协助工商部门在江、浙、沪、皖组织了20次打假活动，没收大量侵权商标、油品，已处罚款约人民币150万元，维护了长城品牌形象。全年投诉量比2008年同期明显下降，共收到投诉66起(9起为分公司外产品投诉)，同比下降27.5%，投诉处理的平均周期为2.25天/起。

【安全与环保管理】 一、认真开展"我要安全"主题活动。2月17日润滑油公司召开"我要安全"主题动员大会后，上海分公司立即成立了以经理、书记为组长的领导小组，按照要求及时制定各阶段具体实施计划，在分公司全体员工、承包商、分包商和承运商中广泛开展此项活动，先后开展了逃生应急预案演练、"安全宣传月"、叉车技能比武等工作。同时进一步采取措施加强门禁、治安保卫管理，较好地完成了活动各阶段的工作。通过活动，员工安全自我保护意识得到提高，各项操作行为趋于规范、HSE管理体系进一步深化，安全隐患得到及时消除。在总结评比阶段，认真开展主题活动总结，"安全卫士"评比、经验总结，编写"我要安全"主题专刊等工作，"我要安全"主题活动取得明显成效。

二、做好国庆60周年安全工作。根据润滑油公司要求，分公司安全生产技术部组织工艺、安全、保卫、环保、设备、生产等专业相关人员对所有部门和生产现场，开展了一次设备设施(叉车、压力容器)、安全重点控制点、电气线路、化学试剂、消防设施、保卫保密、节日加班生产情况检查，对存在问题逐项落实整改，确保节日安全生产、稳定。

三、通过莱茵公司HSE体系复审。按照《2009年HSE体系运行策划方案》，分公司根据总部新修订的HSE因素识别和评价方法，分阶段在全体职工范围内推进HSE因素识别工作，通过开展对设备设施、作业活动危害因素识别及风险评价，认真执行体系程序文件，积极与质量体系整合，开展HSE体系内部审核，做好未遂事件统计、分析等工作。各级领导和员工的安全环保健康意识得到进一步提高，生产和管理中存在的重大风险得到重视。从分公司多次专项检查、总部和上海分公司内审、管理评审、外审单位复审情况看，体系运行总体情况基本正常。

四、加强职业卫生及环保管理。分公司职业病防治工作坚持预防为主、防治结合的方针，实行分类管理、综合治理。按时、按标准向所有员工发放劳动保护用品，定期对作业场所进行监测，对从事有毒有害岗位的人员进行职业健康检查，体检率100%。对进入公司人员（含外来施工人员、劳务工）进行职业卫生教育，督促噪音岗位员工自觉按要求配戴耳塞上岗。对所有员工办理工伤社会保险。安全生产技术部还组织人员编写《防中暑知识》材料，下发至各部门组织学习。员工通过学习，基本掌握了防中暑知识。同时各部门为员工配备了防中暑小医药箱。

五、推进持续清洁生产审核。2009年，分公司积极巩固清洁生产成果，持续清洁生产工作。年初及时召开清洁生产领导小组会议，对全年工作进行布置，贯彻落实清洁生产工作。通过开展清洁生产方案实施、物料平衡、节能降耗合理化建议、清洁生产方案征集等活动，清洁生产工作取得很大成效。

【设备管理】 上海分公司2009年期初固定资产原值274162715.7元，固定资产净值226887821.2元；期末固定资产原值280641446.89元，固定资产净值216797122.87元。其中机泵设备116台，油罐62座（其中6座3000m^2），调合罐57只，灌装线15条，锅炉1台，叉车35辆，电梯行车等起重设备8台，完好率均为100%。

2009年分公司对从炼油厂至调合二厂润滑油管线的管架进行加固，共加固柱基础和立柱335根，更换横梁224根，油漆管线3300米。完成《废旧物资处置管理规定》的编制，加强了对安全隐患整治。

【质量管理】 一、开展工艺专项检查。2009年，分公司积极按照润滑油公司工艺技术管理的要求，于每季开展定期检查。在四次工艺专项检查中，主要针对配方执行、产品机杂控制、顶线油管理、巡检制度执行、原始记录填写、油品发运、仓库管理等进行了重点检查，共发现问题20多项。通过问题剖析、相互学习、落实整改等，进一步规范了工艺技术管理要求，提升了分公司过程管理水平。4月21日，上海市石油化工产品质量监督检验站到分公司进行第二季度润滑油产品全面质量抽查，分别对4L包装的SE15W-40、CF-4 15W-40、HM46一级品、CD15W-40、SJ10W-40和

85W/90GL-5 进行抽样检查，抽查结果全部合格。

二、加强产品质量监控。2009 年，分公司对内部及委外生产点的过滤工艺进行了较大幅度的改进，使所有的产品发运线均实现了多道过滤、末道为 5μ 的过滤精度要求；建立 FD 轴承油独立的调合和灌装系统，并采用磷化高清洁桶灌装，有效确保了产品的外观质量；高清洁液压油采用宝钢轧制线上使用的 1μPaul 过滤器进行供货产品的质量控制，使清洁度始终稳定在 NAS6-7，有效推进了宝钢国产液压油替代工作的进程。通过采取多项措施，分公司产品机杂的质量得到了明显提升。

针对 2008 年下半年陆续接到 4L-A 型桶内盖脱落投诉的情况，分公司认真查找根源，分析问题，自 2009 年 3 月起对夹桶工艺进行改进，将人工夹盖改为自动夹盖，彻底解决了 4L-A 型桶内盖脱落的问题。改进方案实施以后，收到明显效果，顾客对 4L-A 型桶表示满意。

三、开展 QC 小组及质量培训。2009 年共完成 7 个 QC 成果，其中《策力控制变压器油质量，提高变压器油市场占有率》和《蒸汽管线防冻防凝专项治理》2 项成果分获润滑油公司的一等奖、三等奖。《策力控制变压器油质量，提高变压器油市场占有率》还获得全国“海洋王杯”QC 成果二等奖。2 月份，与茂名分公司开展专题交流学习，就变压器油基础油接卸、生产流程控制、设备保证、分析能力、产品质量、储存防护及包装物标准等在实际应用过程中碰到的问题和经验做法进行了充分讨论和交流。

四、抓好信息化建设与管理。2009 年分公司分析中心 3 号楼改造期间，对信息系统建设包括超五类网络布线，电话布线进行整体调整，完工投入使用后达到了预期效果。分公司及各调合点、异地仓库的主干网络改造，网络基础建设基本形成。

【企业管理与改革】　2009 年，上海分公司贯彻落实集团公司、润滑油公司下发的各项管理制度以及分公司现有的管理制度。在内控制度执行与业务流程优化方面，一是加强对润滑油预收货款、应收账款监管及现金收款业务的管理，规范信用销售，防范经营风险。二是加强对润滑油库存商品的管理，规范虚拟库存的使用，严格盘点制度，堵塞库存管理漏洞。三是积极开展内控自查，规范内控管理。四是抓好 ERP 运行，提升产品质量和服务流程效率，杜绝违规行为的发生，全年组织各个模块对业务操作人员和业务查询人员进行 6 次培训，共计 77 人次，同时开展了 ERP A、B 岗培训。

根据公司上半年经济活动分析会议要求，细化分公司经济活动分析，加强流动性资产和库存管理，对库存及长期不用添加剂进行识别，分门别类处理和利用。制定了《顶线操作规程》，充分利用顶线油资源。2009 年共产生顶线油 1294 吨，使用率达到 100%。

认真落实降本减费和经营规范性检查问题整改，严格执行询比价要求，通过货比三家、择优选择，在确保质量的前提下降低采购成本，全年节约采购成本约356万元。

强化“三基”工作。开展“三基”工作“三结合”活动，即“三基”工作与学习实践科学发展观活动相结合、“三基”工作与HSE和质量体系运行相结合、“三基”工作与规范经营管理相结合。通过开展基层调研、体系运行审核、规范性经营管理检查等工作，对照标准找差距、对照要求查薄弱环节、对照问题抓整改，不断改变管理面貌。其中，重点在走动管理上下工夫，提高现场管理水平。2009年在分公司领导班子带动下，各职能部门每周至少要到远离分公司的生产点两次，对附近的调合点，包括委外生产点每天都要深入现场，并将此作为考核内容。分公司领导还多次到各调合点召开现场办公会，平时几乎每天深入基层，解决基层各类实际问题。从10月份起，基层单位以自查方式拍摄现场管理照片，在党政工例会上进行播放汇报，并将问题及时落实整改，通过这种自身查找问题、公开问题并加以整改的方式，不仅使各部门间可以互相学习借鉴，也有效提高了现场管理水平。

【开展深入学习实践科学发展观活动】上海分公司党委紧紧围绕“建设具有较强竞争力的专业化润滑油基地”实践主题，认真开展学习实践科学发展观活动，达到了“党员干部受教育、科学发展上水平、职工群众得实惠”的预期目的。先后组织专题学习会10次，举办2期中层干部培训班，组织74名党员、全体职工分别到革命摇篮井冈山学习、观看教育片《铁人》。整个活动期间，分公司召开各类专题会议14次，活动办公室共编发简报7期，制作专题版面、横幅等10块，通过《每周动态》、《长城报》等新闻媒体报道活动消息45条。

分公司班子成员以“三个开展”为抓手，积极做好调查研究工作。召开现场办公会、党员代表座谈会、职工群众座谈会等9次，共计有129多人次参加；开展“三个征集”活动，共征集到先进事例14个，科学发展群众意愿37条，意见与建议征求93条。班子成员针对分公司生产经营实际问题开展调研，确定了26项具体整改方案；开展解放思想大讨论，班子成员先后参加基层单位安全专题学习会4次。

武汉分公司

武汉分公司位于武汉市汉口江岸路11号。

武汉分公司前身是中国石化武汉长江高级润滑油有限公司。是一个由中南销售公司、大庆石化、兰州石化三家合资于1996年11月成立的有限公司，生产“火炬”牌润滑油。1999年4月，中国石化集团公司将武汉长江高级润滑油有限公司划归长城润滑油集团，于2000年更名为“中国石油化工股份有限公司长城润滑油武汉分公司”。2003年5月，更名为“中国石油化工股份有限公司润滑油武汉分公司”。

【概述】 2009年，按照公司“坚持品牌化、国际化、专业化的经营思路”和“提高高端市场占有率”的总体要求，紧紧抓住“建设具有较强国际竞争力的专业化润滑油企业”目标，武汉分公司抓住机遇，开拓进取，克服困难，周密协调，销售和生产超额完成了全年工作目标；安全，质量和工程项目工作取得了良好业绩，企业管理也上了一个新的台阶。

【生产经营情况】 武汉分公司2009年销售总量实际完成133442吨，完成率121%；包装油实际完成109598吨，完成率110%；高档油实际完成26887吨，完成率100%；中高档油实际完成107245吨，完成率107%；小包装实际完成48842吨，完成率116%。2009年生产总量实际完成81397吨，完成率120%；包装油实际完成76955吨，完成率113%；高档油实际完成29419吨，完成率118%；中高档油实际完成80823吨，完成率119%；小包装实际完成37432吨，完成率107%。2009年调拨成品油13.43万吨，其中：调拨包装油3.93万吨，散油2.03万吨，基础油7.47万吨。

【利润情况】 实现主营业务收入130600万元，结转产品及基础油成本114687万元，计提税金及附加2295万元，发生完全费用8704万元，累计利润6058万元。

【固定资产情况】 2009年末固定资产原值9760万元，净值4794万元。基础油储罐库容30000立方米，成品库容5500吨，调合生产能力8.5万吨/年，灌装生产能力9万吨/年，主要生产设备有1L灌装线1条，4L灌装线2条，20L灌装线2条，200L灌装线2条。

【投资完成情况】 2009年度投资计划共4项，其中：武汉分公司20万吨/年润滑油扩能改造项目，计划下达5000万元，资本支出完成5000万元；4L-1灌装线自控仪表隐患治理项目，计划下达18万元，实际完成18万元；安全培训设备计划下达1.5万元，实际完成1.43万元；零购计划下达10万元，实际完成9.91万元。

【设备管理情况】 2009年20万扩能改造项目开始实施，许多临时设备设施的投用，使设备管理的重心放在了设备安全操作和培训工作上。设备动力车间对公司的设备操作规程进行了复核修订，使之更符合目前的生产工艺，另外，将特种设备管理由以前的兼职岗位转为专职岗位，负责特种设备的监督管理工作；9月份，2回路负荷2000KVA中心配电室建成投用，为了保证新装置的顺利开车，公司选派两名同志去北京分公司学习，回来编制电气“三三二五”制文件并落实执行；认真落实润滑油公司隐患治理项目，11月份对4L-1号灌装线控制系统进行了维修改造，改善了灌装线脏乱差的状况。

【计量工作情况】 分公司计量管理工作实行统一领导、分级管理、分工负责的管理体制，建立了与企业相适应的计量体系文件和计量管理制度。根据工作需求，修订了相关的计量管理制度。能耗计量器具和厂内消耗用计量器具的配备率大于95%，过程控制质量检测和经营管理用计量器具的配备率大于98%，综合计量检测率达到95%以上，用于商品质量检测的计量器具(衡器)配备率达到100%。在用计量器具的检定和检准，强检A类计量器具受检率达到100%，对B类和C类非强制性检定的计量器具，根据自己的使用要求确定其检定和校准周期，并在有效期内使用。

【质量工作情况】 结合润滑油公司公司体系管理文件的修订和学习，相应修订和完善分公司《不合格品授权管理办法》、《罐区管理制度》、《产品追溯指南》等三级文件；按总部要求，将分公司自行编写的三级文件和质量记录转移到OA上共享，文件共享面更宽；通过了莱茵公司管理体系审核；进行了产品审核和过程审核；继续组织质量专业技术人员参加继续教育，公司5名中级人员均按要求进行了注册或再培训。在公司督导下，供方先后完成200L钢桶机械杂质、油漆附着力、彩漆分界线清晰化改进、4L-III吹塑桶盖匹配性工艺改进和壁厚控制改进、20L注塑桶油漆附着力和鬼影改进等包装改进工作；针对客户集中投诉的产品杂质缺陷问题，分公司先后召开了2次分析专项改进会议。从工艺参数修订和固化、添加剂稳定性考察、工艺纪律执行、质量检查、包装物质量和了解竞争对手产品等几个方面安排了改进措施，并形成了改进进度表；QC小组完成5项，两项成果分获得公司级一、二等奖。

【安全工作情况】 2009年武汉分公司20万吨/年扩能改造项目正式批复开工。场地拆迁、生产场地缩减、边施工边生产，给分公司的安全生产工作带来了极大的困难。2009年上报分公司级安全事故为零；上报分公司级环保事故为零；发生职业卫生和中毒事故为零。消防设施、器材完好率100%；职业健康体检率100%；控制外排废水达标率100%；作业票证覆盖率100%；职业病危害作业场所合格率100%。深入开展“我要安全”活动。分公司内网上开辟了“我要安全”主题活动专栏，组织开展了“我要安全”主题活动应知应会答卷活动，参考人数314人，参考率100%。编制武汉分公司“我要安全”主题活动简报14期。组织开展了“我要安全”征文活动，收到征文27篇，分别评出一等奖1名、二等奖1名、三等奖3名、鼓励奖6名。6月2日，组织了火灾及水体污染应急预案演练，50名职工参加了演习。

【清洁生产工作情况】 完善了清洁生产的相关文件，组织修订了《安全环保责任制》和《污水站操作规程》，制定下发了环保设施、环保信息、环保统计、环境监测标准物资管理和施工过程环保管理规定5个文件，细化了环保管理内容和要求；各部门成立了清洁生产小组，确定了部门的工作计划和清洁生产台账，重点开展了全员的培训；确定了分公司的清洁生产目标，开展三大平衡分析。重点开展了方案的征集、筛选和确定工作，共收集清洁生产方案80项，经各部门和公司清洁生产办公室筛选和整理后，上报公司清洁生产方案45项，再经过清洁生产工作小组开会讨论整理和汇总后得到备选清洁生产方案26项，其中无低费方案19项，中高费方案7项，加强了污染源控制。环保设备运行良好，分公司污水和锅炉烟气已全部实现了达标排放。建立了固废台账，制定了废旧物资处理制度，对部分物资进行了循环使用，对危险废弃物委托外部有资质单位进行处理。

【节能减排工作情况】 新鲜水单耗同比下降0.4%以上，吨油产品单位能耗不超过13.33千克标油，万元产值（2005年不变价）能耗不超过0.023吨标准煤。

【党群工作情况】 根据集团公司和润滑油公司有关学习实践科学发展观活动安排以及牢牢抓住“深入学习实践科学发展观，建设具有较强国际竞争力的专业化润滑油企业”这一主题，武汉分公司紧密结合发展与稳定实际，在学习中求深入，在实践中求实效，在活动中达共识。武汉分公司从学习实践科学发展观活动动员大会开始，领导班子深入公司各基层结合本人联系点分别在中层干部、部门工作骨干、普通职工当中，就分公司当前生产经营、管理及工程项目建设等方面进行走访、座谈、调研等工作，认真听取职工意见，认真记录影响和制约本公司发展的突出问题，归纳整理，再进行分析。同时走访了不同层次的市场客户，从中了解当前市场情况并进行汇总。经过学习调研等活动阶段，对进一步树立科学发展观理念，切实寻找发展中的问题，解决突出问题，不断提高对科学发展观认识水平，起到极其重要的作用。

开展创建“四好”领导班子活动，通过创建活动，努力把各级领导班子建设成为“政治素质好、经营业绩好、团结协作好、作风形象好”的坚强领导集体。武汉分公司坚持民主生活会制度。

分公司党委重视党组织的建设与发展，各党支部重视入党积极分子的培养与发展，全年共培养和发展了6名共产党员，转正了8名预备党员。

分公司对扩能改造重大固定资产投资项目开展效能监察，加强对项目建设的全过程监督，确保工程建设“优质、高效、廉洁”。武汉分公司20万吨/年润滑油扩能改造项目于2009年3月份成立了以赵安定为项目管理部经理,侯仲白、魏传良为项目管理部副经理的领导小组,开展工作。

支持工会和团总支的工作。“七一”前夕举办庆祝建党88周年、新中国成立60周年为主题的公司第三届职工文艺汇演,武汉分公司参加了演出并获得好评。在5月和8月分别与长燃和湖北省润滑油公司举办乒乓球、足球联谊比赛。团总支组织参加了“我要安全”PPT宣讲,组织与省润滑油公司联谊乒乓球比赛,为单身青年办理集体报名“巢上城”端午姻缘会,派员参加润滑油公司组织的英语口语比赛并获优胜奖。

燕化分公司

【概述】 中国石油化工股份有限公司润滑油燕化公司(简称燕化分公司)是润滑油公司的直属企业,始创于1996年11月26日,前身是北京燕山石化润滑油有限责任公司。时年,为贯彻落实中国石化总公司关于加强对润滑油生产经营企业整顿、管理的精神,加强对燕化公司润滑油生产经营的管理,根据燕化公司改制的整体部署成立北京燕山石化润滑油有限责任公司,注册资本金1000万元。

1998年2月24日,根据中国石化集团实施集团战略和品牌战略的部署,燕化集团公司与长城公司签订《长城润滑油集团公司组建方案》,6月18日,北京燕山石化润滑油有限责任公司正式加入长城润滑油集团公司,由此改称为中国石化长城润滑油集团有限公司燕化润滑油分公司。

2000年5月,随中国石化股份公司上市,改称中国石油化工股份有限公司长城润滑油燕化分公司。2002年5月中国石化股份公司成立润滑油公司,燕化分公司随长城润滑油集团公司整体进入中国石化股份公司润滑油公司。

2003年6月17日中国石化润滑油实施管理体制改革,改称中国石化股份公司润滑油燕化分公司。

燕化分公司目前生产3个黏度级别的全损耗系统用油、12个黏度级别的工业闭式齿轮油、4个黏度级别的蜗轮蜗杆油、3个黏度级别的空气压缩机油、3个黏度级别的柴油机油、5个黏度级别的抗磨液压油、3个黏度级别的汽轮机油,合计33个品种,6大类产品,产品包装形式有1000升、200升、20升和散装4种。

润滑油燕化分公司坐落在北京市西南郊50公里处,毗邻中国石化集团北京燕山石油化工有限公司。东临燕化公司化工一厂、西靠燕山余脉海拔1307米的猫耳山峰。

燕化分公司交通便利。铁路通过燕山火车站和周口店火车站与京原线、京广线连接,通向全国各地。公路通过京石高速公路与市区相连,据市中心车程仅1小时。

燕化分公司机关设综合办公室、财务部、安全生产技术部3个部门,基层设调合一厂、调合二厂、储运中心、检验中心、检维修中心5个单位。

燕化分公司现有正式职工181人，在岗职工172人，内退8人，工伤1人。在岗的172名职工中，女性73人，男性99人。经营管理人员49人；专业技术人员19人；技能操作人员104人，其中高级工38人，中级工36人，初级工12人，无级别或未鉴定13人；服务人员5人。具有硕士研究生学历2人，大学本科学历33人，专科学历32人，中专学历28人，技校学历26人，高中及以学历下51人。公司机关2009年末，正式在岗职工172人，其中经营管理49人，专业技术19人，技能操作104人。

2009年，燕化分公司全体干部职工认真贯彻公司部署，按照年初制定的“认真学习实践科学发展观，全面落实公司工作会议精神，牢固树立大局意识，坚持‘三精管理’，挖掘生产潜能，发挥管理优势，促进燕化分公司持续健康发展”的工作目标。牢固树立大局意识、质量意识、服务意识，确保基础油疏通与供应、确保满足市场需求，服务水平得到提升，迈出了由售后服务向全面服务转变的步伐，生产经营取得较好成绩。干部职工队伍得到了进一步锻炼，更加适应润滑油事业发展要求。

【领导班子调整情况】 2009年，燕化分公司领导班子进行了调整，新的领导班子由王东晖、陈永红、郑光组成。

【生产情况】 全年累计生产包装油9.19万吨；调拨成品油11.32万吨，其中：调拨包装油9.18万吨，基础油6.99万吨；接收基础油14.2万吨，配置基础油6.35万吨。

【利润情况】 实现主营业务收入123566万元，结转产品及基础油成本124556万元，计提税金及附加1337万元，发生完全费用4717万元，累计亏损4553万元。燕化分公司2009年出现较大亏损的根本原因是分公司系以生产调拨中低档产品及基础油为主的单位，原本大部分产品吨油调拨利润就处于亏损边缘，2009年由于资源问题、产品配方要求等原因分公司生产产品成本大幅增加，几乎所有产品调拨均处于亏损状态，从而导致整体出现较大亏损局面。

【固定资产情况】 2009年末固定资产原值13608.34万元，净值6619.00万元。主要设备有20L灌装线3条，200L自动、半自动灌装线5条；储罐136个，总容量为44930立方米，调合釜9座。

【投资完成情况】 2009度投资计划7项，其中隐患治理3项：调合二厂罐区改造，实际使用资金106.99万元，调合一厂污水系统环保治理，实际使用资金92.92万元；调合二厂储罐隐患治理使用资金44万元。设备更新项目车辆及电机设备更新，使用资金54.86万元。专项投资2项：化验分析仪器购置使用资金12.91万元，安全培训设备完善使用资金1.5万元，零星购置使用资金15.16万元。

【设备管理情况】 设备管理整体层面上完善了关键设备运行指标评价体系，开始由评价设备完好率向关键设备运行率、设备运行有功功率、设备运行故障率等明细指标过渡，通过不断积累的数据，逐渐为润滑油灌装设备运行指标评价标准制定提供了依据，对管理指标的细化提供了指导方向。为改善节能效果，减低设备隐患，更新功率较大的机泵电机10台，全部选用节能效果较好的变频调速电机；为降低蒸汽消耗，18个储罐利用专项资金增加储罐快速加热器。

【计量工作情况】 计量管理上，组织了专门的流量计量设备的使用、数据分析、设备维护方面的培训，使大家对流量计量设备的使用维护有了较为清晰的认识，为数据的可靠有效提供了保证；针对基础油接收差量问题，在调合二厂投用了质量流量计；为加强动力消耗管理，增上蒸汽流量计3台，水表7块，用于蒸汽和水平衡分析。

【质量工作情况】 修订质量记录9份；修订了质量考核细则；参加润滑油公司质量手册和程序文件的修订，修订了《过滤器清洗规定》、《工艺规程》、《PFMEA》和《控制计划》等三级文件5份，新增控制文件《包装物验收规定》和《库房管理预案》，组织相关人员进行学习；各部门三级文件实现电子版链接，文件查找速度增快；通过了莱茵公司体系审核；进行了产品审核和过程审核；开展治理机杂工作，针对连续出现的多次质量投诉问题，从“人、机、料、法、环”五个方面，找出导致产品机杂原因共计15项，提出改进项20余项，制定具体实施方案，落实到位，取得较好效果；组织开展CKC乳化问题、CKD100絮状沉淀的技术攻关、汽轮机油乳化问题攻关；QC小组立项4项，《视频化三级文件的制作与探讨》获得公司级一等奖。

【安全工作情况】 上报分公司级安全事故为零；上报分公司级环保事故为零；发生职业卫生和中毒事故为零。消防设施、器材完好率100%；职业健康体检率100%；控制外排废水达标率100%；作业票证覆盖率100%；职业病危害作业场所合格率大于95%。深入开展“我要安全”活动。分公司内网上开辟了“我要安全”主题活动专栏，举行了以“我要安全”为主题PPT演讲比赛。组织开展了“我要安全”主题活动应知应会答卷活动，参考人数243人，参考率100%；收到征文48篇、漫画3幅、信息11篇、视频2个；在调合二厂，组织了地震应急预案演练，47名职工参加了避震、疏散撤离演习；调合一厂进行了高位槽废弃包装物引起火灾应急预案演练；策划拍摄了《厂内叉车作业操作规程示范片》；开展“安全合理化建议”征集活动，共收集到66条信息，价值较高的信息22条，其中5项建议已经落实。

【清洁生产工作情况】 成立了分公司清洁生产工作小组，制定了清洁生产审核工作计划并实施，每月经济活动分析会上，进行物料、水、电和蒸汽平衡分析。已实施的中高费清洁生产方案包括：计量仪表的安装、调合二厂快速加热器安装项目、调合一厂污水改造项目、调合二厂机泵电机更新及变频改造项目。已实施的无/低费项目包括调合二厂蒸汽冷凝水回收项目、更换节能灯、油样及清罐油回收等20余项。

2009年，新鲜水单耗同比下降3%以上，吨油产品单位能耗不超过24.73千克标油，万元产值（2005年不变价）能耗不超过0.038吨标准煤。

【党群工作情况】 深入开展了学习实践科学发展观活动，在生产经营任务重和资金紧张的情况下，对影响职工生产生活的突出问题进行了集中整改。进一步加强党政领导班子的思想建设，把贯彻落实科学发展观和正确政绩观作为班子建设的重要内容，切实有效地组织政治理论学习，达到在意识形态领域和思想认识上的协调统一，扩大了领导班子民主、增进了领导班子团结、释放了领导班子活力。在基层党支部建设上，以“创建一个好班子、培养一支好队伍、形成一种好作风、建立一套好机制、实现一个好效益”的“五好党支部”为基准，健全落实基层党支部工作目标责任制；抓好党员发展工作，把好“入口关”，确保发展质量，要求“党员必须是骨干，骨干应该是党员”，全年发展新党员3名，7名预备党员转正；以党员素质工程为载体，不断提高干部职工素质，提出党员要自觉学习并扎实掌握本岗位业务知识，做技术带头人，并努力营造“党员业务技术学在前，比赛考核名次排在前，解决实际问题走在前”的良好氛围。开展了第六届职工读书活动，结合学习实践活动，在全体干部职工中开展了“忠诚企业尽职尽责”教育活动，分别对中层以上干部、班组长及管理人员、全体职工进行了三个层次的培训。加强党风廉政建设，与各党支部、中层以上干部、敏感岗位人员签订了《党风廉政建设责任书》，下发《党纪政纪法规选编》、《关于实行党政领导干部问责的暂行规定》、《国有企业领导人员廉洁从业若干规定》等学习文件，加强宣教，督导落实。加强效能监察，在涉及招投标、物资采购、废旧物资处理等环节，纪检监察部门全程介入，进行监督。积极做好对外宣传工作，展示改革发展取得的成绩和干部职工团结奋进的精神面貌，向《长城润滑油》投稿134篇，报送视频新闻12条，采用11条；编印《燕化分公司信息》20期600份。责任落实、多管齐下，加强综合治理，创造平安企业生产经营环境。

郑州分公司

【概述】 郑州分公司坐落在郑州市高新

技术产业开发区国槐街7号。其前身为恒运集团石油股份有限公司,系由河南省石油总公司、中国石化华北销售公司、中国化工进出口总公司、解放军后勤工程学院4家发起组建的股份制的民营企业,于1994年10月注册成立。2005年在资产重组中,成为中国石化河南分公司代管企业,更名为河南恒运石油营销中心。2006年4月划归中国石油化工股份有限公司润滑油分公司,更名为中国石油化工股份有限公司润滑油郑州分公司。2009年,郑州分公司认真贯彻落实润滑油公司工作会议精神,进一步明确和落实恒运品牌的市场差异化定位和运作方式,发挥党组织政治核心作用,以深入学习实践科学发展观教育活动为载体,有效开展经营工作。重点开发社会经销渠道,提高产品销售量,做好摩托车油、防冻液等专项产品推广。稳定OEM和直供用户销量规模,扩大直供用户覆盖行业。通过合理调配资源,适应产品结构变化,解决产能"瓶颈"。按照润滑油公司部署,做好形势教育,进一步深入强化16949/HSE体系建设、内控制度建设和规范ERP系统实施,开展好各项管理工作,规范生产经营管理。

【产品情况】 新增摩托车油1大类25个产品。新增后,分公司产品包括非凡系列汽机油、威能系列柴机油、恒运综合系列产品三大产品品牌系列,可生产内燃机油、车辆齿轮油、工业齿轮油、液压油、摩托车油、汽轮机油和发动机冷却液7大类300多个牌号的润滑油产品。

【销售情况】 2009年销量35057吨,同比增长23.2%,其中社会渠道销量同比增长49.2%。小包装油销量22402吨,同比增长24.4%。按照润滑油公司对恒运品牌的定位,进一步明确和落实恒运品牌的市场差异化定位和运作方式,重点开发社会渠道销售,以河南和周边省份以及区外市场为重点开发、维护的主市场,不断扩大市场规模。受全球金融危机影响的市场形势下,通过细分市场,将HM、CD、SF、GL-5等一些市场需求量大的产品作为提升规模的主要产品,社会渠道销售的市场份额也逐步扩大,品牌的社会知名度和美誉度得到提升。成功与宇通客车、宇通重工、洛阳一拖、郑州日产、北方易初、河南龙工、海马汽车等汽车、摩托车厂家携手联姻,逐步占领河南大型汽车生产商装车用油和售后服务用油市场。

加大防冻液、摩托车油等专项产品市场开发,加快防冻液项目建设进度,为润滑油公司非油产品生产基地扩能打好基础。2009年提早策划实施市场政策,抢得专项产品市场先机,实现防冻液销售5428吨,完成年计划的120.6%,同比增长34.3%;摩托车油销售2355吨,完成年计划的117.8%,同比增长520%。

【生产情况】 2009年生产38723吨,同比增长11%,其中包装油38723吨。

生产环节立足内部挖潜，解决产能“瓶颈”，完成生产保供任务。1-4升小包装产品销量同比增幅较大，由于设备自动化程度低、人力不足、劳动强度大等，为保证市场供应，在生产旺季通过加班加点挖掘产能、提前备货解决产能“瓶颈”环节、部分包装物外协等方法完成全年生产保供任务。

【设备情况】 2009年新增18L灌装线一条，单班产能60吨；新增200L灌装线一条，单班产能80吨。油库区新建防冻液生产系统一套，包括防冻液调合罐3个，总调合容积60立方米；成品储罐2个，总容积400立方米；原料储罐2个，总容积3300立方米；使用脉冲调合，调合系统为和利时DCS调合系统；4L灌装线和18L灌装线各一条，均为称重式灌装，单班产能达到80吨。

【管理情况】 分公司16949体系、HSE体系运行质量不断提高，定期检查内控制度执行情况，不断完善ERP系统运行环境，进一步规范了分公司各方面工作。郑州分公司在严格执行公司各项规章制度同时，积极推进安全生产、销售和售后服务精细化管理。

【党建工作】 以学习实践科学发展观主题活动为载体，丰富党建工作形式，严格组织生活，发挥党组织政治核心作用。认真组织开展科学发展观学习实践活动，达到预期效果；强化党员日常学习和党建制度建设。结合分公司实际情况，开展以“贯彻宋云昌总经理讲话精神，统一思想，推进郑州分公司快速发展”为主题的学习实践活动，为分公司快速发展创造良好环境。

北京销售中心

【概述】 北京销售中心位于北京市海淀区安宁庄西路6号，原名中国石化长城润滑油集团有限公司销售分公司，于2003年6月6日正式更名为中国石油化工股份有限公司润滑油分公司北京销售中心，简称中国石化润滑油分公司北京销售中心，是润滑油公司的直属单位。

北京销售中心下设华北一部、华北二部、东北部、西北部、大客户部、客户关系部、专项产品部、综合管理部、日常销售部、信用管理部、技术服务部、知识产权办公室12个部门。

北京销售中心承担着华北地区、东北地区、西北地区、大客户的销售与开发工作。重点负责高档车用油和专项产品（润滑脂、船用油、防冻液、制动液等）的推广和销售。已经与一汽、北京奔驰、长城汽车、北京现代、丰田等建立战略合作关系。

2009年是经济危机后复苏的一年，随着市场价格体系趋稳，OEM直供行业回暖，北京销售中心全年完成销量35.82万吨，同比增长4%，其中包装油全年完成

30.75万吨，同比增长11%。

北京销售中心现有在岗员工135人，其中硕士学历5人、本科学历48人、大专学历22人，占在岗员工总数的56%。

【OEM客户开发】 2009年1月，开始开展对太钢的润滑油国产化替代工作，9月HM100成功进入太钢，国产化替代工作还在持续进行中。2月，中标冀东水泥股份有限公司润滑油产品，长城润滑油（矿物油、合成油、润滑脂）入围供应商名录。3月，参加青岛公交公司润滑油招标，一举中标，全面替代壳牌产品。5月，成功实现中国石化与时风集团的战略合作。6月，成功开发了山东今亿集团装填用油。7月1日，与建龙钢铁集团签订战略合作协议。7月，成功开发了现代专用5W/20SM、助力转向油、发动机冷却液。10月，长城汽车“嘉誉”MPV车型正式选用长城润滑油10W/40SJ产品作为装车用油。

【实施东、西北渠道提升计划】 2009年7月2日，东、西北地区出台了《东、西北地区市场渠道提升计划》，计划的实施，缓解了区外地区2009年上半年销量整体下滑的局面。东北地区2009年上半年总销量下降约20%，下降现象持续了近8个月。实施计划后销量逐渐实现正增长。而西北地区2009年上半年的增长幅度已明显低于往年，总量较上年同期仅增长了5%。实施计划后销量迅速提升，平均增长38%。

【加强与OEM大客户联系】 2009年，公司与OEM大客户高层进行沟通，加强了合作关系。2月18日，润滑油公司副总经理赵江带领北京销售中心、北京研发中心、上海研发中心、重庆分公司和天津分公司等相关人员，与北汽福田汽车工程技术研究院的11个研究中心进行全方位技术交流。

4月2日，公司总经理宋云昌带领市场营销部、北京销售中心和北京研发中心等相关人员拜访时风集团董事长刘义发和总经理刘成强，交流落实科学发展观经验，推动双方战略合作。

5月12日公司副总经理赵江带领北京销售中心和北京研发中心相关人员与时风集团副总经理、研究所长、设备处长等相关人员进行技术交流，落实双方战略合作具体技术细节。7月3日，为全面落实与时风集团战略合作的具体事宜，山东省聊城市委常务副市长、副市长、人大常委会主任、高唐县委副市长来公司走访，公司总经理宋云昌和副总经理李亮耀带领市场营销部和北京销售中心与之接洽。

5月20日，公司副总经理李亮耀带队拜访三一集团，与三一集团副总裁戴晴华进行了交流，随行的有北京销售中心、上海分公司、北京研发中心、上海研发中心等相关人员。此行对推动长城与三一集团的全面合作起到了积极的促进作用。

11月19日公司副总经理李亮耀带领市场营销部和北京销售中心相关人员拜

访北京现代汽车有限公司副总经理李侠、采购部长王辉杰等相关人员，对双方的合作情况和正推进的工作进行交流。

11月22日公司党委副书记苟连杰带领北京销售中心副经理谷永军等相关人员拜访中美合资山东山工机械有限公司总经理杨英根、副总经理石克章，美方发展部长张玉岭、采购部长林建波，配件公司总经理王洪波等相关人员，就未来与卡特彼勒的合作进行了友好交流。

【稳定区外市场】 2009年上半年，区外市场一直处于低迷期。为促进渠道建设，加强经销商的稳定性，公司领导带队考察市场。4月份，公司党委书记郑立新带领北京销售中心、北京研发中心、市场营销部负责人及相关业务人员深入辽宁市场进行调研，走访沈阳、鞍山、抚顺、葫芦岛四地的经销商，考察市场情况，了解客户需求，加强与客户之间的沟通和联系，解决在合作过程中出现的实际问题。12月，公司总经理宋云昌走访辽宁省沈阳市场，与经销商深入交谈，为稳定市场起到了积极的作用。

北京研发中心

【概述】 北京研发中心坐落在北京市海淀区安宁庄西路6号，原名为长城润滑油应用研究中心有限公司，是隶属中国石化润滑油分公司直属企业，2006年11月6日更名为北京研发中心。2009年有员工78人，其中博士2人，硕士18人，本科生22人，高级工程师10人。

北京研发中心是中国石化润滑油公司下属的润滑油产品研发、分析评定、应用技术服务与咨询的科研机构，主要由科研和分析两部分组成，内设技术管理部、内燃机润滑剂研究室、工业润滑剂研究一室、工业润滑剂研究二室、全面润滑解决方案研究室、基础油应用研究室、精细化学品研究室以及分析评定室8个科研单元，承担润滑油公司高端产品开发、应用研究、技术准入、技术服务、产品推广以及润滑油产品质量检测等方面的工作。北京研发中心分析评定室下设4个油品分析检测组，可检测150余个分析项目，拥有国内唯一的全套发动机冷却液台架试验设备。国军标GJB质量体系中涉及的新产品的试制评定以及研发项目管理均由北京研发中心负责实施。

2009年北京研发中心以公司的经营战略为指导思想，紧紧围绕公司的战略经营目标，坚持以国际OEM认证和“十条龙”攻关为主线，用技术拉动市场消费，为国内外市场开发提供技术保证，取得显著成绩。

【科研项目管理】 2009年北京研发中心共承担科研项目60项。其中国家高技术研究发展计划（863计划）项目1项，股份公司（A类）25项，润滑油公司（B类）34项。北京研发中心按照委托开发合同和课题任务书的要求，对每个项目承担研究室的完成情况进行管理，负责将各研究室每月科研项目实施情况进行总结，编织成科研月报上报科技开发部。

【产品开发】 2009年北京研发中心以组长单位的身份，与北京天源科创风电技术有限责任公司、北京鉴衡认证中心有限公司共同承担了“适合我国极端气象条件下的风电机组润滑规范及关键技术的研究”国家高科技研究发展计划（863技术）项目。完成风电设备润滑产品的开发与应用工作，制定了风力发电设备传动系统专用油的润滑油公司企业标准。

北京研发中心按计划实施“十条龙”攻关项目，完成了自主配方SJ汽油机油在天津夏利的认证工作。与研究院共同开展自主配方技术在中国石化基础油的适用性研究工作，到2009年底完成。完成SJ汽油机油和CF-4柴油机油两个项目出笼。

【基础油应用研究】 根据公司要求，2009年每季度编写一篇《基础油变化趋势分析报告》，对宏观经济形势、汇率的变化、原油价格变化趋势、国际市场基础油价格变化、基础油供应形势进行了分析，对外购基础油的性价比进行了比较，提出关于公司生产经营方面的建议。

北京研发中心为拓展III类基础油的资源，开展了马石油ETRO4、ETRO6、GS4、GS8和印尼150BS基础油的应用研究工作，提出了马石油基础油在SE、SF、CD、CF-4、HM液压油等产品中的应用以及GS4、GS8基础油在SE、SF、CD、CF-4等产品中代替原使用的S4、S8基础油的应用方案；印尼150BS因其破乳性能表现不是很好，未推荐在工业油中应用，而是在内燃机油中进行了应用考察并提出应用方案。

另外，北京研发中心还对荆门加氢基础油与克拉玛依BS基础油存在絮状物的问题进行考察试验。

【结题与鉴定】 股份公司（A类）项目“抗微点蚀工业齿轮油的研制与应用”、“液浮速率积分陀螺油的研制”和“二甲醚发动机专用油的研制”已经完成鉴定材料的准备工作，准备股份公司组织的鉴定工作。

润滑油公司（B类）项目“神龙汽车公司新车型C4发动机（EW12发动机）配套油品A3/B4/SL 5W-40的开发”、“日产汽车专用汽油机油的研制及行车试验”、“自主SJ、CF-4复合剂在中国石化基础油中的适用性研究”、“国际OEM认证项目（北京）”等21个B类课题通过润滑油公司科技开发部组织的项目评审。另有14个2009年底完成的B类课题北京研发中心内部通过了评审。

【科研成果转化】 2009年开发的新产品有一汽长寿命节能减磨商用车齿轮油、低硅型发动机冷却液等共40个，其中江铃汽车专用油CI-4 15W-40产品、5W-20SG四冲程摩托车油、神龙公司玻璃清洗剂、东风悦达起亚 SM/GF-4 5W-30、东风悦达起亚 SM 10W-40、东风悦达起亚 SL 10W-40 和三一工程机械专用液压油 B46、低硅型发动机冷却液等新产品已经投产，共计生产 11463.423 吨。

【质量控制】 2009 年北京研发中心根据公司的要求，对润滑油脂化工原材料生产件批准的质量体系文件由三级文件提升到二级程序文件。重点进行了天津分公司润滑脂和重庆分公司合成油所用原材料的技术准入工作，分别赴上述两个单位现场进行技术材料的收集整理。经过考察验证并经过相关部门评审，组织进行了 9 个基础油、103 个添加剂及化工原料，共计 112 个原材料的技术准入工作。其中天津分公司所用原料 67 个、北京研发 20 个、上海研发 17 个、重庆分公司 5 个、郑州分公司 2 个、茂名分公司 1 个。

【OEM 工作】 北京研发中心 2009 年共完成国际 OEM 认证 8 份、写入说明书或取得认可证书工作 72 份。其中认证证书 46 份，写入设计院所设计说明书、图纸或 OEM 厂家产品说明书 26 份。

【服务生产】 2009 年配合生产编制并下发“东风悦达起亚 SM/GF-4 5W-30、SM 10W-40、SL 10W-40 售后专用油”；“AP-HD 抗微点蚀重负荷工业齿轮油”；“三一工程机械专用液压油 B46 号”；“FD 型多效发动机冷却液”；“奇瑞 MTF75W/90 手动变速箱油”等试生产工艺技术文件。

为充分利用系统内基础油资源以及解决中重质基础油资源供应不足乃至部分基础油停产等诸多问题，在确保产品质量不下降的条件下，北京研发中心进行了大量基础油替代考察工作，提出有效的利用方案，有效降低生产成本。

为提高北京分公司所溶稀胶的生产运输效率，兼顾冬季泵送性差的问题，对 LZ7065、LZ7067、SV260 的不同溶胶比例进行考察，修改并下发新的溶胶比例。

【境外加工】 北京研发中心对新加坡意大新公司执行技术方案进行评审，对意大新提供的 44 种产品进行核对，明确可用产品；编写 HM32、HM68、90GL-4 境外委托加工工艺技术文件；提交 SM/CF 10W-40、TO4、L-CKD 等 20 余种产品贴牌的评审意见；对从 2007 年 10 月至 2009 年底新加坡意大新公司 89 种产品提供的贴牌生产的生产季报配方进行审核，并将发现的问题上报科技开发部。

【标准化管理】 2009 年北京研发中心进行标准的制修订 25 项。其中国家标准的制定 1 项、国军标修订 1 项、国家标准修订 2 项、行业标准制定 1 项、行业标准修订 1 项，与石科院、中国石油润滑油分公司大连研发中心共同承担行业标准制定 2 项；中国石化企业标准制定 2 项、中国石化企业标准的修订 2 项。

【知识产权保护】 2009年北京研发中心申报发明专利4项。

【合作与交流】 2009年，北京研发中心通过走访客户，技术交流、培训、调研市场等方式，主动为市场提供技术服务和技术支持79次。

完成了水泥、风电两大行业现场调研和技术推广工作，形成行业调研报告，总结两个行业的发展态势。

2009年中国石化汽车技术合作中心成立后，北京研发中心广泛开展与汽车OEM开展技术交流工作，推进了与汽车OEM的合作力度，进一步加强与工业企业的合作，开展液压油、齿轮油等工业用油方面的技术交流，对设备的合理润滑提出可行性建议。

【技术支持】 北京研发中心2009年对公司的100多个产品进行了产品技术规格、产品说明文字的翻译工作，为新加坡公交招标和产品海外拓展提供技术支持。完成了公司传动系用油等产品的产品说明书的编写，完成了内燃机油、齿轮油、液压油、发动机冷却液的产品中文包装文字改版工作。

【科研成果】 由水琳、张春辉等人完成的“非牛顿流体流变学特性测试技术研究与应用”荣获国家科技进步二等奖。由朱和菊、郭剑峰等人完成的“国产加氢基础油开发高档OEM发动机油”荣获中国石化集团公司科技进步三等奖。由郭剑峰、雷凌等人完成的“日产汽车专用发动机油的研制与应用”荣获北京市金桥工程优秀项目三等奖。北京研发中心完成申报2009年度股份公司科技进步奖电子材料及书面材料的提交，申报了“CI-4柴油机油的开发及在中国车辆上的适应性研究”一个项目。

【人才培养】 2009年北京研发中心涌现出大量的科研能手。其中：水琳获“中国石化突出贡献专家”，隋秀华获“中国石化闵恩泽青年科技人才”的光荣称号，水琳、朱和菊、陈惠卿等三人被选为润滑油公司“学术带头人”的培养对象。

上海研发中心

【概述】 上海研发中心坐落于上海市虹口区高阳路455号，原名上海石油商品研究所，2007年更名为上海研发中心。2009年中心有员工133人，其中教授级高工2人，硕士9人，本科39人，高级工程师19人。根据公司关于成立金属加工液分公司的部署，自2009年1月1日起，上海分公司调合一厂正式划入上海研发中心，上海研发中心和金属加工液分公司合署办公。2009年深入贯彻落实科学发展观，按照公司工作会议部署，以市场为导向，加快金属加工油产业的发展，推进科技创新，提升核心竞争力，规范内部管理，加强人才队伍建设，为推进中国石化润滑油业务的稳步发展提供技术支撑。

全年实现金属加工液销售5714吨，同比增长36%，其中专业化销售2027吨，占总量的35%，同比增长51%。获得国际OEM认证7项，写入产品说明书13项，发明专利5项，船用油、变压器油、添加剂等专项业务稳步推进，“高桥加氢基础油开发高档OEM发动机油”项目获得集团公司2009年度科技进步三等奖。完成了金属加工油产能转移，青浦特种油品厂9月份正式关闭。实施并完成了调合厂适应性改造，改造后产能达1.5万吨/年。

【主要科研成果】 1. 科研项目立项 2009年申报股份公司级科研项目3项：“汽车零部件冲压油系列产品的开发和应用”、“高密度钻井液润滑添加剂技术研究和应用”、“中国石化润滑油添加剂发展规划的专题研究”；申报润滑油公司级科研项目26项。

2. 科研项目实施 2009年共承担科研项目66项，其中股份公司级项目15项，标准项目8项，润滑油公司级项目43项，科研项目达标率为90.41%。承担的15项A类项目中，9项按计划进度在研，5项申请延期，1项申请项目终止。承担的8项标准项目，7项完成报批稿，1项完成征求意见稿。承担的43项润滑油公司B类项目，其中35项已完成，2项申请延期，6项按计划进度在研。

3. 科研项目结题与鉴定 2009年完成股份公司级科技成果鉴定项目4项。2009年5月20—21日，“高桥加氢基础油开发高档OEM发动机油”、“高性能切削液系列产品研制及配套技术研究”、“应用于集中供液系统的M2013微乳型切削液的研制”和“不锈钢轧制油的研制”4个股份公司级科研项目通过了股份公司科技开发部组织的技术鉴定。

2009年1—2月，公司科技开发部组织对2008年完成的B类科研项目进行了结题评审，10项新产品类、4项OEM技术认证类及6项应用研究类科研项目通过了技术评审。

4. 科研成果“高桥加氢基础油开发高档OEM发动机油”项目获得2009年度中国石化集团公司科技进步三等奖。

【新产品开发】 2009年，首次开发投产生产的新产品为28个，新产品产量为12180.28吨（含近三年新产品及复合剂）。

1. 变压器油系列产品开发。开发了30号、40号变压器油新产品，其中40号变压器油已经实现工业化应用；25号变压器油（特殊）通过了在正泰500kV变压器上应用试验，“长城25号变压器油”写入由国家电网公司国网电力科学研究院出具的500kV变压器检测报告；完成高燃点绝缘油研制工作。

完善220、460高抗水齿轮油系列产品研制，进行高抗水齿轮油与现有L-CKD系列产品的混兑试验并提供数据给宝钢使用。

2. 汽轮机油新产品开发。开发了三菱重工非极压燃气轮机油产品；TGSB/TGSE联合循环机组燃气轮机油已在上海石化炼油事业部进行应用试验。

3. 完善金属加工液产品线研发切削油液产品6个，成型油液4个、防锈油和热处理油4个，其他产品2个。

【知识产权工作】 完成了“冷轧轧制油组合物及其用途”和“湿平整液组合物及其用途”2项专利申报，取得申请号。1项发明专利“在用切削液中黏稠物的分析方法”获得授权（专利号为ZL200610119336.5）。

【OEM认证及写入说明书工作】1. 国际OEM认证。取得国际认证7项，完成年度计划的350%。威越优质TSA46汽轮机油取得ALSTOM公司认证；长城威越TGF(M)32极压燃气轮机油取得三菱重工有限公司认证；长城LD80W/90锁式差速器齿轮油取得伊顿（EATON）汽车集团韩国技术中心技术认证；3008S系统油取得MAN公司技术认可；冶金专用液压油取得力士乐公司技术认可；长城ZLS GL-5 85W/90限滑齿轮油（SINOPEC ZLS GL-5 85W/90）取得德国ZF公司技术认可；长城25号、45号变压器油取得ABB公司技术认可。

2. 写入设备说明书13项，完成年度计划的108%。长城明珠圆筒针织机油写入立诚安针织机械有限公司说明书；长城明珠圆筒针织机油写入漳州伟翔精密机械有限公司说明书；R5322C防锈油写入中船三井造船柴油机公司低速柴油机及其配件的防锈工艺规范；长城LD80W/90锁式差速器齿轮油写入伊顿（中国）投资有限公司汽车组件集团说明书；威越优质TSA46汽轮机油等写入ALSTOM公司推荐名录；冶金专用液压油写入博士力士乐公司说明书；R5133防锈油写入宁波永信钢管说明书；长城M0008磨削油写入上海机床厂说明书；长城ZLS 85W/90 GL-5限滑齿轮油（SINOPEC ZLS 85W/90 GL-5）写入ZF公司说明书；R5133防锈油、R5231防锈油写入江苏扬力集团有限公司说明书；R5231防锈油写入上海航天液压控制系统有限公司说明书；船用系统油3008写入沪东重机有限公司说明书；船用中速机油4012写入杭州中高发动机有限公司说明书。

【2009年金属加工液生产和销售】 1. 生产品种和数量 2009年生产金属加工液6568.0吨，共7大类143个品种，其中成型油20个品种共274.7吨；防锈油27个品种共1725.3吨；切削油49个品种共3637.4吨；热处理油5个品种共392.5吨；其他金属加工油5个品种共99.8吨；工业特油12个品种共112.1吨；复合剂24个品种共326.3吨。

2. 质量情况 2009年共生产了622批产品，一次调合合格率平均99.66%，灌装首件合格率为100%。

3. 销售与服务 2009 年金属加工液销量 5714 吨，完成年计划的 114%，同期增长 36%。产品结构分布为：切削油占 60.4%、防锈油 29.7%、成型油 6.5%、热处理油 3.3%。市场分布为：江浙沪核心市场销量 3859 吨，占比例 67.5%；福建、广东、湖南、安徽、河南、山东主要市场销量 1393 吨，占比例 24.4%；其他外围市场销量 462 吨，占比例 8.1%。全年共销售产品 171 个，其中前 30 位销量 4940 吨、占比例 86.5%。

根据公司对加快金属加工液专业化发展的要求，抓好开局，理顺业务流程。以做大市场为目标，建立完善经销网络，2009 年新发展社会经销商 20 多家，总体销量为 706 吨，销量超过 20 吨的共有 8 家，其中 100 吨以上 1 家、50 吨以上 2 家。

有效利用润滑油公司现有市场优势和客户资源，重点开发冶金、汽车、工程机械、工具加工四大行业终端客户，经过不懈努力，在宝钢集团用油开发、中铝上铜公司全面推广以及上海工具厂、天工集团切削油集中供油系统应用、南车车辆研究所切削液替代和三一重工、上海重型锻件厂、河冶住商、厦工桥箱厂产品推广等方面取得了较大突破，实现金属加工液直供户独立销量 1128 吨。

【主要经济指标】 2009 年上海研发中心全年亏损 2833 万元。实现各项收入 6599 万元，其中产品销售收入 6446 万元，销售成本 6072 万元，销售毛利 374 万元。油品分析收入 116 万元，其他收入 37 万元。发生各项费用 4277 万元，其中管理费用 2985 万元（研究开发费用 1520 万元），营业费用 404 万元，财务费用 109 万元，制造费用 779 万元，完成全年费用指标 4493 万元的 95%。

2009 年完成“调合厂生产装置适应性改造”等投资项目，全年完成投资计划 1011 万元。

长城事业部

【概述】 根据润滑油公司《关于成立长城事业部的通知》（石化股份润人〔2008〕10 号）文件要求，于 2008 年 1 月成立长城事业部，全面承接原长城公司融入润滑油公司的相应业务，试行模拟核算。下设财务部、计划经营管理部和综合管理部 3 个职能部门。

长城事业部分管润滑油北京包装容器分公司、润滑油天津金属包装分公司 2 个非法人单位以及北京润发机电设备安装维修有限公司（含汽车连锁经营管理部及 13 家汽车养护连锁店、3 家加盟店）、北京润升贸易有限公司（含汽车养护品）和中山润港实业有限公司 3 家全资子公司。

财务部主要负责事业部及所辖单位的财务及相关工作，包括报表、核算、预算、内控和资金计划工作等。计划经营管理部主要对事业部的投资、维修、计划、考核、资产等进行归口管理。主要生产经营性单位有6个。

天津金属包装分公司原为天津华北石化制桶厂，成立于1992年，1999年由华北销售分公司划转长城公司，注册资本1975万元，主要为润滑油产品提供200L铁制包装容器的生产销售。现有正式工59人，劳务工95人，拥有两条先进的200L铁桶生产线，现厂址位于天津市北辰区，年产能100万只。2007年根据体制转换要求，于6月在上海产权交易所挂牌公开转让出售，7月由股份公司摘牌收购其全部股权，并移交润滑油公司负责对此资产进行运作和管理，同年11月更名为中国石油化工股份有限公司润滑油天津金属包装分公司，持续原有经营业务。

北京包装容器分公司原为北京长润特种塑料厂，成立于1989年，注册资本90万元，主要为润滑油产品提供1L、4L、6L塑料包装容器的生产销售。现有正式工27人，劳务工227人，具备热转移贴标设备5台，吹塑设备14台，年产能2600万只以上。2007年7月由股份公司收购并移交润滑油公司负责对此资产进行运作和管理，同年11月更名为中国石油化工股份有限公司润滑油北京包装容器分公司，持续原有经营业务。

北京润发机电设备安装维修有限公司成立于1993年，主要承接部分工程项目和为润滑油公司生产设备提供安装及检维修、保运等业务。现有正式工41人。2007年7月由股份公司收购其全部股权，并移交润滑油公司负责对此资产进行运作和管理。

北京润升贸易有限公司成立于1993年，注册资本87.4万元，从事润滑油零售业务，一直致力于北京地区长城润滑油高端产品零售市场的销售和推广，是北京地区润滑油零售市场价格标杆，为稳定产品价格起到一定作用。现有正式职工15人，劳务工7人，2007年7月由股份公司收购并移交润滑油公司负责对此资产进行运作和管理。

中山润港实业有限公司前身是中山凯利达实业发展总公司，成立于1994年，股东为中石化国际事业公司及珠海悦华（石化）实业公司，双方各持公司50%股权。2003年9月和2005年6月根据集团公司《关于国际事业公司所属部分实物资产及股权划给长城润滑油公司的批复》（中国石化财产〔2003〕139号）和《关于划转珠海悦华公司所持中山凯利达公司50%股权的批复》（中国石化财产〔2005〕130号）的意见，将双方各自持有的股权无偿划转给了长城公司。2005年9月长城公司根据集团公司《关于长城润滑油集团有限公司中山凯利达实业发展总公司实施改制的批复》（中国石化炼改〔2005〕29号），将中山凯利达实业发展总公司改制为中山润港实业有限公司，于2005年年底完成了新公司的工商注册，注册资本300万元，主要从事与丰田公司进行仓储、运输、技术支持及贸易等方面的合资合作经营。现有劳务工8人，外派正式工1人，全年周转润滑油900吨。2007年7月由股份公司收购并移交润滑油公司负责对此资产进行运作和管理。

连锁经营管理部成立于2003年，由长城公司直接投资，主要从事汽车维修、汽车清洗、汽车装饰等服务业务，推进润滑油分公司由制造商向制造服务商转型。2007年根据体制转换要求，于6月在上海产权交易所挂牌公开转让出售，7月由股份公司摘牌收购长城公司持有的连锁经营部等部分资产，并移交润滑油公司负责对此资产进行运作和管理。2008年1月为了规范业务流程及持续经营，经润滑油公司研究决定，将连锁经营部资产划转给润发公司，并于2008年完成工商注册登记的变更工作。

【生产经营状况】 2009年，长城事业部各经营单元围绕重点，全力开展各项工作。工程安装本着为润滑油主业的发展提供业务支持，养护品、汽车连锁以保持稳步持续发展，充分发挥已形成资源，为润滑油的品牌建设献力的工作原则，开展各项经营管理工作。

工程安装2009年完成一批项目。润发公司承接天津分公司20万吨润滑脂扩能改造电气仪表的安装工程，2009年4月10日开始施工，于9月25日圆满完成。

2009年润滑油公司决定由润发公司对职工食堂进行改造施工，在边供餐边施工的困难情况下，事业部与综合管理部、计划经营管理部密切配合，从日常要求、施工管理流程等进行规范要求及检查，职工食堂改造维修于10月份完成并投入正常使用。

2009年下半年润滑油公司决定由润发公司承担荆门分公司部分设备的改造工程。2009年11月，润发公司技术人员按照计划开始进入荆门改造现场，预计2010年上半年完成该工程。

养护品按照年初共同确定的围绕“重点产品、重点区域”的营销思路，采用集中资源，重点突破的方式，努力达成在一些区域市场形成行业影响力的工作策略，在北京、唐山、沈阳、济南4个重点城市，以车窗净、内饰清洗剂、多功能清洗剂和洗车液4款产品为主推产品的市场推广。2009年车窗净、内饰清洗剂、多功能清洗剂和洗车液4款产品销售额分别为647.26万元、26.29万元、172.57万元、47.58万元。

2009年养护品部在着力进行客户拜访工作，使车窗净进入OEM汽车厂装填取得了一定的突破。2009年4月，首批车窗净进入了神龙汽车原车装填，随后合作进一步拓展，开始进入神龙4S店售后销售系统；8月份进入了郑州日产的售后汽车用品销售；11月份进入了金龙、江淮原车装填。2009年OEM销售额为243.99万元。

2009年养护品部首次尝试与北京、天津、河北、山西、河南、沈阳等地的石油公司非油品业务部门进行合作，并利用秋季车窗净使用旺季，在以上地区所属加油站展示销售。2009年车窗净的销售额北京地区46.58万元、上海地区2.55万元、辽宁地区10万元、天津地区8.64万元。

从6月份开始养护品部与北京美廉美、华联、华润万家、京客隆、世纪联华、永辉等超市逐步达成合作协议,车窗净产品进入连锁店进行销售,2009年通过超市渠道共销售养护品14.4万元。

2009年在重点地区新开发一级经销商50家,同比增长108%,终端经销商910家,同比增长51%。经过一年的基础扎实工作,逐步形成了以OEM车厂装填以及与车厂的4S店合作进行营销,与公司非油品合作产品进入加油站、利用超市卖场扩大直接面向终端用户销售、建立重点城市营销网络4种营销模式。

2009年通过技术交流会、市场推介会等形式,一方面介绍产品,增强市场及经销商用户对养护品认知;另一方面也形成了一种积极促成销售的模式。2009年组织的会议现场订货量达到2000多箱。采取新产品开发与老产品改进相结合,积极向市场推介自主配方产品,先后形成自主产品在郑州日产、厦门金龙、江滩汽车等车厂的使用供应。另洗车液、高效泡沫清洗剂等产品也实施了产品配方的改进调整,产品投入市场后获得了顾客认可。产品的开发坚持以市场为导向原则,所有产品均采用贴牌生产模式,2009年加强了对受托生产方严格质量控制及检查审核,最终保证了各种产品在市场上适销对路和及时供应,也由此树立了中国石化汽车养护产品的形象。

2009年采取不同阶段不同销售策略,促销得当,广告配合到位,主推的车窗净、洗车液、多功能清洗剂和内饰清洗剂产品,都有较大幅度的增长,特别是车窗净同比增长134%,洗车液同比增长65%,多功能清洗剂同比增长130%,内饰清洗剂同比增长244%。

汽车连锁 依据2009年初制定以提升门店经营绩效、完善门店内部管理为重点的目标,开展了全年工作。2009年连锁经营部全年共完成营业额3033万元,共服务客户41525人次,服务客户人数为23103人,全年消费3018万元。其中会员消费25682人次,会员消费人数10764人。2009年汽车养护中心新增会员3731人,累计会员总人数达19021人。大客户消费累计102家;本年签约客户38家;全年累计大客户消费505.08万元,2009年大客户消费占全年收入的16.65%。

在新店建设方面,2009年4月长城润滑油汽车养护中心梨园店开业。2009年10月签订十里堡店,并开始进行装修工作。

2009年按计划开展4次主题促销推广活动,主题分别是"春到长城 体验更新"(2月26日—4月27日)、"安全保障月 无忧万里行"(4月28日—6月27日)、"养护新攻略,服务新体验"(6月28日—9月27日)、"长城金秋好礼,爱车换季无忧”（9 月 28 日—12 月 25 日）。活动期间累计到店消费客户 4396 人，消费金额 247.52 万元。活动期间累计到店消费客户 4396 人，消费金额 247.52 万元。

为巩固促进大客户开发，重新修订完善了 2009 年大客开发和回报政策，通过消费返券和消费送礼品回报相结合的形式，回馈顾客。

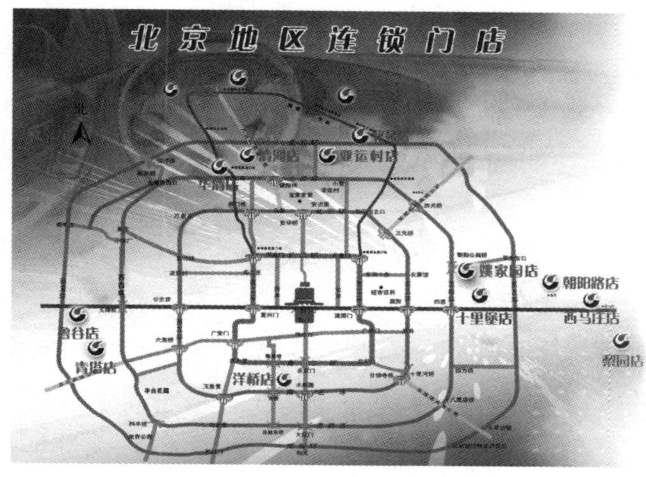

亚运村店（朝阳区）
64839897/64839907
安立路慧忠北里219号楼1层（华秦大厦）
北苑店（朝阳区）
84950510/84953451
来广营青年城社区16号楼-3-4
朝阳路店（朝阳区）
65751826/6575182
东苇路科技大学对面
姚家园店（朝阳区）
85828261/8582836
石佛营小区23号楼1层
十里堡店（朝阳区）
59814622/59814633
朝阳区十里堡东里124楼底商
上地店（海淀区）
82771980/82771800
唐家岭长发包装材料厂院内
清河店（海淀区）
82411366/82411367
学院路检测场对面加油站内
华清店（海淀区）
82872858/62536013
五道口华清嘉园东侧500米
洋桥店（丰台区）
67282820/67284541
洋桥西罗园3区乙8号
青塔店（丰台区）
63856780/63858950
青塔西路田各庄商业房B排01-08号
西马庄店（通州区）
80544028/80544038
西马庄物资学院路商业楼
回龙观店（昌平区）
80757856/80757855
回龙观龙跃苑2区1号楼一层
天通苑店（昌平区）
84816566/84816385
东小口镇中滩村东地质勘察技术院家属楼南侧
梨园店（通州区）
80816628/80816629
梨园云景里路（旗舰凯旋）万盛北里351号
鲁谷店（石景山区）
68654589/68636891
双锦园小区16号楼16-1

2009 年汽车连锁制定了管理经营部与店面分两个层面分别开发客户的目标。首次与招商银行北京公司和福卡公司分别合作，尝试利用与银行系统扩大自身顾客与影响力；组织并协调各门店在服务覆盖区内开展社区推广，并与门店周边商家合作，增加新客户进店。截至 2009 年底，13 家门店在 27 个小区采取发放宣传单页或现场咨询形式进行业务推广，共吸引 368 名新客户到门店进行消费体验；通过完善洗车流程，在原有擦车流程和导引手势的基础上增加了回声操作和车况免费检查，提升了门店洗车的专业化水平，促进洗车客户向养护维修客户的转化。

2009 年对梨园店产品展示专区进行了完善，在原有润滑油主题区的展示规范的基础上，新增加了专业换油展示，美容、装饰和洗车专区展示，为今后在其他门店进行推广实施积累经验。

包装单位积极开拓市场，在保持对润滑油公司内部单位供货的基础上，积极开发润滑油公司外部客户。2009 年天津桶厂共生产销售铁桶 71 万只，同比增长了 27.7%，其中外销 6.4 万只。天津桶厂对天津分公司月度供货稳定在 4000 只；对济南分公司稳定在其月用量的 15% 份额；对天津储运分公司实现月度用量的 60% 份额，完成了对润滑油公司华北的 5 家分公司稳定供货的目标。2009 年北京包装厂生产 1898.4 万只，其中供润滑油公司内部 1373.4 万只，供外部 525.0 万只。2009 年共销售 2049.8 万只。其中销售润滑油公司内部 1511.3 万只；销售外部 538.5 万只。与上年同期相比，生产总量增长5.3%，其中外销产品生产增长20.4%；销售总量增长1.6%，其中外销产品销售增长26.3%。

中山润港公司2009年为丰田公司共运送润滑油2639吨，同比增长100%。其中送至广汽丰田发动机公司的装车油823吨，同比增长32%；服务用油1816吨，同比增长161%。

天津金属包装分公司

【概述】 中国石化润滑油公司天津金属包装分公司(简称天津金属包装分公司)，位于天津市北辰区科技园。其前身始建于1908年4月，原系美孚公司所属，1949年新中国成立后收归国有，由华北销售分公司经营管理。1983年与河东储油所合并组成“天津制桶厂”，1991年厂名确定为“天津华北石化制桶厂”。1999年4月在中国石化企业改革重组过程中，由华北销售分公司划入中国石化长城润滑油集团公司，注册资本1976万元，主要为润滑油产品提供200升铁制包装容器的生产销售，工厂具有两条先进的200升铁桶生产线，年产能100万只以上。2007年根据体制转换要求，于6月在上海产权交易所挂牌公开转让出售，7月由股份公司摘牌收购其全部股权，并移交润滑油公司负责对此资产进行运作和管理。同年11月，更名为“中国石油化工股份有限公司润滑油天津金属包装分公司”。在润滑油公司的统一管理下，天津金属包装分公司产销量逐年攀升，至2008年生产销售量达55.6万只。这期间，在技术上先后实现了钢桶丝网印刷机的制造及应用，实现多色喷涂，完成了桶身W筋的开发，套裁线的引进使用，产品库房的改造，桶顶底环筋的差异性开发。在管理上，2004年通过了ISO14000质量体系和ISO18000质量体系的认证。获得了天津市优秀包装企业50强的称号。2005年进行了机构规范工作，机构调整为4个，即安全生产技术部、销售部、财务部、综合办公室。部门职能相应调整。2006年6月领导班子进行换届。同年启动5S管理，聘请专业的咨询公司对生产现场管理进行规范运行，现场管理理念全面更新，管理制度也全面修订。厂容厂貌和职工的工作环境得到全面改善，日产量得到提升并稳定在2700只。2007年，开始正式执行集团公司财务内控制度。同年，由莱茵公司重新进行了ISO9000的质量体系认证，以及HSE管理体系的认证。2008年，随着《劳动合同法》的执行，进一步规范用工管理，实现双班运行，开始执行综合工时制。

【克服多种困难，搞好生产经营】 2009年，天津金属包装分公司领导班子及全体职工齐心协力，克服了金融危机、钢材涨价、市场波动等困难，较好地保证了润滑油公司200升钢桶的使用需求。在生产、销售数量上，创造了历史最好成绩。生产200升钢桶71万只，比上年同期增长27.7%，销售71万只，比上年同期增长

26.8%，其中外销7万只。保证了对北京分公司、燕化分公司、天津储运分公司等兄弟单位的供应，全年内部调拨64万只，比上年同期增长38.3%。

【规范企业管理，降低经营风险】 2009年，天津金属包装分公司以加强各项管理、提升员工素质、塑造企业形象为目标，开展了“深入学习实践科学发展观”活动、“我要安全”主题活动、清洁生产、内控体系、质量和HSE体系、ERP系统以及OA系统的管理工作，进一步规范内部管理，强化过程控制，确保执行有效，基础建设得到了加强，为分公司的更好发展打下坚实基础。根据公司长城事业部新编的内控手册，在规范经营方面，天津金属包装分公司着重在基础管理工作上进行重点整改，如会计档案的管理，会计核算科目的规范使用，内控权限及流程的梳理和执行落实等，利用自查，结合外部检查，对检查中发现的问题积极进行整改，并将整改工作落实到具体人员，使内控效果明显加强。通过开展“我要安全”主题活动，以及进行各类安全教育培训，本年度实现了上报安全事故为0、通过HSE体系整体审核、完成公司下达的年度HSE目标指标。ERP实时完成相关数据输入；每月按时结算，结算平衡无错误。

【稳定质量，抓好培训】 2009年，天津金属包装分公司产品质量保持稳定，产品出厂合格率为100%；顾客满意度调查结果显示，本年度没有发生过外部客户投诉。年内以提高职工技能素质为目标，进行了职业技能培训，各类专业工种培训，ISO9000质量体系及HSE内审员培训，各种安全培训，《员工守则》培训，会计、统计资格培训及继续教育培训等，参加了公司举行的叉车司机技能竞赛。通过各种培训，职工的职业技能有了明显提高。通过职业技能培训，单位操作工都取得了初级工证书，还有8人取得了中级工资格证书。目前，职工总数215人（其中在岗62人、内退20人、劳务133人），专业技术人员17人（其中中级职称3人、初级职称14人），人员素质进一步提高。

【降本减耗，保障供应】 2009年，开展了降本减费工作，尤其是开展了与生产密切相关的QC小组活动以及ERP核算，各项单耗水平更准确、真实。在用电方面，切断了外界与企业相联的电网，使单位电耗与上年同期相比下降了19.21%。年初，根据公司本年度节本降耗工作要求，向供应商发出了降价函，经过与供应商多次协商，最终确定了2009年度采购物资价格：其中，油漆平均下降幅度为6.39%；稀料价格下降13.04%；密封胶价格下降4.28%。由于采取多项措施，本年度节支31.6万元。在满足润滑油公司包装需要的同时，还为新增加的天津分公司和济南分公司两个内部用户提供优质服务。为满足这两家公司的特殊要求，从内部沟通上，工艺改进上，运输上，以及对外加工等方面，做了相应的改进工作。分公司指派销售部专门负责与这两家公司的沟通合作，分公司领导也亲自去这两家公司进行走访沟通，增进了解，产品质量和服务都得到认可，供应量从每月的无需求，提高到现在的每月6000余只的水平。从产品质量到服务方面，都取得了这两家公司的认可。为产品辐射全华北地区的目标的战略布局夯实了基础。

【加强企业文化建设，营造稳定和谐氛围】

2009年，在有限的条件和财力基础上，克服厂院活动空间小、活动场所设施不足的困难，分公司积极创造条件，先后开展了职工乒乓球比赛、扑克牌比赛、游泳活动、观影活动等。为职工书屋添置了多册喜闻乐见的图书。利用新开发的公司信息门户网站和院内的文化长廊，积极宣传党的方针政策，企业内部新闻、好人好事、法律法规、规章制度和安全生产知识等，受到职工的欢迎。积极贯彻集团公司总经理苏树林“最好一餐在食堂”的要求，千方百计改善职工生活。提高了食堂伙食和环境卫生质量、建立了能给电动车充电的自行车棚、更换了浴室内的座椅，为职工创造了更好的工作和生活环境，促进了企业内部和谐及稳定。年初由于经济危机的影响，润滑油包装需求不足，造成产能过剩，天津金属包装分公司采取对部分一线岗位劳务员工实行轮休的措施，在减少人工成本支出的同时，促进了社会的稳定。根据公司文件精神，分公司开展了劳务工“爱岗敬业”模范评选工作，进一步增强了劳务工爱岗敬业的精神和责任感。在润滑油公司调整内退政策后，天津金属包装分公司成立了内退稳定工作小组，分公司领导和相关的中层及管理干部分成几个小组，对内退人员进行走访，或召集会议，解释公司的内退政策，主动做好内退职工的思想工作，取得职工的理解，并且启动了应急预案和企地联动机制，稳定了内退职工队伍，维护了企业的平安、稳定。